METHODEN HISTORISCHEN LERNENS

PETER ADAMSKI

Historisches Lernen diagnostizieren

Lernvoraussetzungen – Lernprozesse – Lernleistungen

WOCHEN SCHAU GESCHICHTE

Bibiliografische Information der Deutschen Nationalbibliothek
Die Deutsche Nationalbibliothek verzeichnet diese Publikation in der Deutschen Nationalbibliografie; detaillierte bibliografische Daten sind im Internet über http://dnb.d-nb.de abrufbar.

Die Reihe „Methoden Historischen Lernens“
wird herausgegeben von

Michele Barricelli
Peter Gautschi
Vadim Oswalt
Hans-Jürgen Pandel
Bernd Schönemann

Die Reihe wurde gegründet von Klaus Bergmann, Ulrich Mayer, Hans-Jürgen Pandel und Gerhard Schneider

www.wochenschau-verlag.de

Umschlaggestaltung: Ohl Design
Umschlagbild: DOC RABE Media, Fotolia
Gedruckt auf chlorfrei gebleichtem Papier
Gesamtherstellung: Wochenschau Verlag
ISBN 978-3-7344-0027-8

Inhalt

Einleitung: Ein grundlegendes Dilemma

Eine gerechte und objektive Diagnose von Lernen und Leistung kann es nicht geben, weil sich in der Institution Schule unter einem Dach einander widersprechende Anforderungen versammeln, die das Grunddilemma des Lehrerberufs ausmachen:

- Schule vergibt Berechtigungen und Abschlüsse, die vorgegebenen Normen folgen (Bildungsstandards). Diese fordern Vergleichbarkeit und Transparenz ein, was aber bedeutet, letztlich nur solche Leistungen beschreiben zu können, die mit entsprechenden Testverfahren messbar sind.
- Pädagogisches Handeln richtet sich primär an den fachlichen wie überfachlichen Kompetenzen aus, die Lernende in einem didaktisch-methodisch kontrollierten Prozess entwickeln sollen, wobei die Förderung der Einzelnen im Zentrum steht. Solche Kompetenzen – zumal in einem Fach wie Geschichte – reduzieren sich nicht auf standardisierte Items, sondern auf Fähigkeiten und Fertigkeiten (Historisches Denken und Lernen), die sich einer solchen quantitativen Messbarkeit weitgehend entziehen.

Individuelle Förderung versus normierte Anforderungen, Sinnkonstruktionen gegenüber abfragbarem Wissen – das sind letztlich jenseits aller pädagogischen und bildungspolitischen Rhetorik die sich ausschließenden Leitziele historischer Bildung.

Es macht einen Gutteil der Professionalität aus, sich dieses Spannungsverhältnisses bewusst zu sein – und es auszuhalten. Dabei kann helfen, dass seit Jahrzehnten bekannt und unwidersprochen ist,[1] dass die Zensurengebung fragwürdig ist. Etwas jüngeren Datums sind PISA-Studien, die belegen, dass selbst in einem so ‚harten' Fach wie Mathematik Leistungen entscheidend davon geprägt sind, wie die soziale Zusammensetzung der Schülerinnen und Schüler aussieht und wie sie pädagogisch gefördert werden. Demnach können Bremer Gymnasiasten genauso gute oder schlechte Leistungen erbringen wie bayerische Hauptschülerinnen und Hauptschüler – erhalten aber unterschiedliche Abschlüsse und Zugangsberechtigungen. Eine neuere Untersuchung aus dem Grundschulbereich kommt zu dem Ergebnis: „Zensuren sind Urteile von Lehrpersonen. Sie basieren in der Regel auf informellen Leistungsproben und Beobachtungen. Diese Daten und ihre Bewertung in Form von Noten haben sich als nicht zureichend gültig (‚valide'), personenunabhängig (‚objektiv') und verlässlich (‚reliabel') erwiesen. Soziale und ethnische Herkunft, Geschlecht, aber auch Verhaltensauffälligkeiten und persönliche Sympathie führen zu *systematischen* (Hervorhebung P.A.) Verzerrungen der Beurteilung."[2]

Diese Problematik ist seit Jahren auch auf europäischer Ebene bekannt und Gegenstand von Beratungen. Unter portugiesischer Präsidentschaft fand im Jahre 1992 ein Treffen hoher Beamter aus Bildungsministerien statt, in dessen Abschlussbericht es hieß: „‚Gute' Schüler der einen Klasse können in einer anderen als schwach gelten und umgekehrt; Schüler, die objektiv überdurchschnittliche Leistungen erzielen, können aufgrund der bloßen Tatsache, dass sie in ihrer Klasse die schwächsten sind, zu Versagern werden. (...) Den Noten ist gemeinsam, dass sie mehr über die Stellung eines Schülers in der Gruppe oder seinen Abstand von der Erfolgsnorm aussagen als über seine tatsächlichen Kenntnisse."[3]

Dieses Grunddilemma wird dadurch verstärkt, dass in den letzten Jahren neue Anforderungen an die Lehrerinnen und Lehrer herangetragen werden, für die sie weder ausgebildet sind noch prozessbegleitend hinlänglich fortgebildet werden:

- kompetenzorientierte Kerncurricula zu entwickeln, um Standards erfüllen zu können, was unter Diagnosegesichtspunkten bedeutet, sich über die Schuljahre hinweg mit standardisierten Lernstandserhebungen und Vergleichsarbeiten zu befassen. Auch wenn das Fach Geschichte als Nebenfach von dieser Testeritis nur beiläufig betroffen ist, besteht die Gefahr, dass selbst schlichte Vergleichsarbeiten für einen Jahrgang erstens die Vergleichbarkeit auf leicht korrigierbare deklarative Wissensbestände reduzieren, und zweitens den pädagogischen Prozess insofern steuern können, dass z. B. zeitintensive Methoden (kooperatives Lernen, handlungsorientierte Verfahren) vernachlässigt werden.
- gleichzeitig aber Binnendifferenzierung und Individualisierung des Lernens voranzutreiben sowie Lehr-/Lernarrangements für Inklusion zu entwickeln.

Ein solcher Widerspruch ist weder theoretisch noch in der täglichen Unterrichtspraxis zu lösen. „Eine einfache bzw. vollständige Lösung des Spannungsverhältnisses von überschulischer und länderübergreifender objektiver Leistungsbewertung auf der einen und dem pädagogisch sinnvollen Umgang mit der Notenvergabe auf der anderen Seite (ist) nicht in Sicht."[4] Oder schlichter formuliert: „Man geht fälschlicherweise immer noch davon aus, dass man Schülerleistungen objektiv messen, in Stufen einteilen und als Grundlage für Selektionsentscheidungen heranziehen kann."[5]

Vielleicht ist das der Hauptgrund dafür, dass im Schulalltag über Notengebung selten geredet wird, nicht einmal auf Zeugniskonferenzen; dass in Fachkonferenzen kaum über die Kriterien für Noten verhandelt wird – es sei denn, wenn Vergleichsarbeiten anstehen oder neue Prüfungsleistungen (wie zuletzt Präsentationen und Projekte) eingeführt werden. Wie lange die Halbwertszeit dieser Diskurse ist, sei dahingestellt.

Was für die Leistungsbewertung angemerkt wurde, gilt gleichermaßen für die Diagnosefelder ‚Lernvoraussetzungen erfassen' und ‚Lernprozesse evaluieren', auch wenn es dazu eine geringere Anzahl an Publikationen und weniger ausgeprägte Diskurse gibt.

Mit Blick auf das Fach: Durch die Kompetenzorientierung – unabhängig davon, welchem fachdidaktischen Modell man folgen möchte – erhält das Fach die große Chance, historisches Lernen als Such- und Denkvorgang zu etablieren, der sich mit Sinnbildung über Vergangenes aus der Perspektive der Gegenwart mit Blick auf die Zukunft befasst. Schülerinnen und Schüler sollen letztlich dazu befähigt werden, triftig und plausibel ihre eigenen Geschichten über Probleme, Zustände und Ereignisse aus der Vergangenheit zu erzählen. Voraussetzung und Bedingung, diese Chancen zu nutzen, ist die Konzipierung eines Kerncurriculums, also eine deutliche Entschlackung bisheriger Lehrpläne. Denn: Kompetenzen lassen sich nicht *vermitteln*, die Lernenden müssen sie sich *aneignen* – und das braucht entschleunigtes Lernen, Raum für das Aushandeln von Sinndeutungen, Möglichkeiten für adäquates Präsentieren der Ergebnisse – also Zeit. Ob und in welchem Ausprägungsgrad Kompetenzen vorhanden sind bzw. sich weiter entwickelt haben, zeigt die Anwendungssituation (Performanz), letztlich die konkrete Erzählung – in welcher medialen Form auch immer sie vorliegt.

Ernst genommen bedeutet dies eine Abkehr von vielen ‚altbewährten' Verfahren der Diagnose und Leistungsmessung, was auch heißt, adäquate neue Formen zu entwickeln bzw. traditionelle zu modifizieren.

Das bedeutet außerdem, sich dessen bewusst zu sein, dass es notwendig ist, Entwicklungsstufen/Ausprägungsgrade von Kompetenzen zu graduieren bzw. für diese Niveaustufen anzugeben, inwiefern im konkreten Fall von einer guten, hinlänglichen oder schlechten Leistung zu sprechen ist – das alte Problem der Lernzieldiskussion. Das dadurch potenziert wird, dass es nicht nur um ein Abschlussprofil für die 9. oder 10. Jahrgangsstufe bzw. das Abitur geht, sondern um sozusagen prozessbegleitende Formulierungen von Erwartungshorizonten. Schon die vorliegenden Arbeiten zur kritischen Auswertung des Zentralabiturs[6] zeigen, welche Defizite vorhanden sind. Die bisherigen Angebote aus der Fachdidaktik sind entweder auf Kompetenzen umformulierte

Lernzielkataloge[7] oder hoch abstrakte Konstrukte.[8] Solche Versuche stehen vor der Herausforderung, Diagnosemöglichkeiten (sei es zur Ermittlung von Lernvoraussetzungen, zur Evaluation von Lernprozessen sowie zur Leistungsmessung und -beurteilung) möglichst genau und konkret zu beschreiben, was mindestens drei Grundprobleme beinhaltet:

1. Ein Definitions- und Differenzierungsproblem: Es wird zwar immer möglich sein, an vorliegenden Schüleräußerungen oder -produkten aufzuzeigen, welche positiven bzw. defizitären Entwicklungsstufen von Kompetenzen sie kenzeichnen; es ist aber ungleich schwerer, wenn nicht gar unmöglich, relativ genau benennen zu wollen, wie denn für eine konkrete Anwendungssituation eine gute, befriedigende oder mangelhafte Kompetenz zu beschreiben wäre. Es kommt hinzu, plausibel ableiten zu wollen, was dies für diese Jahrgangsstufe, in dieser Schulform ggf. in Abgrenzung zu anderen bedeutet.
2. Ein Legitimationsproblem: Es geht des Weiteren um die Frage, wer denn legitimiert ist, solche Niveaustufen zu formulieren, und in welchem Aushandlungsprozess sie validiert werden können.
3. Ein Vermittlungsproblem: Es geht um den schwierigen Vermittlungsprozess von didaktischer Theorie und pädagogischer Praxis; um die Expertin, den Experten, der für die Novizen, die ‚Gesellen', den fast ‚Meister' Erwartungshorizonte formulieren soll, was wohl ohne langwierige empirische Forschungen nicht realisiert werden kann und die Rückkopplung von didaktischer Theorie, Empirie und unterrichtlicher Praxis erfordert.

Was sind die Zielsetzungen dieses Buches?

Ausgehend von diesen generellen Aussagen, die in den weiteren Kapiteln auszudifferenzieren und zu präzisieren sind, soll verdeutlicht werden, dass der jede Lehrkraft belastende Umgang mit der Diagnose von Schülerleistungen nicht persönlichem Unvermögen geschuldet ist, sondern ein grundlegendes Problem darstellt, das zu größten Teilen aus den widersprüchlichen Anforderungen an die Sache selbst resultiert.

Deshalb soll es zunächst darum gehen, die Möglichkeiten und Grenzen der Pädagogischen Diagnostik auszuleuchten, um einen realistischen Blick auf das Machbare zu gewinnen.

Wenn es um die Diagnose historischen Denkens und Lernens gehen soll, gilt es anschließend Modelle/Kategoriensysteme vorzustellen, die ausdifferenzieren, was darunter im Einzelnen verstanden werden kann – woran folglich Schüleräußerungen zu messen sind.

Schließlich ist zu erörtern, wie/auf welchen Wegen historische Lernprozesse zu erfassen sind: Es werden vielfältige Methoden und Verfahrensweisen vorgestellt, Lernausgangsleistungen festzustellen, Lehr-/Lernprozesse zu evaluieren sowie Leistungen zu messen und zu beurteilen. Sie werden darauf geprüft, welche Vorzüge und Grenzen sie haben, welche Kompetenzen historischen Denkens abgebildet werden können – und welche nicht. Außerdem soll analysiert und reflektiert werden, wie aufwändig bzw. praktikabel sie für die unterrichtliche Alltagssituation sind. ‚Königswege' gibt es nicht, alle haben eine begrenzte Aussagekraft. Die Einsicht darin, dass scheinbar eherne Gütesiegel für ‚gerechte' Leistungsbewertung (valide, reliabel, objektiv, ökonomisch) in immer geringerem Maße für Anforderungen an die Qualität historischen Lernens geltend gemacht werden können, kann dazu führen, in einen Dialog über Lernen und Leistung unter Einbeziehung fachdidaktischer Erkenntnisse vor Ort einzutreten. Ein selbstbewusster Dialog aller Einäugigen in den Fachkonferenzen, der das Grunddilemma nicht ausblendet, sondern produktiv zu wenden versucht. Beispielweise dadurch, dass Erwartungshorizonte für Vergleichsarbeiten gemeinsam entwickelt werden oder über die Sinnhaftigkeit vorgegebener zentraler Leitlinien diskutiert wird. Damit würde ein eigener Weg der ‚Standardisierung' beschritten: Nicht *top down*, sondern *bottom up* – mit für alle Beteiligten zumutbaren Belastungen. Wichtig für diesen Weg ist die Einbeziehung weiterer Dialogpartner: die Schülerinnen und Schüler. Sie können in der Regel sehr gut einschätzen, welche Ziele und methodisch-didaktischen Arrangements in den Geschichtsstunden angemessen oder revisionsbedürftig sind.

Dies wäre summa summarum eine kommunikative/kooperative Validierung ‚guten' Geschichtsunterrichts durch alle Beteiligten. „Im Idealfall werden bei kommunikativer Validierung Beurteilungsverfahren und -kriterien im Dialog zwischen den Lehrkräften und im gemeinsamen Gespräch mit den Schülern entwickelt und angewendet, um so Transparenz, Flexibiliät und Reflexivität schulischer Bewertungsprozesse zu erreichen."[9] Dabei darf jedoch nicht ausgeblendet werden, dass es in der Institution Schule nicht um eine symmetrische Kommunikation gleichberechtigter Partner geht.

1. Pädagogische Diagnostik – ein Überblick

Es gibt drei explizite Anlässe, historisches Lernen zu diagnostizieren:

- die Lernvoraussetzungen der Lerngruppe bzw. der einzelnen Lerner zu erfassen, um für die folgende Unterrichtseinheit differenzierte, adaptive Lehr-/Lernarrangements zu entwickeln, die u.U. auch gezielte Förderprogramme für Einzelne enthalten können (Zusatzangebote für besonders Interessierte oder Leistungsstarke, Hilfen für Schwächere – z. B. im Bereich Lesekompetenz –, um an wesentliche Grundlagen für das Verständnis historischer Erzählungen heranzuführen);
- einen Lernprozess und das Lernergebnis während und am Ende der Unterrichtsreihe zu evaluieren, um einerseits die Lernfortschritte inhaltlicher wie kompetenzbezogener Art feststellen zu können, andererseits von den Schülerinnen und Schülern eine Rückmeldung (ein Feedback) zur ‚Güte' des Geschichtsunterrichts zu erhalten;
- Leistungen zu messen und diese angemessen zu beurteilen.

Diagnostik im Lernprozess

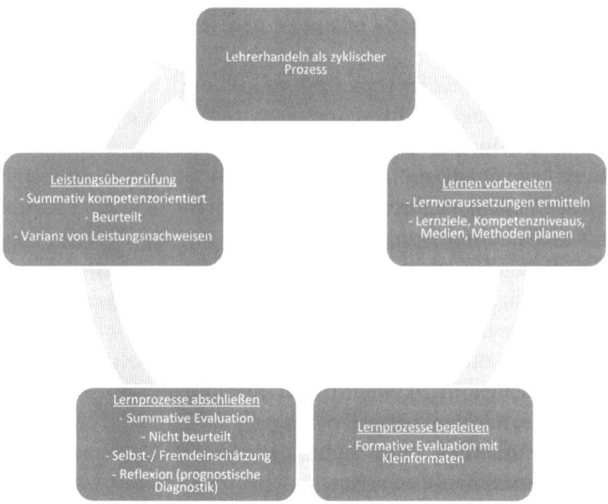

(P. Adamski)

Dieser zyklische Prozess des Lehrerhandelns beschreibt idealtypisch die Konstruktion von Lehr-/Lernarrangements, die jeweils abhängig sind von den konkreten Lernvoraussetzungen der Schülerinnen und Schüler. Durch problemorientierende Lernaufgaben und anregende Lernumgebungen werden Lernwege eröffnet, die zu Lernsituationen führen, die letztendlich die Überprüfung von Lernzielen und Niveaus der Kompetenzentwicklung ermöglichen.

Die weitgehend akzeptierte Definition von Pädagogischer Diagnostik lautet: „Pädagogische Diagnostik umfasst alle diagnostischen Tätigkeiten, durch die bei einzelnen Lernenden und den in einer Gruppe Lernenden Voraussetzungen und Bedingungen planmäßiger Lehr- und Lernprozesse ermittelt, Lernprozesse analysiert und Lernergebnisse festgestellt werden, um individuelles Lernen zu optimieren."[10] Allerdings muss hervorgehoben werden, dass sich diese Diagnoseanlässe in zweierlei Hinsicht unterscheiden:

1. Die Erfassung der Lernvoraussetzungen und der Leistungen geschieht primär *summativ*. Das bedeutet, dass das *Ergebnis* entscheidend ist, wobei nicht auszuschließen ist, dass in beiden Fällen der Prozess mit in Rechnung gestellt werden kann. Die Evaluation geschieht sowohl *summativ*, bezogen auf das Ergebnis, als auch *formativ*: D. h., der Lernprozess wird stärker in den Blick genommen.
2. Diagnose der Ausgangssituation und Evaluation des Gelernten vollziehen sich in einem benotungsfreien Raum, während die Leistungsbeurteilung immer mit der Vergabe von Noten – in welcher Form sie auch mitgeteilt werden – verbunden ist. Somit ist ein erster wichtiger Hinweis darauf gegeben, dass es der Lerngruppe immer deutlich sein muss, ob ihre Aussagen und Notizen lern- oder notenrelevant sind. Bei der Evaluation des Lehr-/Lernarrangements, also der Leistung der Lehrkraft, ist dies aus der Perspektive der Lernenden nicht leicht zu trennen. Immerhin könnten sie zu der Vermutung gelangen, ehrliche (kritische) Äußerungen könnten von der Lehrkraft zukünftig (negativ) sanktioniert werden.

Im Gegensatz zum Feld der klinischen Diagnostik – sei es in der Medizin oder der Psychologie – betont die pädagogische Diagnostik, dass es ausschließlich um die Feststellung der Stärken, der vorhandenen Ressourcen der Schülerinnen und Schüler ginge, um sie optimal fördern zu können. Außerdem darum, die schulischen wie außerschulischen Bedingungen zu analysieren, unter denen Lernen stattfindet, um wiederum entsprechende Entwicklungen von Fördermaßnahmen bestimmen zu können. Schon theoretisch ist diese Auffassung etwas blauäugig, weil im Diagnosefall immer Stärken und Defizite zugleich feststellbar sind. In der schulischen Praxis wird erst recht deutlich, dass Förderprogramme in der überwiegenden Mehrzahl für solche Lerner aufgelegt werden, die über Schwächen und Defizite verfügen. Nolens volens geraten Schülerinnen und Schüler somit in einen pathologisierenden Blick, überdies in einen technokratisch ausgelegten, der meint, über Diagnosebögen, Checklisten und Raster individuelles Lernen erfassen und optimieren zu können. Das suggeriert, man könnte die jeweils richtige Maßnahme ergreifen, wüsste man nur genau genug, was in den Köpfen der Schülerinnen und Schüler vorgeht.

1.1 Explizite und implizite Diagnose

Wenn hier von Pädagogischer Diagnostik gesprochen wird, sind damit in der Regel bestimmte *explizite* (oder auch *summative)* Methoden und Verfahren gemeint.[11]

- Informelle Tests zur Lernstandsdiagnostik
- Schülerbeobachtungsbogen
- Diagnosebogen
- Selbstbeurteilungsbogen
- Bewertungsbogen für schüleraktive Unterrichtsformen
- Kompetenzraster (fachlich/überfachlich)

Solche explizite Instrumente waren bislang vor allem bezogen auf die Leistungsmessung bekannt und gängig (Klausuren, Tests, mündliche Prüfungen u. Ä.). Sie für die Feststellung der Lernausgangslagen und die Evaluation einzusetzen, ist neu und sicherlich gewöhnungsbedürftig – für alle diejenigen, die schon länger im Schuldienst tätig sind. Seit 2004 liegen Standards der Kultusministerkonferenz für die Lehrerausbildung vor. Dort heißt es für den Kompetenzbereich „Beurteilen“ unter den Kompetenzen 7 und 8:[12]

Kompetenzbereich: Beurteilen

Lehrerinnen und Lehrer üben ihre Beurteilungsaufgabe gerecht und verantwortungsbewusst aus

KOMPETENZ 7:

Lehrerinnen und Lehrer erfassen Lernvoraussetzungen und Lernprozesse von Schülerinnen und Schülern; sie fördern Schülerinnen und Schüler gezielt und beraten Lernende und deren Eltern.

Standards für die theoretischen Ausbildungsabschnitte	*Standards für die praktischen Ausbildungsabschnitte*
Die Absolventinnen und Absolventen • wissen, wie unterschiedliche Lernvoraussetzungen Lehren und Lernen beeinflussen und wie sie im Unterricht berücksichtigt werden. • kennen Formen von Hoch- und Sonderbegabung, Lern- und Arbeitsstörungen. • kennen die Grundlagen der Lernprozessdiagnostik. • kennen Prinzipien und Ansätze der Beratung von Schülerinnen/Schülern und Eltern.	Die Absolventinnen und Absolventen • erkennen Entwicklungsstände, Lernpotentiale, Lernhindernisse und Lernfortschritte. • erkennen Lernausgangslagen und setzen spezielle Fördermaßnahmen ein. • erkennen Begabungen und kennen Möglichkeiten der Begabungsförderung. • stimmen Lernmöglichkeiten und Lernanforderungen aufeinander ab. • setzen unterschiedliche Beratungsformen situationsgerecht ein und • unterscheiden Beratungsfunktion und Beurteilungsfunktion. • kooperieren mit Kolleginnen und Kollegen bei der Erarbeitung von Beratung/Empfehlung. • kooperieren mit anderen Institutionen bei der Entwicklung von Beratungsangeboten.

Kompetenz 8:
Lehrerinnen und Lehrer erfassen Leistungen von Schülerinnen und Schülern auf der Grundlage transparenter Beurteilungsmaßstäbe.

Standards für die theoretischen Ausbildungsabschnitte	*Standards für die praktischen Ausbildungsabschnitte*
Die Absolventinnen und Absolventen • kennen unterschiedliche Formen der Leistungsbeurteilung, ihre Funktionen und ihre Vor- und Nachteile. • kennen verschiedene Bezugssysteme der Leistungsbeurteilung und wägen sie gegeneinander ab. • kennen Prinzipien der Rückmeldung von Leistungsbeurteilung.	Die Absolventinnen und Absolventen • konzipieren Aufgabenstellungen kriteriengerecht und formulieren sie adressatengerecht. • wenden Bewertungsmodelle und Bewertungsmaßstäbe fach- und situationsgerecht an. • verständigen sich auf Beurteilungsgrundsätze mit Kolleginnen und Kollegen. • begründen Bewertungen und Beurteilungen adressatengerecht und zeigen Perspektiven für das weitere Lernen auf. • nutzen Leistungsüberprüfungen als konstruktive Rückmeldung über die eigene Unterrichtstätigkeit.

In ihnen sind die Felder der Diagnostik – wenngleich in etwas anderer Systematik – zusammengefasst. Bestandteil der Lehrerausbildung ist folglich die Entwicklung einer wissenschaftlich gestützten diagnostischen Kompetenz.

Man kann aber zweitens von Methoden einer *impliziten* (oder *formativen*) Diagnostik sprechen, die Geschichtslehrerinnen und Geschichtslehrer seit jeher betreiben. Jede Lehrkraft wird bei der Konzipierung einer Unterrichtseinheit selbstverständlich die Leistungsfähigkeit, die Motivation und die Kompetenzentwicklung der Lerngruppe sowie einzelner Lerner im Blick haben, um sie nicht zu über- oder zu unterfordern. Dies gilt auch und gerade bei der Übernahme einer neuen Lerngruppe, wo nach Rücksprache mit dem Kollegen/der Kollegin, die sie zuvor unterrichteten, diagnostische Gespräche stattfinden.

Bei der Durchführung der Unterrichtseinheit wird die Beobachtung der Lerner, wie sie z. B. mit den gestellten Aufgaben und Materialien zurechtkommen, welche mündlichen Beiträge sie leisten, wer schneller oder langsamer vorankommt, diagnostisch gewendet. Dies gilt erst recht für die Leistungsfeststellung, wo ein gutes Gesamtergebnis wie ein übermäßig schlechtes diagnostisch reflektiert wird. Gleichermaßen werden Ausreißer einzelner Lerner nach oben oder unten zu Überlegungen führen, woran das möglicherweise lag.

Beobachtungsfehler und Gütekriterien

Alle diese alltäglichen Beobachtungen und Reflexionen sind allerdings sehr subjektiver Natur, bleiben auf der Oberfläche – auch wenn mehrere Lehrkräfte aus derselben Klasse zu ähnlichen Einschätzungen kommen: ‚Nicht dumm, aber faul'; ‚Verlässlich wie immer'; ‚langsam und unkonzentriert'; ‚nur in Sport und Reli gut'. Zu den Ursachen besonderer Leistungen oder Lernschwierigkeiten dringen sie nicht durch. Außerdem unterliegen solche impliziten Diagnostiken Beobachtungsfehlern, was empirisch bewiesen, praktisch offenbar aber folgenlos bleibt. Die häufigsten sind:

- *Ersteindruck* (Primacy-Effekt): Aufgrund des ersten Eindrucks, den man von einer Person, einer Sache oder einer Situation gewinnt, wird eine spontane Beurteilung gefällt, die wiederum alle folgenden Beobachtungen und deren Bewertungen beeinflusst: gepflegtes/ungepflegtes Äußeres, Extrovertiertheit/Introvertiertheit.
- *Vorurteile* (Rosenthal-Effekt): Informationen, die man bereits über eine Schülerin oder einen Schüler hat (macht in anderen Fächern selten Hausaufgaben), spontane Zuneigung oder Ablehnung einer Person (ist gut gekleidet) und die daraus gebildeten Meinungen beeinflussen die Beobachtungen und die damit verbundene Beurteilung.
- *Global-Eindruck* (Halo-Effekt): Ein beobachtetes Merkmal wird als derartig dominant wahrgenommen (liefert ständig gute Unterrichtsbeiträge; kann nicht ruhig sitzen), dass es die Beobachtung der anderen Merkmale stark beeinflusst und zu Verzerrungen in der Bewertung führt (so schlecht kann die Arbeit gar nicht sein; so gut kann die Leistung nicht sein).
- *Fehlzuweisungen* (Ähnlichkeits- und Inferenzeffekt): Personen neigen dazu, eigene Charakteristika oder ihr Gegenteil auf andere zu übertragen bzw. aus einer beobachteten Verhaltensweise in einer spezifischen Situation auf Charaktereigenschaften zu schließen: Da ich mich gut organisiert auf meine Arbeit vorbereite, kann ein wenig organisierter Lerner gar nicht zu guten Ergebnissen kommen.

- *Logische Fehler* (Locical-Error-Effekt): Ein beobachtetes Verhalten, zum Beispiel Fleiß und Sauberkeit, wird aufgrund von Alltagstheorien mit anderen Eigenschaften verknüpft, zum Beispiel Interpretationsfähigkeit.[13]

Die geringe Verlässlichkeit solcher ‚Alltagsdiagnosen' kann nicht dazu führen, zuverlässige Analysen von Lernvoraussetzungen, Lernständen und Leistungsmessungen zu liefern. Die Pädagogische Diagnostik hat demzufolge *Gütekriterien* entwickelt, die solche subjektiven Wahrnehmungsverzerrungen ausblenden und die Genauigkeit und Verlässlichkeit von Messungen gewährleisten sollen: Objektivität, Reliabilität und Validität:

- *Objektivität:* „Eine Messung ist dann objektiv, wenn intersubjektive Einflüsse der Untersucher möglichst ausgeschaltet werden."[14] So ist relativ einfach zu realisieren, wenn Erhebungen zu Lernständen im Geschichtsunterricht – ob bezogen auf Lernausgangssituationen, Evaluation von Lernprozessen oder Leistungsfeststellungen – mit Aufgabenformaten vorgenommen werden, die nur eine richtige Antwort erlauben. Die bekannteste Form sind Multiple-Choice-Tests, daneben ließe sich aber auch an geschlossene Fragen denken, die eine korrekte Jahreszahl, ein bestimmtes Ereignis oder einen Fachbegriff als Antwort erwarten. Wie sinnvoll ein solches Verfahren ist, sei an dieser Stelle zunächst zurückgestellt. Je unterschiedlicher aber die zu verarbeitenden Informationen sind, je offener Fragen gestellt werden oder je mehr es nicht nur auf Wissen, sondern auf Analyse und Interpretation ankommt, desto schwieriger wird es, dieses Kriterium zu erfüllen. Jede Lehrkraft kennt eine solche Situation, wenn ihre Korrektur einer Kursklausur oder Vergleichsarbeit von einem Kollegen/einer Kollegin zweitbegutachtet wird. Das Problem potenziert sich, wenn die Lernenden nicht dieselbe Aufgabe bekommen, sondern aus einer Vielzahl auswählen können, z. B. bei Facharbeiten oder Präsentationen.
- *Reliabilität:* „Unter Zuverlässigkeit oder Reliabilität einer Messung versteht man den Grad der Sicherheit oder Genauigkeit, mit dem ein bestimmtes Merkmal gemessen werden kann."[15] Bezugsrahmen ist in diesem Fall der Ausschluss von Messfehlern, also die Genauigkeit des Messinstruments – auch im Wiederholungsfall. Wiederum gilt: Je höher die Zahl der Aufgaben und je komplexer ihre Konstruktion ist, desto häufiger kommt es zu Messfehlern. „Lehrer sollten wissen, dass der Messfehler unseres Zensurensystems im Allgemeinen +/- eine Zensurenstufe angenommen werden muss, dass also Schwankungen zwischen den Zensuren 2 und 4 allein durch die mangelnde Zuver-

lässigkeit dieses Beurteilungsverfahrens verursacht werden können."[16] Das Fatale an der schulischen Benotungspraxis besteht darin, zu glauben, dass ausdifferenzierte Bewertungsmaßstäbe (z. B. Punkte statt Noten) zu größerer Bewertungsgerechtigkeit führten – eine Genauigkeitsillusion. „Unter schulischen Alltagsbedingungen (...) kann man nur zwei bis drei Leistungsniveaus auseinanderhalten."[17]

- *Validität:* „Die Gültigkeit oder Validität eines Verfahrens sagt aus, ob tatsächlich das gemessen wird, was man messen will, und nicht irgendetwas anderes."[18] Sie gilt als das wichtigste Kriterium für ein Untersuchungsverfahren. Das setzt voraus, dass man – fachspezifisch gesprochen – über ein sehr ausdifferenziertes und präzises System von relevanten Inhalten, Lernzielen und Kompetenzstufungen für historisches Lernen verfügt, das obendrein noch konsensfähig ist (Objektivität). Davon abgesehen wären Aufgabenformate zu entwickeln, die ermöglichen, historisches Denken messen, Sach- und Werturteile angemessen unterscheiden, ihre Triftigkeit überprüfen und ihre Plausibilität beurteilen zu können. Eine Standardisierung als Voraussetzung für die Anwendung der Gütekriterien scheint weder möglich noch wünschenswert.

Bezugsnormen

Neben diesen zentralen Gütekriterien wird zuweilen noch ein viertes genannt, was für den schulischen Alltag von großer Bedeutung ist: die Ökonomie. Sie ist dann z. B. für einen Test gegeben, wenn die Durchführung und Auswertung wenig Zeit erfordert, in Gruppen (also in der Klasse oder im Kurs) durchgeführt werden kann und für die Schülerinnen und Schüler unkompliziert, überschaubar und verständlich ist.

Da in der Pädagogischen Diagnostik Informationen gesammelt werden, die zur Beurteilung der Stärken und Schwächen einzelner Lerner wichtig sind, um daraus adaptive Lehr-/Lernarrangements zu entwickeln, ist des Weiteren zu fragen, woran die Ergebnisse der Einzelnen gemessen werden sollen. Man unterscheidet drei *Bezugsnormen*:

- *soziale* Bezugsnorm: Die Leistungen der Einzelnen werden innerhalb der Klasse oder des Kurses zueinander in Beziehung gesetzt und erscheinen beispielsweise als Notenspiegel;
- *individuelle* Bezugsnorm: Hier werden Lernzuwächse mit den früheren Leistungen des Lerners verglichen, also der individuelle Lernfortschritt gemessen;
- *sachliche/kriteriale* Bezugsnorm: Die Vergleichsbasis sind die curricularen Lernziele des Faches sowie die Kompetenzentwicklung.

Betrachtet man den schulischen Alltag – auch den des Geschichtsunterrichts –, dann herrscht die soziale Bezugsnorm eindeutig vor, obwohl sie diejenige ist, die am wenigsten Aussagekraft hat. Als Lehrkraft betrachte ich die Leistung meiner Schülerinnen und Schüler zuallererst im Spiegel der Klasse, bei Vergleichsarbeiten auf der Basis der anderen Klassen an derselben Schule – jeweils als Leistungsdurchschnitt. Nehme ich einzelne Schülerinnen und Schüler genauer in den Blick, kann aus der geringen Aussagekraft u.U. eine problematische Leistungsbeurteilung werden. Das merkt eine Lehrkraft immer dann, wenn sie z. B. zwei Parallelklassen unterrichtet. In den seltensten Fällen gelingt eine für beide Lerngruppen identische Unterrichtsvorbereitung, weil die Lernausgangslagen, die Motivation, die methodischen Kenntnisse etc. differieren. Der Lerner, der in meiner ‚guten' Klasse zu befriedigenden Leistungen gelangt, könnte in der anderen problematischeren möglicherweise gute bis sehr gute Ergebnisse erbringen. Diese und andere Schwächen der sozialen Bezugsnorm führen zu der Empfehlung, auf sie für diagnostische Zwecke zu verzichten.[19] Darüber hinaus: „Der Referenzgruppenfehler ist so durchschlagend, dass es an sich nicht statthaft ist, Noten zu vergleichen, die in verschiedenen Klassen und Schulen vergeben werden – eine *Tatsache* (Hervorhebung P.A.), die weithin missachtet wird."[20]

Insofern kommt es darauf an, eine Passung von sachlicher und individueller Bezugsnorm zu erreichen. Ein Beispiel: Wenn bei der Behandlung der römischen res publica das curriculare Lernziel angestrebt wird, allen Lernern ermöglichen zu wollen, die politischen Machtverhältnisse zwischen Senat, Volksversammlungen und Magistraten erklären und beurteilen zu können (inhaltliche Sachnorm, Analyse- und Urteilskompetenz) sowie ein Schaubild/eine Strukturskizze erläutern zu können (fachmethodische Sachnorm, Analysekompetenz), kann diese Lernzielhomogenität nicht für alle mit den gleichen Materialien erreicht werden. Sie muss an die konkreten Lernvoraussetzungen der Einzelnen anknüpfen (dem Lerntempo, der Abstraktionsfähigkeit, den Lernstrategien etc.). Mit Blick auf die individuelle Bezugsnorm kann mit binnendifferenziertem Unterrichtsmaterial Vielen ein Lernfortschritt ermöglicht werden – der Zielhomogenität mit Mitteldifferenzierung erreicht.

Die bisherigen Ausführungen konnten zeigen, dass zentrale Voraussetzungen und Bedingungen der diagnostischen Pädagogik kritischer zu betrachten sind als ihre auf den ersten Blick plausiblen Grundannahmen; die folgenden, dass Ansatz und Instrumentarien für den Unterrichtsalltag wenig tauglich sind – und für Lehrkräfte eine heillose Überforderung bedeuten müssen.

In einem der Grundlagenwerke zur Pädagogischen Diagnostik für Lehrkräfte (!) wird beschrieben, welchen Fragen sich Lehrerinnen und Lehrer nicht entziehen können, wenn sie didaktische Zielsetzungen verantwortungsbewusst und mit positiven Effekten umsetzen wollen:

- Wie genau sind die Vorstellungen über das Vorwissen der einzelnen (!) Schüler in einem Fach, wenn eine neue Stoffeinheit begonnen wird?
- Ist der zuvor vermittelte Stoff auch bei der Mehrzahl der Kinder im Langzeitgedächtnis angekommen und kann somit zum Verstehen der neuen Lerninhalte herangezogen werden?
- Welches sind die bevorzugten Lernstrategien von Schülern, wenn im Zuge des Lernen Lernens neue Strategien angeboten und vermittelt werden sollen, um das Lernen der Schüler zu optimieren?
- Wie ist die Lern- und Leistungsmotivation der Schüler, wenn deren Lernmotivation befördert werden soll bzw. wird registriert, was die Lernmotivation behindert?
- Welche Schüler passen in gut funktionierenden Lerngruppen wirklich zusammen?
- Welche Ursachen haben die Lernschwierigkeiten einzelner Schüler?
- Welche Hilfe und Förderung ist für Lernschwierige günstig? Reicht es aus, wenn diese Schüler die häusliche Lernzeit verlängern?
- Kann man sich auf die Benotung der Vorgänger verlassen, wenn man eine Klasse neu übernimmt?
- Kann man aus den Zeugnissen der Schüler tatsächlich auf ihr Wissen und Können schließen?"[21]

Ohne dies weiter kommentieren zu wollen, bleibt zu ergänzen, dass all das über *explizite* Diagnoseverfahren ermittelt werden soll.

Dabei sollte zur Kenntnis genommen werden, dass es – selbst wenn solche Verfahren durchführbar wären – für die meisten Unterrichtsfächer, z. B. auch für das Fach Geschichte, gar keine gibt. Zudem ergibt sich das Problem, dass sie einen Komplexitätsgrad erreichen, der für *konkrete, auf Einzelne bezogene Maßnahmen* völlig ungeeignet erscheint. „Pädagogische Diagnostik stellt sich im Allgemeinen als relativ komplex dar, was zum Wirksamwerden des sogenannten ‚Bandbreite-Fidelitäts-Dilemma' führt. Dieses ergibt sich aus der Tatsache, dass Pädagogische Diagnostik sowohl einerseits eine große Breite von relevanten Daten erfassen als auch andererseits zugleich zielgenau und tiefauslotend erfolgen soll."[22] Möglichkeiten, sinnvoll, motiviert und zielführend zu lernen, sind offenbar multifaktoriell bedingt: von der Ausgangsdisposition des Individuums, von den sozialen Voraussetzungen, vom Klassenklima, von der Passung der Lehrkraft, von der Lernumgebung in der Schule, von der Peer-Group usw.

1.2 Realistische Diagnosemöglichkeiten

Also doch *implizite* Diagnostik als realistischer Ausweg?

Unbestritten können standardisierte Tests, Schülerbeobachtungsbögen, Diagnose- und Selbstbeurteilungsbögen dabei *helfen*, zu verlässlicheren Aussagen über die Lernvoraussetzungen und Lernfortschritte zu gelangen. Entscheidend ist aber zweierlei:

- Sie machen nur Sinn, wenn sie sowohl soziale Faktoren (Arbeitsverhalten, Motivation) als auch fachliche erfassen bzw. beide miteinander in Beziehung setzen.
- Die Diagnose muss Bestandteil des Unterrichts sein, d.h. während unterrichtlicher Situationen erfolgen. Das erfordert Lehr-/Lernarrangements, die Lernen sichtbar machen, z. B. offene Formen, in denen beobachtet werden kann, wie Gruppen arbeiten, mit welchen Schwierigkeiten sie zu kämpfen haben, welche Lernstrategien einzelne Lerner bevorzugen, welche Fachbegriffe bekannt, welche Aufgabenstellungen gelungen, herausfordernd oder banal sind – und für wen. Darüber hinaus ist gerade für historisches Lernen relevant, wie Lernen und Leistungen dokumentiert werden (können), weil sich erst dort Qualitätsaussagen über die Möglichkeiten und Grenzen narrativer Kompetenz treffen lassen. Solche Produkte historischen Denkens können sehr vielfältig sein – von der Wandzeitung über die Klausur, ein Rollenspiel, Portfolio etc.

Maier resümiert: „Lehrkräfte müssen *innerhalb* (Hervorhebung P.A.) von Lehr-/Lernprozessen Informationen über den Kenntnisstand der Schüler/innen und ihre Verständnisprobleme sammeln können. Hierzu gibt es so gut wie keine standardisierten Diagnoseverfahren, und selbst wenn es diese für sämtliche Lernbereiche geben würde, wäre ihr Einsatz im täglichen Unterricht viel zu aufwendig und nicht praktikabel."[23]

Damit soll kein unüberbrückbarer Graben zwischen wissenschaftlicher Forschung und pädagogischer Praxis aufgetan oder gar einer Theoriefeindlichkeit das Wort geredet werden. Es ist lediglich zur Kenntnis zu nehmen, dass Transferprozesse top down genauso kompliziert verlaufen wie bottom up, weil nicht deckungsgleiche Zwecke verfolgt werden.

Praxistaugliche Verfahren, die zeitnahe Unterrichtsentscheidungen und binnendifferenzierende Fördermaßnahmen ermöglichen, entstehen aus Beobachtungen, Fragen und Feedbacks der Lehrkräfte einerseits sowie den Antworten, Fragen und Deutungen der Lernenden andererseits in einer von Transparenz der Lernziele/Erwartungshaltungen geprägten Unterrichtsatmosphäre. Die punktuelle Heranziehung von Testverfahren – sozusagen der ‚fremde Blick' auf den Lernprozess und seine Ergebnisse

– sind ein Puzzleteil für das Gesamtbild, nicht mehr und nicht weniger. Sie können eine dialogische Förderdiagnostik ergänzen. Insofern ist für den schulischen Alltag ein verstehendes Beobachten der Lernenden, ein emphatisches Wahrnehmen ihrer Fähigkeiten, aber auch Schwächen, die zentrale Aufgabe und das entscheidende Verfahren diagnostischen Handelns. Unter Berücksichtigung dessen, dass Lehrkräfte selbstreflexiv mit den oben erwähnten klassischen Beobachtungsfehlern umgehen, ist die Furcht vor Genauigkeitsdefiziten unerheblich: „Lehrerdiagnosen während des Unterrichts brauchen im Gegensatz zu landläufigen Überzeugungen keineswegs besonders genau zu sein, wenn sich der Diagnostiker der Ungenauigkeit, Vorläufigkeit und Revisionsbedürftigkeit seiner Urteile bewusst ist. (...) Lehrerdiagnosen müssen sich nicht durch neutrale Objektivität, sondern durch eine pädagogisch günstige Voreingenommenheit auszeichnen."[24] In diesem Sinne sind sie Basis für Prognosen und Hypothesen.[25]

Eine zweite Schlussfolgerung scheint geboten: Die Erfassung der Lernvoraussetzungen, die Ermittlung von Lernfortschritten, die Kontrolle der Lernergebnisse und die daraus abgeleiteten Schritte zur Förderung der Schülerinnen und Schüler kann nur in einer notenfreien Umgebung funktionieren. Schon allein aus grundsätzlichen Erkenntnissen über das Wesen von Lernprozessen: Sie entwickeln sich immer aus der Suche nach Lösungen, Strategien, um ein Problem zu bewältigen. Fehler, die auf diesem Weg gemacht werden, Umwege oder Wege ins Nichts sind entscheidende Anlässe für weiteres Lernen – und Fixpunkte für gezielte Hilfestellungen der Lehrkraft. In solchen Situationen muss der Schüler die *Gewissheit* haben, dass seine Nachfragen, seine Verständnislosigkeit, seine u. U. ‚verrückte Idee' nicht sanktioniert, sondern als Gesprächs- und Beratungsanlass erwünscht sind. Ansonsten würde er gar nicht erst nachfragen, d. h. seine Lernmöglichkeiten würden blockiert.

Leistungssituationen sind anderer Natur: Sie erfordern die möglichst fehlerfreie Demonstration dessen, was man gelernt hat. Fehler oder andere Unzulänglichkeiten (z. B. keine Verwendung von Fachbegriffen, sachlogische Defizite etc.) sind in diesem Fall Gründe, eine schlechtere Note zu erhalten – was jeder Lerner auch weiß.

Ihm würde helfen, wenn Situationen des Lernens deutlich von solchen der Leistungsbringung unterschieden werden, und auch, wenn transparent gemacht wird, welche Kriterien erfüllt sein müssen, um bestimmte Noten zu erreichen. Davon scheint der Unterrichtsalltag in deutschen Schulen weit entfernt zu sein.[26]

2. Historisches Lernen diagnostizieren

Mit einiger Berechtigung kann davon gesprochen werden, dass seit knapp zehn Jahren das Wissen um die Bedeutung diagnostischer Verfahren für erfolgreiches historisches Lernen erheblich gewachsen ist. Dies hat zum einen mit Akzentverschiebungen in den fachdidaktischen Diskursen zu tun: Es interessiert weniger, wie die Ziele historischen Lernens theoretisch-normativ zu bestimmen sind (‚Geschichtsbewusstsein' und ‚Geschichtskultur' als grundlegende Strukturmerkmale) und Kompetenzen (die ‚Grammatik' historischen Denkens) zu entwickeln sind, sondern wie sie theoriegeleitet unterrichtspragmatisch zu realisieren sind. Insofern ist die vorwiegend qualitativ empirische Wende auch ein Zeichen dafür, stärker auf die *Lernvoraussetzungen* der Schülerinnen und Schüler zu blicken und gleichzeitig zu untersuchen, in welcher Weise Lehr-/Lernarrangements im Geschichtsunterricht historisches Denken anstoßen (Evaluation des *Lernprozesses).*

Zweitens haben seit Mitte der 1990er Jahre neue Prüfungsformate über ministerielle Erlasse/Verordnungen Einzug in die Abschlussprüfungen aller Schulformen gehalten: Projekte, Präsentationen, besondere Lernleistungen. Da sie zuvor im Geschichtsunterricht eingeübt werden müssen, verändert dies auf Dauer den alltäglichen Umgang mit Lernen und Leistungserbringung. In ihnen werden durchaus neue Anforderungen für die Diagnostik nicht nur summativer, sondern auch formativer Art sichtbar. Eine ähnliche Wirkung geht von der Erweiterung des Spektrums von Leistungsnachweisen in der Sekundarstufe I aus, die für die Note im Fach Geschichte heranzuziehen sind: Neben schriftlichen Tests (Klausuren) und mündlicher Mitarbeit können beispielsweise Portfolios, Projektarbeiten, Wandzeitungen, Collagen etc. notenrelevant sein. In dieser Hinsicht wegweisend waren die Empfehlungen der Bildungskommission NRW aus dem Jahr 1995, in denen es u. a. heißt: „Flexible und auf die unterschiedlichen Arbeitsformen bezogene Formen der Leistungsbewertung sollen erprobt werden. Abschlussprüfungen sollen so geregelt und gestaltet werden, dass vorab zu erbringende, selbstständige Leistungen der Schülerinnen und Schüler (Projektarbeiten, Facharbeiten in allen Lernbereichen, selbstständige Untersuchungen, Auswertungen, Recherchen, Erkundungen) in Prüfungsleistungen eingehen können. (...) Selbstständig erstellte, kooperativ angefertigte, von eigenen Interessen und Fragestellungen ausgehende Arbeitsergebnisse und -leistungen müssen *mindestens* (Hervorhebung P. A.) ebenso stark berücksichtigt werden wie gemeinsam und gleichzeitig durchgeführte Lernkontrollen in der Form von Klausuren."[27]

Drittens wirkt sich die Umstellung von lernziel(input-)orientierten auf kompetenz(output-)orientierten Geschichtsunterricht u.a. so aus, dass das, was ‚herauskommen' soll, möglichst genau beschrieben und darüber hinaus in Niveaustufen differenziert werden soll. Erst dann kann bestimmt werden, ob Kompetenzen oder Teile davon besonders gut, eher hinlänglich oder kaum ausgeprägt sind – eine große Herausforderung an fachliche pädagogische Diagnostik, auf die unterschiedlich reagiert wird: „Angesichts ihrer Überforderung reagiert die universitäre Fachdidaktik fraktioniert: Manche verspüren den alten Charme taxonomischer Architekturen und setzen auf hoch abstrakte, streng formalisierte und mehrdimensionale Kompetenzmodelle in der Hoffnung, jene irgendwann einmal füllen zu können."[28] Auch an dieser Stelle hilft ein Blick auf die Empfehlungen der NRW-Bildungskommission 1995, die ein sehr viel realitätsnäheres und m.E. auch aussagefähigeres Verfahren befürwortet: „Zur Erfassung von Leistungszuwächsen und Kompetenzveränderungen sollte ein schulpraktisch verwendbares Instrumentarium erarbeitet bzw. vermittelt werden. Hierzu gehören die Schulung von Selbstbeobachtung, Selbstzuschreibungen und selbststeuernden Eingriffen und der Erwerb von Beobachtungs- und Beurteilungskompetenz aufseiten der Lehrenden und Lernenden. In die Ausbildung *konsensfähiger Routinen* (Hervorhebung P.A.) in diesem Bereich muss ähnliche Mühe investiert werden wie in den Bereich der Curriculumentwicklung."[29]

2.1 Zum Diskussionsstand im Fach Geschichte

Ein kursorischer Blick auf die fachdidaktischen Diskussionsstände, wie sie in Handbuchbeiträgen, Einführungen in die Fachdidaktik, Monografien zu Einzelaspekten oder Schwerpunktthemen relevanter Zeitschriften abgebildet werden, zeigt, dass bis zur Jahrtausendwende ausschließlich die Problematik Leistungsmessung und Leistungsbeurteilung im Vordergrund stand. Hier sind vor allem die Arbeiten von Bodo von Borries zu nennen,[30] die im Grunde bis heute einen gewissen Pioniercharakter haben.[31] Den Stand der Disziplin hat 2002 Joachim Rohlfes zusammengefasst.[32] Die Zeitschrift *Geschichte lernen* (H. 96, 2003) hat den Blick auf neue Formen der Leistungsnachweise (Präsentationen, Portfolios) erweitert. Im ‚Handbuch Methoden im Geschichtsunterricht' (erste Auflage 2004) ist die Beschränkung auf Leistungsbeurteilung noch vorhanden.[33] Allerdings findet sich dort auch ein Beitrag zu Verarbeitung, Dokumentation und Präsentation von Lernergebnissen, der den Blick auf Alternativen öffnet.[34]

Parallel dazu sind Beiträge erschienen, die einerseits explizit neue Formen von Leistungserbringung vorstellen,[35] andererseits traditionelle und neue in einen Zusammenhang bringen.[36] Im gleichen Zeitraum sind einzelne empirische Fallstudien zum Text-, Quellenverständnis von Lernenden sowie zum Fremdverstehen veröffentlicht worden,[37] die zwar nicht explizit auf pädagogische Diagnostik im Fach abzielten, aber implizit für die Feststellung von Lernvoraussetzungen genutzt werden können.

Der Begriff ‚Diagnostik' ist im ‚Wörterbuch Geschichtsdidaktik' (2. Aufl. 2009) nicht vorhanden, wohl aber die Stichwörter ‚Evaluation', ‚Klausuren', ‚Leistungsmessung', ‚Lernprogression', ‚Portfolio' und ‚Projektarbeit'. Die meisten davon (Ausnahme ‚Evaluation') sind durchaus fachdidaktisch unterfüttert. ‚Geschichte Lernen' hat zwei Hefte zu ‚Diagnostizieren im Geschichtsunterricht' (116/2007) und ‚Kompetenzorientiert unterrichten' (139/2011) vorgelegt, die versuchen, die theoretischen Diskussionen auf die Unterrichtspraxis herunterzubrechen. Dies ist auch bei aller Vorläufigkeit notwendig, weil die Erörterungen zur Graduierung von Kompetenzen noch sehr weit vom realen diagnostischen Handeln im tagtäglichen Geschichtsunterricht entfernt sind.[38] Im ‚Handbuch Praxis des Geschichtsunterrichts' wird zum ersten Mal versucht, die Begriffe Diagnose, Evaluation und Leistungsbeurteilung in einen konsistenten systematischen Zusammenhang zu bringen und die gesamte Breite diagnostischer Felder für historisches Lernen mindestens ansatzweise darzustellen.[39]

Der Blick auf die bekanntesten Monografien zur ‚Einführung in die Fachdidaktik' – also die in der ersten und zweiten Phase der Lehrerausbildung entscheidende Basisliteratur – zeigt, dass lediglich in einem Fall die Breite der Diagnoseanlässe nicht nur betont wird, sondern als Rahmung für historisches Lernen fungiert.[40]

Insgesamt kann festgehalten werden, dass bei allen Defiziten theoretischer wie empirischer Natur – was allerdings nicht nur für diesen Bereich der Geschichtsdidaktik gilt – fachliche pädagogische Diagnostik eine größere Aufmerksamkeit erfährt und sich im Wechselspiel von theoretischen Überlegungen und unterrichtspraktischen Versuchen zu differenzieren beginnt.

2.2 Modelle zur Diagnose von Kompetenzen

Für die unterrichtspraktische Diagnostik wären idealiter vonnöten: ein domänenspezifisches Kompetenzmodell, eine Ausdifferenzierung von Kompetenzen in Indikatoren oder Teilkompetenzen sowie eine Stufung dieser (Teil-)kompetenzen in validierte Niveaus. Davon kann nicht die Rede sein – wobei das Fach Geschichte nicht wesentlich schlechter dasteht als andere Fächer.

In der Fachdidaktik gibt es keinen *common sense* über ein verbindliches, mindestens von einer relevanten Mehrheit geteiltes domänenspezifisches Kompetenzmodell. Stattdessen existieren und konkurrieren mehrere nebeneinander.[41] Das bedeutet freilich nicht, dass mit den diversen Konzeptionen keine sinnvollen Diagnosemöglichkeiten vorhanden wären.

Alle Kompetenzmodelle folgen trotz ihrer Eigenlogiken oder ihres begrifflichen Eigensinns bewährten Standards fachlicher wie fachmethodischer Kategorien, Prinzipien und Verfahrensweisen. Schülerinnen und Schüler sollen

- auf Zeugnisse aus der Vergangenheit in der Gegenwart aufmerksam werden;
- Fragen an die Geschichte stellen;
- Informationen beschaffen;
- Hypothesen bilden;
- Gattungsverständnis entwickeln;
- Materialien fachgerecht analysieren;
- Perspektiven übernehmen, um Fremdes zu verstehen;
- Vergangenheits-, Gegenwarts- und Zukunftsbedeutung erarbeiten;
- Methodenkompetenz entwickeln;
- den Konstruktcharakter von Geschichte erkennen;
- letztlich: historisches Denken lernen und an immer wieder neuen Inhalten üben, um schließlich eigene Geschichte(n) erzählen zu können, die plausibel und triftig ist (sind).

Innerhalb der den Diskurs bestimmenden Kompetenzmodelle sind Ausdifferenzierungen von Indikatoren/Teilkompetenzen vorhanden, Stufungen nur in einem einzigen Fall. Es gibt aber zwei weitere Konzeptionen, die ebenfalls Graduierungen vornehmen.

2.2.1 Die Forschungsgruppe FUER Geschichtsbewusstsein[42]

Bodo von Borries hat deutlich gemacht, dass die Voraussetzungen, die Prozessstruktur und das Zustandekommen von Lernerfolgen im Fach Geschichte empirisch und theoretisch nach wie vor wenig erforscht sind. Bei der Formulierung von Kompetenzen und Standards seien daher beträchtliche Schwierigkeiten zu überwinden: „Wenn man ‚Methodenorientierung‘ und ‚Geschichtskompetenz‘ oder eine ‚Grammatik des historischen Denkens‘ zum eigentlichen Ziel des Geschichtsunterrichts erklärt, muss man zusätzlich eine ganze Reihe von Teilgebieten, Teiloperationen oder Teilkompetenzen definieren, die dann jeweils in sich selbst nach Schwierigkeitsgrad gestuft bzw. gesteigert werden müssen. Für diese gibt es noch keine Einigung, wohl aber eine Reihe nützlicher Vorschläge."[43] Über die Diagnose von einzelnen Kompetenzbereichen und Kompetenzgraden könne man sinnvollerweise erst nachdenken, wenn alle Lernbereiche – auch die schwer operationalisierbaren – in empirisch und theoretisch triftigen Bildungsstandards formuliert seien. Ein hehrer Anspruch! Die bisherigen Versuche der Gruppe, bei der Stufung von Kompetenzen *top down* vorzugehen, sind demgegenüber eher unbefriedigend: Zwischen einem *basalen*, *intermediären* und einem *elaborierten* Niveau zu unterscheiden, mag zwar auf den ersten Blick plausibel erscheinen.[44] Jeder Lerner verfügt über ein unterschiedlich komplexes und selbstständig abrufbares Inventar an Erklärungsmustern für Geschichte, das darauf hin zu prüfen ist, inwieweit es lediglich individuell geprägt oder durch die Art und Weise bestimmt ist, wie gesellschaftlich über die Konstruktion und Rekonstruktion von Geschichte nachgedacht wird – die Verfügung über entsprechende fachliche/fachmethodische Begriffe und Reflexionsweisen eingeschlossen. Anders und konkreter formuliert: Wird die mittelalterliche Stadt lediglich aus dem heutigen Verständnis eines städtischen Gemeinwesens betrachtet; wird ihre Spezifik zeitgenössisch wahrgenommen, Dauer und Wandel begriffen oder gar im Sinne eines epochenübergreifenden Vergleichs unter Einschluss der Antike thematisiert und problematisiert? Aus diesen unterschiedlichen Zugriffen/Konzepten ergeben sich Graduierungen von Kompetenzen:

1. Basal oder a-konventionell bedeutet dann ein relativ begriffsloser, naiver Umgang mit Vergangenem.
2. Ein intermediärer oder konventioneller Umgang zeigt einen mehr oder weniger eigenständigen Umgang mit gesellschaftlichen Erklärungsmodellen.
3. Elaboriert oder transkonventionell zeigt die Verarbeitung und Prüfung üblicher Sinnweisen mit u. U. eigenständigen Schlussfolgerungen.[45]

Bei genauerem Hinsehen – nämlich auf die Konkretisierung – zeigt sich aber, wie vorläufig/bruchstückhaft solche Setzungen erscheinen (müssen),[46] und wie wenig praxistauglich sie sind. Hinzu kommt das Postulat, Graduierungsmodelle für alle möglichen Teilkompetenzen zu entwickeln, und bezogen auf die einzelnen Lerner nicht nur deren eigene, sondern diese auch im Verhältnis zu anderen Lernern diagnostizieren zu wollen. „Manche (Lernertypen) mögen zuerst bei der ‚*Textquelleninterpretation*' höhere Stufen erreichen, andere bei der ‚*Bildquelleninterpretation*', dritte bei der synchron und diachron kontextualisierenden Erzählung (*Narrativierung)*, wieder andere bei der analytischen und kritischen Prüfung vorgelegter fertiger Geschichtsgeschichten (*,De-Konstruktion').* Man kann diese Gruppen aber nur auffinden (ihre Existenz belegen), wenn man zum Zwecke einer detaillierten Diagnose eine Graduierung in den einzelnen Kompetenzbereichen und Kompetenzen entworfen hat. Differenzierte Diagnose – gerade der Stärken und Schwächen von Einzelnen und Typen – setzt differenzierte Modelle voraus.[47] Ein nicht nur überkomplexes Verfahren, sondern wohl auch ein utopisches Ansinnen.

2.2.2 Geschichte lernen[48]

Erheblich enger an die Praxis des Geschichtsunterrichts angelehnt ist der Versuch von Herausgebern und Redaktion der unterrichtspragmatischen Zeitschrift, Kompetenzen zu graduieren. „Wenn die Forderung nach Kompetenzentwicklung im Geschichtsunterricht keine willkürliche Vorgabe sein soll, bedarf es empirischer Ergebnisse darüber, was Lernende in einem bestimmten Alter in einem bestimmten Wissensgebiet leisten können."[49] Diesem Konzept liegt kein eigenes theoretisch entwickeltes Kompetenzmodell zugrunde, wohl aber die Fokussierung auf wesentliche Elemente historischen Lernens. Demzufolge wurden für ‚Perspektivenübernahme', ‚Sach- und Werturteile' Graduierungsraster generiert, die für bestimmte Themen mit entsprechenden Aufgabenformaten entwickelt wurden. Alle drei Kompetenzen bzw. Teile davon (Perspektivenübernahme) sind zentral für historisches Denken und Lernen – und in unterschiedlicher Ausprägung und Zuordnung – auch Bestandteile aller fachdidaktischen Kompetenzmodelle. Ein wichtiges Unterfangen, vor allem diktiert aus der Not, Lehrkräften erste Hilfen an die Hand geben zu wollen, um mit der Problematik vor Ort umzugehen.

Das Beispiel Werturteilskompetenz:
Die Überzeugung besteht darin, für Lernende herausfordernde Situationen zu schaffen (Performanzsituationen), die sie über Aufgabenformate, die zugleich komplex wie produktorientiert angelegt sind, medial vermittelte Produkte von Geschichtskultur zu überdenken und kritisch zu reflektieren. Entlang von Standardthemen des Geschichtsunterrichts wurden solche Aufgabenformate vorgelegt.[50]

Was die Graduierung anbelangt, wird ein anderer Weg verfolgt als bei der Gruppe FUER-Geschichte. Er ist primär angelehnt an die Forschungsergebnisse aus dem angelsächsischen Raum, insbesondere an Arbeiten von *Ashby und Lee* (1987) über ‚Historial Empathy'.[51] „Die Autoren definieren ‚Historical Empathy' als die Fähigkeit, Handlungen, Ideen und Zielvorstellungen historischer Akteure im Zusammenhang mit den historischen Umständen zu verstehen und zu erklären."[52]

Auch diese Stufung ist nicht empirisch exakt belegt, sondern eher eine modellhafte Konstruktion, die z. B. für ‚Perspektivenübernahme' folgendermaßen aussieht:[53]

Sekundarstufe I
• Kl. 6/7: Wie bewerte ich die Erziehung der Kinder in Sparta heute und wie bewerteten die Bürger Spartas die Erziehung ihrer Kinder? Warum gibt es Unterschiede in der Bewertung? • Kl. 6/7: Wie rechtfertigten die Römer ihre expansionistische Politik? Wie bewerten wir diese Politik heute? Warum gibt es Unterschiede in der Bewertung? • Kl. 6/7: Sklaverei in der Antike: Wie rechtfertigten die Menschen im alten Rom und im alten Griechenland die Sklaverei? Wie bewerten wir heute die Sklaverei? • ... • Kl. 8: Wie wurde der Imperialismus gerechtfertigt und welche Verhaltensnormen gelten laut Völkerrecht heute? • Kl. 8: Kinderarbeit im 19. Jh. und ihre heutige Beurteilung für uns und in der Dritten Welt. • ... • Kl. 9: Sollen ehemalige Mitarbeiter der Stasi führende Posten in der Politik im vereinten Deutschland einnehmen? Eine Podiumsdiskussion zum 3. Oktober. • ...

Stufe	*Operationen*	*Schüleräußerungen als Indikatoren*
5. Historische Perspektivenübernahme unter Berücksichtigung des breiteren historischen Kontexts	Denken/Handeln der historischen Personen wird unter Berücksichtigung kurzfristiger, mittel- und langfristiger Bedingungen nachvollzogen, und es werden auch Vermutungen zu nicht direkt bewussten Motiven berücksichtigt; klare Differenzierung zwischen der Perspektive des historisch Handelnden und des die Vergangenheit Rekonstruierenden.	„Dass sich Luther nicht zum Widerruf zwingen ließ, hat einerseits mit seiner Einsicht in die Bedeutung der Schrift als Gottes Wort zu tun, aber auch mit dem in der Gesellschaft, besonders bei den Humanisten vorhandenen Antiklerikalismus, der den Ruf des Papstes und der Kirche untergraben hatte und von dem Luther beeinflusst war. Möglicherweise stärkte die Einsicht in die wachsende Zahl der Anhänger seiner Heilslehre ihm den Rücken. Inwieweit er sich seiner Motive und Beeinflussungen bewusst war, lässt sich letztendlich nicht nachweisen."
4. Ansatzweise historische Perspektivenübernahme	Denken und Handeln der historischen Personen wird mit Bezug auf den unmittelbaren historischen Kontext, die Einzelsituation erfasst; Nachvollziehen unter Berücksichtigung des Unterschieds zwischen Vergangenheit und Gegenwert, aber ohne Berücksichtigung von Strukturen mittlerer und längerer Dauer und den historischen Personen nicht direkt bewussten Motiven.	„Dass sich Luther nicht zum Widerruf zwingen ließ, hat mit seinem starken Glauben an die Wichtigkeit des Wortes Gottes zu tun. Das konnte sich Kaiser Karl V. nicht gefallen lassen, sonst wäre seine Machtstellung angetastet gewesen."

3. „Psychologische“ Einfühlung	Auf der Basis eigener Lebenserfahrung wird Denken und Handeln der historischen Akteure nachvollzogen; Verstehen mit Ansitzen von Reflexion auf die Grundlagen, aber ohne Überwinden der Gegenwartsfixierung.	„Bei uns zu Hause ist das auch so. Wenn wir einen Streit haben, reden wir miteinander und suchen eine Lösung. Genau so haben es die Plebejer und Patrizier gemacht.“
2. Stereotype Verallgemeinerung	Stereotype, klischeehafte Vorstellungen werden zum Verstehen des Denkens und Handelns der historischen Akteure herangezogen.	„Immer ist der kleine Mann der Dumme. Daher wurde er immer ausgebeutet Daher ist es verständlich, dass sich nur wenige gegen Ungerechtigkeit wehrten.“
1. Fehlende Fähigkeit zur Perspektivenübernahme	Menschen in der Vergangenheit werden als dumm und „unmodern“ dargestellt; Gegenwartsfixierung ohne jeden Ansatz zum Fremdverstehen.	„Die Menschen im Mittelalter ließen sich von der Kirche für dumm verkaufen. Diese nutzte die Gläubigen bloß aus.“ „Die Frauen in der Steinzeit mussten den Haushalt führen und die Kinder erziehen.“

Den fünf Niveaustufen werden entsprechende Operationen zugeordnet und diese wiederum mit beispielhaften Schüleräußerungen exemplifiziert. Vermutlich ist eine solche Stufung zu differenziert – was die empirische Erprobung zeigen wird. Wahrscheinlich sind die Schüleräußerungen, die als Indikatoren für das jeweilige Niveau historischen Denkens genannt werden, nicht immer in dieser klaren Form identifizierbar. Dies ändert nichts daran, dass mit der Verknüpfung von Stufen und Operationen ein brauchbares Instrumentarium vorliegt, um historisches Lernen zu diagnostizieren.

2.2.3 Wahrnehmungskompetenz für Bildquellen

Im Vergleich zu den beiden vorigen Modellen ist dasjenige von *Markus Bernhardt* sehr viel begrenzter: Es geht darum, einen Teilbereich von Wahrnehmungskompetenz zu stufen. Diese Kompetenz ist Bestandteil des Modells von *Peter Gautschi* und geht davon aus, dass Lernende nicht notwendigerweise von sich aus in Medien, Materialien, Manifestationen der Geschichtskultur etc. Historisches erkennen, sondern dazu qualifiziert werden müssen. „Wie finde und erkenne ich historische Zeugnisse und Menschen, die mir über Vergangenes berichten können? Wie komme ich zu *Fragen und Vermutungen*, die mich ins Universum des Historischen führen?“[54]

Dies für Bildquellen zu leisten, betrifft zwar nur ein – wenngleich wichtiges – Medium, allerdings liegt mit dieser Studie die einzig empirisch/unterrichtspraktisch validierte Konzeption vor.

Das Kompetenzstufenmodell der Bildwahrnehmung ist auf der Basis von 14 qualitativen Studien entstanden, in denen die Interviews mit weit über hundert Schülerinnen und Schülern aller Jahrgangsstufen ausgewertet wurden.[55] Aus den Antworten der Probanden sind vier Niveaustufen bei der Wahrnehmung von Bildern entwickelt worden. Diese vier Niveaustufen, deren Merkmale an folgender Tabelle aufgelistet sind, beschreiben einen Entwicklungsprozess, der ausdrücklich nicht an bestimmte Altersstufen gekoppelt ist, sondern individuell verläuft.

Markus Bernhardt kommt zu folgender Stufung:[56]

Niveaustufe	*Wahrnehmungskompetenz bei Bildern ...*
I	Nennung weniger Bilddetails
II	Nennung von vielen bis allen Bilddetails. Erkennen von Mimik und Gestik der dargestellten Personen. Teildeutungen auf der Basis von praktischen Alltagserfahrungen.
III	Wahrnehmung und Nennung von Bilddetails in Auswahl. Gespür, dass durch das Bild etwas ausgedrückt werden soll. Erkennen von Relationen. Gespür für historische Dimension des Bildes. **Formulierung von Hypothesen über die Gesamtbedeutung in Frageform.**
IV	Wechsel zwischen Beschreibung und Deutung. Aufnahme irritierender Details und Korrektur von Deutungen. Erkennen und Deuten von Steuerungscodes des Bildautors (Symbole, Gestik, Mimik, Relationen). Verknüpfung mit Vorwissen. Vorstellung über die eigene Wahrnehmungsstrategie. **Erkennen und Deuten der historischen Dimension des Bildes.**

Den Schülerinnen und Schülern, die sich auf den Niveaustufen I und II befinden, ist die historische Dimension eines Bildes nicht bewusst oder nicht bedeutsam. Sie beschreiben das, was sie sehen, etwa so, als ob sie aus dem Fenster schauten. Man könnte das als naiven Realismus bezeichnen. Erst denjenigen auf den elaborierteren Stufen III und IV ist es möglich, die historische Dimension eines Bildes zu erkennen. Erst sie können anschließende Deutungen vornehmen. Von den anderen wird das schwerlich zu leisten sein. Das dahinter stehende Problem ist für den Umgang mit Geschichte von einer beträchtlichen Größe, denn viele Schülerinnen und Schüler verfügen bis in die neunte Klasse nicht oder nur in Ansätzen über eine elaborierte „Wahrnehmungskompetenz". Für Lehrerinnen und Lehrer dürfte deshalb ein großes Interesse daran bestehen, den Stand der Wahrnehmungskompetenz bei ihren Schülerinnen und Schülern zu kennen, um hier individuelle Förderpläne zu entwickeln.

Diese vierstufige Niveau-Struktur verdeutlicht, wie Erwartungen an Kompetenzerfüllungen formuliert sein können. Aus meiner Sicht sollten sie sich bei Beschreibung der Kompetenzprofile auf einem mittleren Abstraktionsgrad bewegen, d. h., sie sollten Grundanforderungen formulieren, diese aber bezogen auf die einzelnen Schüleraussagen nicht zu konkret setzen (wollen). In dieser Form sind sie eine sinnvolle Handreichung für alle drei Diagnosebereiche – und mittlerweile ein weiteres Mal empirisch bestätigt.[57] Auf konkrete Anwendungsmöglichkeiten wird später eingegangen (→ 3.6 Erzähl- und Schreibanlässe).

Bei näherer Betrachtung der drei vorgestellten Konzeptionen lassen sich sinnvolle Realisierungsperspektiven für die Entwicklung von Kompetenzbeschreibungen formulieren: „Lernen lässt sich (...), dass weder ein rein empirisches Graduierungsverfahren noch Versuche deduktiv-normativer Setzungen von Kompetenzniveaus überzeugen können. Sowohl bei der praktischen Diagnose und Förderung des Kompetenzerwerbs im Unterricht als auch bei der Formulierung entsprechender Bildungsstandards ist die Graduierung häufig viel weniger objektivierbar, als gemeinhin angenommen. Das Spannungsfeld von mehr oder minder abstrakter, fachdidaktisch konstruierter Norm und empirisch evaluierbarer, durchschnittlicher Kompetenzausprägung – die weiterer empirischer Forschung bedarf – bildet den Hintergrund, vor dem Kompetenzniveaus letztlich pragmatisch und auf Widerruf vereinbart werden."[58]

2.3 Gütekriterien ‚guten Geschichtsunterrichts' als Diagnosehilfen

Während die bisher erwähnten Modelle originär auf die kompetenzorientierte Diagnose historischen Denkens und Lernens ausgerichtet sind, sind die folgenden Bestandteil eines umfassender angelegten Versuchs, Aussagen über die Qualität eines Geschichtsunterrichts zu machen, der historisches Lernen in das Zentrum seiner Bemühungen stellt. Sie schließen folglich u. a. Themenwahl, problemorientierte Fragestellungen, Auswahl von Materialien und Sozialformen des Unterrichts etc. mit ein. In allen ist aber logischerweise auch angesprochen, wie Äußerungen der Lernenden zu bewerten und damit zu diagnostizieren sind. Diese Aspekte können hilfreich sein, Grundlagen für die Diagnostik zu gewinnen, auch wenn nicht in allen Beispielen Graduierungen vorgenommen werden.

2.3.1 Mayer/Pandel[59]

Dem Ansatz liegt die Überzeugung zugrunde, dass das primäre Bildungsziel des Fachs darin besteht, zentrale geschichtsdidaktische Kategorien zu vermitteln, ein Kategoriensystem, das die Struktur der Domäne im Sinne einer „Grammatik des Faches"[60] abbildet.
In der 2005 aktualisierten Fassung sieht dies folgendermaßen aus:[61]

1. Bezogenheit der Geschichte auf die eigene Situation
- 1.1 Gegenwartsbezug
- 1.2 Identifikation
- 1.3 Perspektivität

2. Methoden historischer Erkenntnis
- 2.1 Verstehen
- 2.2 Erklären

3. Entwicklungszusammenhang aller Zustände und Veränderungen in der Zeit
- 3.1 Zeitpunkt
- 3.2 Dauer
- 3.3 Gewordenheit
- 3.4 Veränderbarkeit
- 3.5 Zukunftsperspektive

4. Menschliches Handeln im fortschreitenden Prozess gesellschaftlicher Praxis
- 4.1 Männer und Frauen als Handelnde
- 4.2 Arbeit
- 4.3 Herrschaft und Partizipation
- 4.4 Kultur

Dieses Kategoriensystem – im Besonderen die ersten drei Felder – kann dann als Matrix für die Diagnose historischen Denkens und Lernens gut genutzt werden, wenn entsprechenden Kategorien Indikatoren von Schüleräußerungen zugeordnet werden. Wenn es beispielsweise um die ‚Soziale Frage' im 19. Jh. geht, könnten Schüleräußerungen wie folgt eingeordnet werden:

- Heute gibt es zwar auch noch soziale Probleme, aber ... (Gegenwartsbezug)
- Das Verhalten der Unternehmer ist ungerecht ... (Identifikation)
- Aus der Sicht der Gewerkschaften/der Eltern ... (Perspektivität)
- Die Eltern verurteilten Kinderarbeit wohl deshalb nicht ... (Verstehen)
- Damals gab es noch keine/erst wenige Gesetze, sodass ... (Erklären).

Das Kategoriensystem ist auch deshalb gut handhabbar, weil es für den Einzelfall nicht zu komplex ist, denn es wird beim konkreten Diagnoseanlass – einer schriftlichen Bearbeitung von Darstellungen und Quellen oder bei einer mündlichen Präsentation (im konkreten Fall z. B. in einer Podiumsdiskussion) – immer nur um eine Auswahl von Kategorien gehen.

Allerdings: Eine Stufung ist in diesem Vorschlag genausowenig vorhanden wie eine direkte Kompatibilität mit existierenden Kompetenzmodellen.

2.3.2 Barricelli/Sauer[62]

Die beiden Autoren verfolgen einen ähnlichen Ansatz, der zum einen eine Gesamtbeschreibung von Kompetenzen ermöglichen, zum anderen aber auch als Fundus für eine gezielte Auswahl bestimmter Teilkompetenzen gelten kann.

Die Beobachtungskriterien für ‚guten Geschichtsunterricht' lauten in der verkürzten Form (Sauer 2007, S. 12 f., hier reduziert auf die Teile, die diagnoserelevant sind):

(...)

B. Gegenwartsbezug

1. Die Schülerinnen und Schüler erklären gegenwärtige Verhältnisse und Probleme aus der Vorgeschichte.
2. Die Schülerinnen und Schüler beziehen historische Situationen durch Vergleich und Analogiebildung auf die Gegenwart.

(...)

D. Geschichte untersuchen

(...)

2. Die Schülerinnen und Schüler wenden fachspezifische Verfahren im Umgang mit Quellen/Medien (Textquellen, Bildquellen, Sachquellen, Zeitzeugenaussagen, Filmen, Karten, Statistiken) an.
3. Die Schülerinnen und Schüler unterscheiden verschiedene Gattungen von Quellen und Darstellungen und kennen ihren jeweiligen Erkenntniswert.

E. Geschichte verstehen

1. Die Schülerinnen und Schüler verfügen über historisches Wissen (Fakten, Zahlen, Namen, Begriffe).

(...)

2. Die Schülerinnen und Schüler verwenden Begriffe adäquat.
3. Die Schülerinnen und Schüler erkennen mögliche Ursachen für historische Ereignisse und Prozesse.
4. Die Schülerinnen und Schüler erkennen die Auswirkungen historischer Ereignisse und Prozesse.
5. Die Schülerinnen und Schüler verstehen und beurteilen Motive Handelnder (Personen, Gruppen) aus der historischen Situation heraus (persönliche Motive, Wertvorstellungen, Ideologien).
6. Die Schülerinnen und Schüler erkennen die Bedeutung von Rahmenbedingungen historischen Handelns in bestimmten Situationen (Konventionen, Traditionen, Mentalitäten, Handlungsspielräume).
7. Die Schülerinnen und Schüler erhalten die Möglichkeit, historische Situationen und Ereignisse aus unterschiedlichen Perspektiven zu betrachten (Multiperspektivität).
8. Die Schülerinnen und Schüler beurteilen historische Situationen und Ereignisse aus unterschiedlichen Perspektiven (Perspektivenwechsel, interkulturelles Geschichtslernen)

F. Unterrichtsstunde insgesamt

(...)

3. Die Schülerinnen und Schüler formulieren selber historische Erkenntnisse und Einsichten.
4. Die Schülerinnen und Schüler reflektieren ihren eigenen Untersuchungs- und Erkenntnisprozess.

(...)

Das Kategorienraster unterscheidet sich vom o. g. durch klare Operationalisierungen in den einzelnen für Diagnose relevanten Aspekten und ist auch enger an die Kompetenzen historischen Denkens angelegt: In den Teilen D und E geht es explizit um eine fachspezifische Kompetenzentwicklung. Wiederum fehlen Stufungsversuche unterschiedlicher Niveaus historischen Denkens. „Sowohl für den Lehrer und seine Schülerbeurteilungen als auch für den Unterrichtsforscher und seine Beurteilung des Geschichtsunterrichts ist doch die differenzierte Beschreibung unterschiedlicher Niveaus historischer Denkleistungen entscheidend; nur auf diese Weise werden zudem Entwicklungsperspektiven zur Verbesserung des Unterrichts bzw. individueller Kompetenzen formulierbar."[63]

Dieses Defizit wird in den beiden folgenden Konzeptionen aufzuheben versucht.

2.3.3 Gautschi

Diagnosemöglichkeiten für historisches Lernen werden im vorliegenden Fall innerhalb eines theoretisch konsistenten Prozess- und Strukturmodells historischen Denkens entwickelt.[64]

Unter *Voraussetzungen* sind u. a. die die individuellen Kenntnisstände, Interessen und Motive der Lernenden genannt, der Lernprozess ist im zweiten Feld angesprochen, das Ergebnis unter *Folgen.* Diese bleiben freilich noch recht allgemein. Sie werden deutlicher, wenn das Feld *Nutzung* aufgeschlüsselt wird:

- Wahrnehmung von historischen Zeugnissen und von Veränderungen in der Zeit.
- Erschließung, Überprüfung und Darstellung von historischen Sachanalysen.

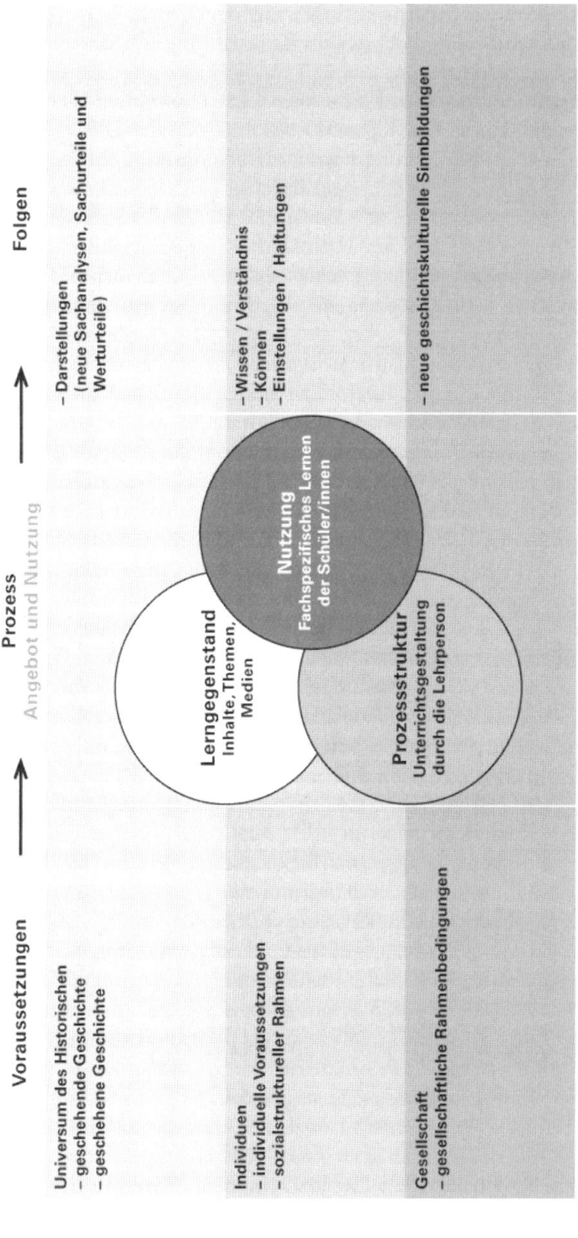

(Gautschi (2009), S. 99)

- Interpretation (Analyse und Deutung) von Geschichte.
- Orientierung, Sinnbildung über Zeiterfahrung und Werturteilsprüfung an Zeiterfahrung.
- Aneignung und Wiedergabe von Wissen über Vergangenes und Verständnis von Geschichte.[65]

Inwiefern kann eine Stufung dieser Kompetenzen erfolgen? Ein Beispiel für eine konkrete Unterrichtsstunde:[66]

„Deutschland in den Jahren 1918–1930“			++	+	o	-
Lerngegenstand: Inhalte, Themen und Medien	1.	Bedeutsames Thema	X			
	2.	Thematisierung von menschlichem Handeln in gesellschaftlicher Praxis			X	
	3.	Thematisierung von Veränderungen in der Zeit und Entwicklungszusammenhängen		X		
	4.	Sachrichtigkeit, Multiperspektivität und Kontroversität			X	
	5.	Bezogenheit des Themas auf die Situation der Lernenden		X		
	6.	Exemplarische und zielgruppenangepasste Repräsentationen von Geschichte	X			
Prozessstruktur: Unterrichtsgestaltung durch die Lehrperson	7.	Sicherung einer effizienten Klassenführung und Zeitnutzung		X		
	8.	Förderung eines unterstützenden Klassenklimas		X		
	9.	Gewährleistung von anregenden, aktivierenden und angepassten Lerngelegenheiten		X		
	10.	Schaffung von angemessener Klarheit und Strukturiertheit		X		
Nutzung: Fachspezifisches Lernen der Schüler/innen	11.	Wahrnehmung von historischen Zeugnissen und von Veränderungen in der Zeit				X
	12.	Erschließung, Überprüfung und Darstellungen von historischen Sachanalysen			X	
	13.	Interpretation (Analyse und Deutung) von Geschichte			X	
	14.	Orientierung: Sinnbildung über Zeiterfahrung und Werturteilsprüfung an Zeiterfahrung			X	
	15.	Aneignung und Wiedergabe von Wissen über Vergangenes und Verständnis von Geschichte		X		

(Gautschi, Peter (2009): Guter Geschichtsunterricht, Schwalbach/Ts., S. 217)

Relevant für die Diagnose ist der Teil ‚Nutzung'. Es fällt auf, dass hier relativ formal vorgegangen wird, ohne dass die Einschätzungen von ++ bis - inhaltlich operationalisiert werden. So haben sich in dieser Stunde die Lerner in der Hauptsache Wissen angeeignet bzw. wiedergegeben – eine Kompetenzentwicklung hat kaum stattgefunden. Diese Formalisierung ist u. a. dem Umstand geschuldet, dass verschiedene Beobachter (Lehrer, Experten, Schülerinnen und Schüler) den Ablauf und das Ergebnis mithilfe dieses Beobachtungsbogens begutachtet haben. Das macht die praktische Handhabung für den schulischen Normalfall so gut wie unmöglich. Außerdem wird nicht das Lernen von Einzelnen erfasst, was für Diagnosezwecke unerlässlich ist, sondern das der Gruppe. Schließlich erfassen die fünf Aspekte von *Nutzung* Kompetenzen nur sehr allgemein; unter Diagnosegesichtspunkten wäre es notwendig, einzelne Indikatoren (Teilkompetenzen) aufzuschlüsseln.

Dennoch wäre es nicht redlich, es bei dieser Kritik zu belassen. Immerhin ist dieses Modell nicht in erster Linie entwickelt worden, um Diagnosemöglichkeiten aufzuzeigen. Dass auf seiner Basis sehr wohl differenzierte Aussagen über historisches Denken und Lernen evaluierbar sind, zeigen Anwendungsversuche in Hessen – dort ist das Modell in sprachlich leicht veränderter Form in das Kerncurriculum eingegangen.

Bezogen auf eine Unterrichtseinheit zur Französischen Revolution wird dort für die Orientierungskompetenz folgende Stufung für eine Leistungsbewertung – die genauso gut als Evaluation des Lernprozesses verstanden werden kann – formuliert:[67]

Kompetenzbereich	*Eine zufriedenstellende Leistung*	*Eine gute Leistung*	*Eine hervorragende Leistung*
Fähigkeit, die Vergangenheit mit Bezug auf gegenwärtige Wertvorstellungen zu bewerten (Orientierungskompetenz)	Ich kann die Bedeutung der Menschen- und Bürgerrechte für mein Leben einschätzen.	Ich kann die Bedeutung der Menschen- und Bürgerrechte für mein Leben und das Zusammenleben der Menschen in der Weltgesellschaft einschätzen.	Ich kann die Bedeutung der Menschen- und Bürgerrechte für mein Leben und das Zusammenleben der Menschen in der Weltgesellschaft einschätzen und sowohl am Beispiel der Französischen Revolution als auch anhand gegenwärtiger Beispiele diskutieren, ob soziale Bürgerrechte eine notwendige Ergänzung zu den liberalen Bürgerrechten darstellen.

Kompetenzbereich	*Eine zufriedenstellende Leistung*	*Eine gute Leistung*	*Eine hervorragende Leistung*
Fähigkeit, die Vergangenheit mit Bezug auf gegenwärtige Wertvorstellungen zu bewerten (Orientierungskompetenz)		Ich kann den Vorbildcharakter der Verfassung von 1791 erklären.	Ich kann den Vorbildcharakter der Verfassung von 1791 erklären, aber auch ihre Mängel hinsichtlich demokratischer Grundsätze kritisch beleuchten.
	Ich kann Stellung beziehen zu Robespierres Position, dass die Gleichheit durch Terror vor der Gegenrevolution bewahrt werden müsse.	Ich kann am Beispiel von Robespierres Rede begründet Stellung beziehen zur Frage, ob Gewalt in Befreiungsbewegungen legitimiert werden kann.	Ich kann am Beispiel von Robespierres Rede und anhand anderer Beispiele begründet und differenziert Stellung beziehen zur Frage, ob Gewalt in Befreiungsbewegungen legitimiert werden kann.
		Ich kann die Bedeutung der Erinnerung an die Französische Revolution erklären und von meinem Standpunkt aus bewerten.	Ich kann die französische und deutsche Art des Erinnerns anhand von Symbolen und Feiertagen vergleichen und einen eigenen Standpunkt zu Art und Aufgabe des Erinnerns beziehen.
	Ich kann einen Aspekt benennen, an dem ich einen Lernzuwachs inhaltlicher Art sowie einen weiteren Aspekt, an dem ich einen methodischen Lernzuwachs erreicht habe.	Ich kann Aspekte in einem größeren Zusammenhang benennen, an denen ich einen Lernzuwachs inhaltlicher sowie methodischer Art erreicht habe.	Ich kann insgesamt bewerten, welchen Lernzuwachs bezüglich der Einsicht in die Französische Revolution, ihre Bedeutung in Geschichte und Gegenwart und bezüglich der Arbeitsmethoden ich am Ende der Sequenz erreicht habe.

Es sollte an dieser Stelle nicht darum gehen, die vorgeschlagenen Beschreibungen für eine zufriedenstellende, eine gute oder eine hervorragende Leistung kritisch zu hinterfragen (→ 3.5 Kompetenzraster), sondern festzustellen, dass an diesem konkreten Beispiel Möglichkeiten aufgezeigt werden, wie unter kompetenzorientierten Leitzielen Diagnosemöglichkeiten für historisches Lernen bestehen – auch wenn die eigene Unterrichtseinheit ganz oder teilweise anders angelegt war.

2.3.4 Zülsdorf-Kersting[68]

Auf vergleichbare Konkretisierungen verzichtet der folgende Ansatz. Stattdessen wird ein Modell entwickelt, das angelehnt an das *FUER-Projekt* historische Denkleistungen zu beschreiben und zu stufen versucht. Darüber hinaus wird die didaktisch-methodische Gestaltung des Unterrichtsprozesses in den Blick genommen – was allerdings für die Diagnose der Schülerbeiträge vernachlässigt werden kann. „Es geht hier darum, die in Sprache gefassten und im Unterrichtszusammenhang artikulierten historischen Denkleistungen ins Zentrum zu stellen.“[69] Was hier für die Unterrichtsbeobachtung formuliert wird, kann im Prinzip auf schriftliche Äußerungen übertragen werden.

Kategorienraster

A	Schülervorstellung
B	Historische Frage
C	historischer Sachverhalt
D	Historisches Sachurteil
E	Historisches Werturteil
F	Verfügen über geschichtstheoretisches und begriffliches Wissen

In B bis E sind diejenigen Kompetenzen erfasst, die auch Kernbestandteile anderer Modelle sind (Wahrnehmungs-, Erschließungs-, Interpretations- und Orientierungskompetenz bei *Gautschi*); mit A werden die Lernvoraussetzungen erfasst und F ähnelt dem letzten Aspekt des Nutzungsmodells Gautschis (s. o.).

Beispiel für die Differenzierung/Stufung zum historischen Werturteil:[70]

- Jemand nennt ein historisches Werturteil.
- Jemand formuliert ein historisches Werturteil mit empirischer Triftigkeit.
- Jemand formuliert ein historisches Werturteil mit empirischer Triftigkeit unter Offenlegung der Wertmaßstäbe.
- Jemand formuliert ein historisches Werturteilmit empirischer Triftigkeit unter Offenlegung der Wertmaßstäbe und Reflexion des eigenen Standortes (Wertargumentation).
- Jemand paraphrasiert ein vorgefundenes Werturteil.
- Jemand erkennt ein Werturteil in der Quelle/Darstellung.
- Jemand analysiert eine vorgefundene Werturteils-Bildung im Hinblick auf ihre Sachangemessenheit und Begründungstransparenz.

Der Verzicht auf weitere Differenzierungen bzw. exemplarische thematische Konkretisierungen muss kein Nachteil sein, weil Zuordnungen von Schüleräußerungen zu bestimmten Stufen immer Interpretationen des Diagnostikers – also des Forschers oder der Lehrkraft – sind. Schüleräußerungen werden in seltensten Fällen in reiner Form die jeweilige Niveaubeschreibung abbilden. Es kommt hinzu, dass die sprachliche Operationalisierung der Stufen nicht deduktiv aus einem theoretischen

Modell abgeleitet wurde, sondern induktiv erfolgte. D.h., die empirische Überprüfung muss Auskunft über die Tauglichkeit bzw. Revisionsbedürftigkeit der Graduierung Auskunft geben.

Das vorliegende Modell gibt sinnvolle Hilfestellung für die Diagnose besonders des Lernprozesses und der Leistungsbeurteilung.

Die vorliegenden Verfahren zur Diagnose von Lernvoraussetzungen, zur Evaluierung von Lernprozessen und zur Leistungsbeurteilung sind, so lässt sich bislang festhalten, aus drei unterschiedlichen Zugängen entstanden: Als normative Konzepte von zumeist Vertreterinnen und Vertretern der universitären Geschichtsdidaktik, die zentrale Ziele historischen Lernens (Stichworte: Geschichtsbewusstsein, Geschichtskultur) auf die Ebene der Kompetenzen und Bildungsstandards zu transformieren versuchen. Inwieweit dies gelingt, müssen empirische Forschung und unterrichtspraktische Erprobung zeigen.

Ein zweiter Zugang kann als pragmatischer bezeichnet werden, was bedeutet, dass aus der Beobachtung von Geschichtsunterricht (durch einen selbst, besser aber durch Beobachtung von außen) bzw. durch die eigene Reflexion der Lehrkräfte theorie- und erfahrungsgestützte Lernziel- und Kompetenzniveaus abgeleitet werden. Die in diesem Kapitel vorgestellten theoretischen Konzepte können dabei eine kritisch zu evaluierende Hilfestellung geben.

Der dritte Zugang zu der Problematik sind die empirischen Studien im Fach – zum Text- und Bildverständnis von Lernenden, zur Perspektivenübernahme und der Fähigkeit, Sach- und Werturteile zu fällen etc. –, die punktuelle Aussagen treffen lassen, stark abhängig von den untersuchten Lerngruppen, aber bislang nur in Einzelfällen (→ 2.2.3 M. Bernhardt) verallgemeinerungsfähige Schlussfolgerungen im Sinne von Modellierungen von Kompetenzen erlauben. Eine Feststellung aus diesem Untersuchungszusammenhang ist bemerkenswert: „Die Erkenntnisse vermitteln vor allem, dass die normativen Kompetenzmodelle von Leistungserwartungen ausgehen, die einen Großteil der Schülerinnen und Schüler nicht erreichen."[71]

Da es bei der Messung von Elementen historischen Denkens letztlich um die Diagnose von Sinnkonstruktionen geht, sind dazu Methoden notwendig, die kaum zentralisiert eingesetzt werden können, weil sie stark kontextabhängig sind und sich in den meisten Fällen einem ökonomischen ‚Papier-Bleistift-Verfahren' (von Borries) entziehen. Andererseits sind solche Verfahren (Tests) vor allem in der Sekundarstufe I die verbreitetste Form der Lernkontrollen bzw. Leistungsnachweise. Sie können folglich nicht ausgeblendet werden, wenn es um die Diagnose von historischem Lernen geht.

Im folgenden Kapitel geht es darum zu zeigen, mit welchen Methoden bzw. Verfahren historisches Denken und Lernen sichtbar werden kann.

Die vorhandenen Verfahren und Methoden sind darauf zu überprüfen, für welche Anlässe und welche Elemente der Diagnose sie nützlich sind, für welche nicht. Damit wäre ein – hoffentlich – praxistauglicher Ansatz gefunden, sich begrenzter Reichweiten bewusst zu werden, Chancen und Probleme der Verfahren zu erkennen, um solche Diagnoseinstrumente auswählen zu können, die für einen konkreten Zweck brauchbar, vom Aufwand her realistisch und einer gemeinsamen Validierung zugänglich sind.

3. Diagnoseverfahren im Geschichtsunterricht: Möglichkeiten und Grenzen

Die Methoden, historisches Denken und Lernen zu messen, die im Folgenden vorgestellt werden, sind nicht nach den unterschiedlichen Anlässen (Erfassen von Lernvoraussetzungen, Evaluation von Lernprozessen und -ergebnissen, Leistungsmessung und -beurteilung) gegliedert, weil einzelne Verfahren für alle drei genutzt werden können. Dazu ein Beispiel: Der Sozialhistoriker *Hans-Ulrich Wehler* charakterisierte des Deutsche Kaiserreich folgendermaßen:

„Man (könnte) es bis 1890 am ehesten als ein plebiszitär gekräftigtes, bonapartistisches Diktatorialregime im Gehäuse einer die traditionellen Eliten begünstigenden, aber rapider Industrialisierung und mit ihr partieller Modernisierung unterworfenen, halbabsolutistischen und pseudokonstitutionellen, von Bürgertum und Bürokratie teilweise mitbeeinflussten Militärmonarchie kennzeichnen." (*Wehler, H.-U., Das Deutsche Kaiserreich 1871-1918, Göttingen 1973, S. 67.)*

Wenn mittels dieses Zitates zu Beginn einer Unterrichtsreihe die Lernvoraussetzungen eines Geschichtskurses in der Sekundarstufe II ermittelt werden sollen, ginge es vor allem darum zu erfassen, über welches fachspezifisches Begriffsinstrumentarium die Gruppe oder einzelne Lerner verfügen, welche politischen und gesellschaftlichen Strukturen sie vorläufig identifizieren können und welche Besonderheiten den deutschen Nationalstaat kennzeichnen. D. h., es wäre zu ermitteln, inwiefern bislang über die Merkmale der europäischen nationalstaatlichen Entwicklungen des 19. Jahrhunderts Gelerntes transferiert werden kann. Ein vielleicht lohnendes Unterfangen für einen guten Leistungskurs.

Auf der Basis dieses Zitates ließe sich aber auch der Lernprozess evaluieren (Entstehung und innenpolitisch/gesellschaftliche Strukturen des Kaiserreichs bis 1890). In diesem Falle könnten und müssten die Schülerinnen und Schüler das bislang im Unterricht Erarbeitete mit der Aussage Wehlers verknüpfen (Analysekompetenz). Zweitens ginge es um eine Dekonstruktion der Position des Historikers, was zeigen könnte, inwieweit sich ihre Urteils- und Orientierungskompetenz entwickelt hat. U. U. könnte auch die Lehrkraft eine Rückmeldung über den angelegten und angeregten Lernprozess erhalten, in einer Spannweite, die von breiter Ablehnung (ist zu schwer) bis hin zu ermutigendem Zuspruch (nicht einfach, aber wir können ein so komplexes Zitat verstehen und seine Triftigkeit beurteilen) reichen kann.

Selbstverständlich kann diese Charakterisierung auch für eine Klausur oder einen Essay (also zur Leistungsbeurteilung) genutzt werden.

Die Lernenden müssten an dieser Stelle zeigen, ob und in welchem Grade sie in der Lage sind, ausgehend von dem Zitat ereignis- wie strukturgeschichtlich sowie begriffssicher ihr Wissen zu organisieren (Analysekompetenz), um zu einem begründeten Sach- und Werturteil zu gelangen (Urteils- und Orientierungskompetenz).

Um auf den Ausgangspunkt zurückzukommen: Es ist nicht das Verfahren per se (über einen Auszug aus einer Darstellung historisches Denken und Lernen zu diagnostizieren), das den Verwendungszusammenhang eindeutig ausweist, sondern die Aufgabenstellungen und Erwartungen, die die Lehrkraft in den unterschiedlichen Diagnoseanlässen an die Methode stellt: Sie werden sich – wie gezeigt – erheblich bezogen auf Breite und Tiefe der möglichen Kenntnisse und Kompetenzen unterscheiden (müssen).

Das hier Demonstrierte gilt für die meisten anderen Verfahren auch, wobei nicht ausgeschlossen werden soll, dass das eine oder andere sich eher für die Diagnose der Ausgangslage, der Evaluation oder der Leistung eignet. Eine Klausur wird man bspw. primär zur Leistungsmessung einsetzen – es sei denn etwa im Übergang zur gymnasialen Oberstufe als Probeklausur zu Evaluations- und Übungszwecken.

Deshalb wird entlang den einzelnen Verfahren darauf hingewiesen, für welchen Diagnoseschwerpunkt sie besser geeignet sind. Darüber hinaus wird zu prüfen sein, welche Möglichkeiten sie zur Analyse historischen Lernens bieten und wie alltagstauglich sie sind.

Die Verfahren unterscheiden sich in erster Linie dadurch, in welchem Umfang jeweils Daten erfasst werden, d. h., wie aussagekräftig die jeweiligen Produkte der Schülerinnen und Schüler sind.

In der Regel sind die Methoden der Diagnose auf eine Unterrichtseinheit angelegt, nicht auf kürzere Sequenzen (Einzel- oder Doppelstunden). Allerdings werden – sofern es sich anbietet – auch Kleinformate der Diagnose eingearbeitet oder gesondert ausgewiesen (→ 3.7 Handlungsorientierte Kleinformate).

3.1 Brainstorming und Brainwriting

Sich Informationen über die Lernvoraussetzungen der Schülerinnen und Schüler vor Beginn einer neuen Unterrichtseinheit oder bei Übernahme einer neuen Klasse zu verschaffen, ist notwendig für eine sinnvolle Unterrichtsplanung und kann zugleich erste Eindrücke über Qualitäten Einzelner vermitteln, die entsprechend gefördert werden können. Brainstorming und Brainwriting sind besonders für diesen Diagnoseanlass von Bedeutung.

Es ist allerdings zu bedenken, dass davon nur bei Themen Gebrauch gemacht werden sollte, von denen man vermuten darf, dass sie Schülerinnen und Schülern in den entsprechenden Jahrgangsstufen besonders präsent sind, sei es über die Geschichtskultur oder über besondere inhaltliche Interessen, die im Wesentlichen aus der Präsenz solcher Themen im kollektiven Gedächtnis resultieren. Letzteres gilt vor allem für das Thema Nationalsozialismus. Für den Anfangsunterricht lassen sich leicht diejenigen Themen identifizieren, über die Lernende einiges wissen und die sie sehr spannend finden: Steinzeit, das Alte Ägypten und Rom. Ritter und Burgen ist das mittelalterliche Topthema. Es macht wenig Sinn, solche Verfahren einzusetzen, wenn man mit geringen oder nur Kenntnissen von generell Geschichtsinteressierten rechnen kann.

Moderationsmethode
Für ein Brainstorming sollte man sich Zeit lassen – mindestens eine Unterrichtsstunde – und Lernenden unbedingt die Möglichkeit geben, dass sich möglichst viele daran beteiligen können. Das gelingt nicht, wenn – nach Ankündigung der kommenden Unterrichtseinheit – die Frage gestellt würde: „Was wisst ihr über die Steinzeit?" und darauf folgend die Bemerkungen der Schülerinnen und Schüler von der Lehrkraft an die Tafel geschrieben würden – unsortiert, jeweils nach Nennung. Es würden immer die besonders Interessierten und Kenntnisreichen sein, die ihre Einfälle äußern, zudem die schnellen Denker und Wortgewandten. Möchte die Lehrkraft aber möglichst viele Lerner an diesem Brainstorming beteiligen und die notwendige Zeit dafür einräumen, dass dies auch gelingt, ist eine andere Form sinnvoller: Nach Nennung des Themas erhalten alle Moderationskarten oder DIN-A5-Blätter, auf denen sie ihre Gedanken notieren können – jeweils ein Gedanke auf ein Blatt –, diese werden an Tafel oder Moderationswand angeheftet. Es entsteht somit ein breites – noch unstrukturiertes – Bild der Schüleräußerungen. Im Anschluss daran kann es verschiedene Wege geben, das Gesammelte in eine Struktur zu bringen: Entweder man lässt Gruppen versuchen, eine solche Struktur (Cluster) über das Themengebiet zu entwickeln und z. B. auf eine Folie zu zeichnen, oder man findet Freiwillige, die sich mit dieser Aufgabe an der Tafel/Moderationswand befassen. In beiden Fällen geht es darum, dass versucht wird, Lernende über das Clusterverfahren anzuregen, Ereignisse, Sachverhalte und Personen zeitlich und zueinander in Beziehung zu setzen, ein wichtiger Indikator für die Urteilskompetenz.

Für ein solches Brainstorming ist zudem die Fragestellung wichtig: Statt ‚Was wisst ihr über ...‘ ist viel aussagekräftiger ‚Was fällt euch zu ... ein?‘ Warum? Zu bestimmten ‚Basisnarrativen‘ verfügen die Lernenden nicht nur über Kenntnisse, sondern auch über bestimmte Vorstellungen als Teile ihres lebensweltlich geprägten individuellen Geschichtsbewusstseins, die z. B. schlicht historisch falsch oder als Stereotyp/Klischée identifizierbar sind. Solche sind viel eher über die zweite Fragestellung auffindbar. Selbstverständlich werden bei einem Brainstorming zur Steinzeit bei vielen Dinosaurier auftauchen, beim Alten Ägypten Mumien, die wieder lebendig werden oder als Geister in Erscheinung treten.

Es ist darüber hinaus wichtig, darauf zu achten, wie weit oder eng die Fragestellung angelegt wird. Beim Thema ‚Nationalsozialismus‘ macht es Sinn, enger auf solche Inhalte einzugrenzen, von denen man annehmen kann, dass sie Lernende besonders interessieren: Jugend im Nationalsozialismus, Widerstand gegen den Nationalsozialismus, Ausgrenzung und Verfolgung von Jüdinnen und Juden. Eine zu weit gefasste Brainstorming-Frage „Was fällt euch zum Thema Nationalsozialismus ein“, brächte für die Unterrichtsplanung kaum wichtige Erkenntnisse – ausgenommen solche, die aufgrund von häufigen Themennennungen auf besondere Kenntnisse und Interessen der Schülerinnen und Schüler schließen ließen.

Ein solches Verfahren kann nicht leisten, die Lernvoraussetzungen *aller* bzw. *einzelner* Lerner zu dokumentieren. Es ist aber sehr wohl geeignet, Interessensschwerpunkte zu identifizieren, Unterrichtsinhalte auszumachen, bei denen Lücken (Leerstellen) sichtbar sind, und solche Vorstellungen wahrzunehmen, die zu ‚korrigieren‘ sind. Im Übrigen: Es schafft die Voraussetzungen dafür, dass besonders interessierte und/oder informierte Lerner im Verlauf der Unterrichtseinheit nicht unterfordert werden. Ihnen könnte angeboten werden, zu ihren Interessenschwerpunkten Kurzreferate zu halten.

Graffiti

Ein anderes, verwandtes Verfahren des Brainstormings, deutlicher als Brainwriting identifizierbar, ist dem Methodenrepertoire des kooperativen Lernens entlehnt – *Graffiti.* Es ist ein gezielteres und von vornherein strukturierteres Verfahren, das gemeinsames Lernen in den Mittelpunkt stellt, ohne die individuellen Beiträge hintanzustellen: ein Weg, aus individuellen Wissensbeständen zunächst für Kleingruppen, danach für die gesamte Lerngruppe Vorkenntnisse und Voreinstellungen zu sammeln. Diese werden anschließend strukturiert und präsentiert –

was auch immer heißt, sie zur Diskussion zu stellen. Noch deutlicher als beim vorherigen Verfahren ist zu betonen, dass dies nur in solchen Fällen sinnvoll ist, in denen nicht nur Grundkenntnisse, sondern relativ differenzierte Wissensbestände vermutet werden.

Beispiel: Einführung in das Thema ‚Altes Ägypten'.[72] Die Lehrkraft bereitet z. B. Plakate zu fünf Themenaspekten vor:

1. Pyramiden
2. Mumien
3. Schrift
4. Pharao
5. Leben am Nil

Diese werden folgendermaßen strukturiert und auf Gruppentische verteilt:

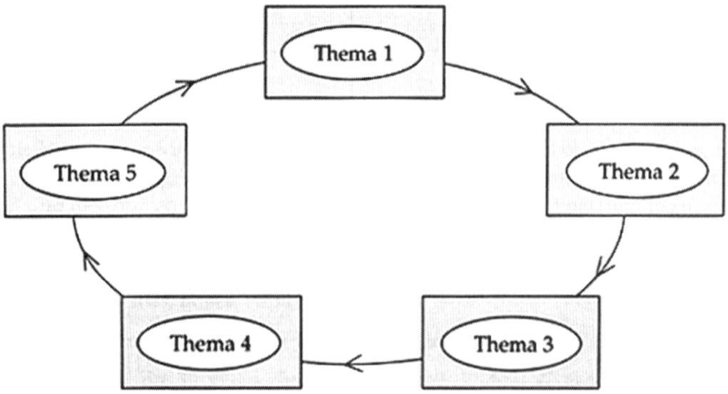

(Weidner (2003), S. 158.)

Die Gruppen bekommen zunächst acht Minuten Zeit, um zu ihrem ersten Thema Notizen in das äußere Feld einzutragen. Danach werden die Plakate im Uhrzeigersinn weitergegeben – oder die Gruppen wandern einen Tisch weiter; solange bis sie wieder ihr Ausgangsplakat vor sich liegen haben. Die Bearbeitungszeiten sollten Schritt für Schritt kürzer werden, weil natürlich schon einige Notizen zu den jeweiligen Themenfeldern aufgeschrieben sind und die letzten Bearbeitungsgruppen vermutlich nicht mehr viel Neues hinzufügen können. Wenn der Umlauf beendet ist, sollen die Gruppen für ihr Ausgangsplakat jeweils ein Cluster entwickeln – ähnlich wie bei der ersten Brainstormvariante – und dies in das abgegrenzte Mittelfeld des Plakats übertragen.

Da in diesem Falle Teilthemen vorgegeben sind, wird sehr viel stärker deutlich, wo sich Vorkenntnisse ballen und wo Wissenslücken bestehen, was vermutlich bei diesem Beispiel für das ‚Leben am Nil' zutreffen wird. Ein im Vergleich weiterer wichtiger Aspekt: Die Schülergruppen, die zu einem bereits einmal oder mehrfach ausgefüllten Plakat wandern, können die dort niedergeschriebenen Notizen durchaus kommentieren, indem sie beispielsweise falsche Statements durchstreichen oder mit einem Fragezeichen versehen oder ausdifferenzieren – etwa Behauptungen zum Bau der Pyramiden (von Sklaven erbaut; durch Rampen errichtet). Dieses Brainwriting ist diskursiv angelegt: Mindestens theoretisch können sich mehr Schülerinnen und Schüler beteiligen und sich mit dem von Klassenkameraden Vorformulierten inhaltlich auseinandersetzen.

Der diagnostische Zweck des Verfahrens besteht darin, nicht nur Faktenkenntnisse oder Stereotype aufzuspüren, sondern über die Cluster, die zuweilen schon Mind-Maps ähneln können, Vorstellungen über die von Lernenden konstruierten Bedingungszusammenhänge gewinnen zu können.[73]

Die Cluster werden ausgeschnitten und in der Klasse aufgehängt. Sie begleiten die Unterrichtsarbeit zu den Einzelthemen, werden erweitert, ausdifferenziert, ggf. auch korrigiert.

Beide Verfahren, besonders aber *Graffiti*, können erneut am Ende der Unterrichtseinheit sehr gut zur Evaluation verwendet werden – etwa zur Vorbereitung eines Leistungsnachweises durch einen Test oder Ähnliches. Oftmals gestalten sich solche Vorbereitungen für Lernkontrollen eher eintönig: „Lest euch noch einmal im Geschichtsbuch die Seiten X bis Y durch und wiederholt das in der Geschichtsmappe Festgehaltene." Mit Brainwriting kann diese Wiederholung sehr viel intensiver geschehen: Es sind jederzeit Nachfragen möglich, Schüler können sich von ihren Klassenkameraden in Einzelfragen auf die Sprünge helfen lassen, Letztere wiederum festigen selber ihr Wissen – dies alles im geschützten Raum der Gruppe und mit ausreichender Zeit.

Schließlich: Die Lerngruppe kann im Vergleich mit den Ausgangsclustern den eigenen Lernprozess und Lernerfolg anschaulich nachvollziehen, ihren Zuwachs an Wissen und Kompetenzen selbst kontrollieren.

Zauberwort

Ein zeitlich weniger aufwändiges Verfahren, Auskunft über die Lernausgangslagen zu erlangen, ist das ‚Zauberwort'. Schülerinnen und Schüler assoziieren zu einem Themenstichwort Vorkenntnisse oder Ideen/Einfälle.

Ein Beispiel

Zauberwort

Sammeln	S
sTeine	Tanz
oEtzi	hoEhle
I	I
Nomaden	N
Zelte	Z
jaEger	Essen
tIere	fIguren
Ton	oeTzi

(P. Adamski)

Die Ergebnisse der beiden Schülerinnen unterscheiden sich erheblich: Während Greta (links) bereits wichtige Merkmale des Lebens in der Steinzeit – sowohl zur Altsteinzeit als auch zur Jungsteinzeit – nennen kann, zeigt das ‚Zauberwort' von Aylin eher rudimentäre Kenntnisse. Offenkundig ist zugleich, dass der ‚Oetzi' in der Vorstellungswelt der Lernenden präsent ist.

Auch wenn eine Klasse aus 25 oder mehr Lernenden besteht, erhält die Lehrperson doch einen recht schnellen Überblick über die unterschiedlichen Lernvoraussetzungen, und kann Schlussfolgerungen für die Planung der Unterrichtseinheit ziehen.

3.2 Unterrichtsbeobachtung

Da es bei der Vorstellung einzelner Diagnoseverfahren immer auch um ihre Praktikabilität im alltäglichen Geschichtsunterricht geht, bedarf es bezogen auf Unterrichtsbeobachtungen einiger einschränkender Bemerkungen: Wenn sie systematisch – d. h. vor allem auf der Basis fachdidaktischer Kriterienkataloge (→ 2.3) vorbereitet, durchgeführt und ausgewertet werden – u.U. sogar verschriftlicht und videografiert vorliegen,[74] ermöglichen sie einen sehr genauen Blick auf die Lernvoraussetzungen und Prozesse historischen Denkens und Lernens. Mit dem Alltagsgeschäft haben sie allerdings wenig zu tun, bestenfalls schärfen sie den Blick der Lehrkraft für ‚guten Geschichtsunterricht'.

Im Unterrichtsalltag wird es eher selten vorkommen, dass ein Blick von außen auf den eigenen Unterricht überhaupt möglich ist: Kollegiale Beobachtung oder solche von Referendarinnen und Referendaren oder von Praktikanten dürften die Ausnahme sein – sollten jedoch genutzt werden. Hinzu kommt, dass eine Beobachtungssituation von außen nicht unbedingt authentisches Lernverhalten wahrnimmt, sondern vielfach simuliertes: „Die Beobachtung kann nur selten verdeckt erfolgen, d. h. so, dass die Schüler sie nicht bemerken und dadurch nicht beeinflusst werden.“[75] Dies gilt mit einigen Einschränkungen auch für die gezielte Beobachtung einzelner Lerner oder der Arbeit von Gruppen durch die Lehrkraft – zumal dann, wenn sie sich Notizen macht. Auf die Selektivität der Wahrnehmungen wurde schon im allgemeinen Teil verwiesen (→ 1.1 Explizite und implizite Diagnose).

Teilnehmende Beobachtung

Dennoch ist die Unterrichtsbeobachtung eine wichtige Methode, die im Vergleich mit punktuellen Diagnoseverfahren wie Tests, Kompetenzrastern oder Diagnosebögen kontinuierlich erfolgen und Beobachtungsschwerpunkte setzen kann. „Wegen ihrer Realitäts- und Lebensnähe ist die Teilnehmende Beobachtung zwar oft unsystematisch, sie kann aber die Grenzen der Erkenntnis dort erweitern, wo die systematische Forschung an Grenzen stößt.“[76] Gerade für das Fach Geschichte erscheint eine solche verstehende Beobachtung im Sinne der Schulung des ‚diagnostischen Ohrs‘ (Bärbel Völkel) besonders notwendig zu sein, weil sich Schüleräußerungen zu didaktischen Kategorien wie Gegenwartsbezug, Alterität, Multiperspektivität selten in reiner Form präsentieren, Unterrichtsgespräche schnell ablaufen und manches, was historisches Denken ausmacht, in Gesprächen nicht zu beobachten ist.

Dennoch kann sich der Aufwand lohnen. Ein Beispiel:[77]

Ludwig XIV. und sein Lever

Die Schülerinnen und Schüler haben sich mit einer Geschichtserzählung auseinandergesetzt, in der das morgendliche Aufstehritual am Hofe Ludwigs XIV. (Lever) beschrieben wird.

Sch: Der König ist wie Gott. Die anderen müssen seinen Nachttopf tragen. (...)

L: Auf das Lever will ich noch einmal eingehen. Er hat es bewusst so angelegt, warum?

Sch: Seine Wichtigkeit wird deutlich.

Sch: Alles, was an ihm ist, ist wichtig.

L: Er zeigt, dass er wichtig ist.

Sch: Es gibt kein Geheimnis; das Leben ist offen.

L: Ich würde das gerne genauer untersuchen. Das Austragen des Nachttopfes als Ehre? Warum machen die Adeligen das mit?

Sch: Er kann Adelige absetzen.

Sch: Der König hat nicht nur Spaß, sondern auch Verpflichtungen; die Rituale dauern ganz schön lang.

Sch: Er hält sie dadurch unter ihm, weil sie seine Scheiße tragen müssen.

Es wird hier deutlich, dass die Lernenden die historische Alterität nicht wahrnehmen, sondern auf der Basis ihrer heutigen Moralvorstellungen zu dem Urteil gelangen, dies sei völlig abstrus und eine erzwungene Maßnahme – eine Verletzung der Menschenwürde der Adeligen – , nicht deren Privileg. Die Abstraktion vom eigenen moralischen Bewusstsein, d. h. Fremdverstehen, gelingt nicht. „Die Rituale des *Lever* erscheinen den Jugendlichen diskriminierend und rückständig. Sie selbst erleben sich im Vergleich zu dieser Einschätzung als fortschrittlich."[78]

Alltagstaugliche Beobachtungsmöglichkeiten

Wie kann eine alltagstaugliche Unterrichtsbeobachtung als diagnostisches Sehen und Hören im Geschichtsunterricht aussehen?

1. Unterrichtssituationen schaffen, die einen solchen Blick erleichtern: Es sind besonders offene Formen des Unterrichts – von der Gruppenarbeit über das Lernen an Stationen bis zu kommunikativen Handlungssituationen wie Rollenspielen oder Podiumsdiskussionen –, die eine sorgfältige Unterrichtsbeobachtung erleichtern. Die Lehrkraft kann wahrnehmen, wie z. B. Schülerinnen und Schüler miteinander aushandeln, wie in der römischen res publica die Macht zwischen Senat, Volk und den Magistraten verteilt ist, welche Theorien über den Pyramidenbau diskutiert werden oder wie die Kriegsschuldfrage zum Ersten Weltkrieg ausgelotet wird. Bei Rollenspielen und Podiumsdiskussionen zeigt die Kommunikation, inwiefern oder ob es Lernenden gelingt, z. B. bei Lösungsvorschlägen zur Sozialen Frage im 19. Jahrhundert ihren gegenwärtigen Horizont zu verlassen und damalige Perspektiven zu übernehmen. Indem Gruppen ihre Ergebnisse zu Papier bringen – z. B. als Lernplakat –, wird deutlicher und vor allem bleibender erkennbar, welche inhaltlichen und fachmethodischen Kompetenzen entwickelt sind, etwa bei einer Plakat- oder Karikaturenanalyse.
2. Den fachdidaktischen Bezugsrahmen auswählen: Es wäre überfordernd, bei Unterrichtsbeobachtungen Blick und Ohr immer auf alle denkbaren Elemente historischen Denkens und Lernens zu richten. Der von der Lehrkraft geplante Unterricht wird, unabhängig davon, ob eine Einzelstunde oder eine Unterrichtseinheit gemeint sind, bestimmte fachinhaltliche wie fachmethodische Ziele und Kompetenzen in das Zentrum stellen, andere vernachlässigen bzw. ausblenden. So könnte für die Beobachtung einer Unterrichtseinheit z. B. die Analysekompetenz in den diagnostischen Blick genommen werden: Wie kommen Lernende mit anspruchsvollen Materialien zurecht, etwa Schaubildern zu Verfassungen, Diagrammen, Auszügen aus Vertragstexten? Ein anderes Mal könnte die Orientierungskompetenz im Mittelpunkt

stehen: Welche Diskussionen ergeben sich zu der Frage, ob die Büste der Nofretete wieder nach Ägypten überführt werden soll, welche, wenn es darum geht, dass die Nachfahren der Hereros von der Bundesrepublik Entschädigung verlangen.

3. Die Arbeit mit inhaltlichen und methodischen Basics beobachten. Ein Grundproblem historischen Lernens besteht darin, mit fachspezifischen Begriffen umgehen zu müssen, die einerseits eine je spezifische historische Konnotation aufweisen, zugleich aber Abstraktionen sind und drittens sowohl in der Gegenwart als auch alltagssprachlich ihre spezifische Bedeutung haben: Bürger, Herrschaft, Staat, Verfassung, um nur wenige Beispiele zu nennen. Bekanntermaßen kann nicht davon ausgegangen werden, dass Begriffserklärungen, wie sie alle Geschichtsbücher bereitstellen, erfasst und verstanden werden. Dies könnte ein wichtiger Beobachtungsschwerpunkt in all solchen Fällen sein, wo es um politisch-gesellschaftliche Grundstrukturen geht.
4. Beobachtungen festhalten. In manchen Publikationen wird der Vorschlag gemacht, mit ausdifferenzierten Beobachtungsbögen zu arbeiten, um Ergebnisse relativ schnell und unaufwändig festhalten zu können. Dies mag für die Beobachtung des Arbeits- und Sozialverhaltens möglich sein, für die Elemente historischen Lernens – wie bereits erwähnt – ist dies kein sinnvolles Unternehmen. Es kann aber auch nicht darum gehen, einen Wust von Notizen zu produzieren und diese nachmittags zu Papier zu bringen. Zum einen funktionieren Sehen, Hören und Aufschreiben nicht gleichzeitig, führen zweitens von der Beobachtung des eigentlichen Unterrichtsgeschehens weg und sind drittens heillos überfordernd. Weniger kann an dieser Stelle mehr sein: Die Wandzeitungen bleiben ja erhalten, die Podiumsdiskussion kann aufgezeichnet, die ausgefüllten Folien können mitgenommen werden.
5. Transparenz für die Beteiligten schaffen. Wenn den Lernenden vermittelt werden kann, dass in gewissen Zeiten zu bestimmten Problemstellungen Beobachtungen gemacht werden sollen – dies alles nicht unter Gesichtspunkten der Leistungsbewertung –, sollte sich auf Dauer bei einem funktionierenden Unterrichtsklima die Künstlichkeit der Situation aufheben lassen und authentische Beobachtungen ermöglichen. Darüber hinaus können die Schülerinnen selbst mit in diesen Prozess einbezogen werden: Mit ihnen gemeinsam kann besprochen werden, welche Kenntnisse und Fertigkeiten die Mind-Map zu unterschiedlichen Formen des Widerstands gegen den Nationalsozialismus spiegelt, ob beispielsweise das im Unterricht behandelte Stufenmodell von Peukert Eingang gefunden hat oder aus bestimmten Gründen ausgespart bzw. modifiziert wurde. Die gemeinsame Reflexion einer simulierten

Nachrichtensendung zu Ursachen der Französischen Revolution kann zeigen, ob Augenzeugenberichte authentisch angelegt waren, welche Position der Kommentar zum ‚Sturm auf die Bastille' vertreten hat, ob die Einzelnachrichten das breite Spektrum der Agierenden (Multiperspektivität) berücksichtigt hat.

Eine unterrichtspraktisch realistische Beobachtungsmöglichkeit zeigt folgendes Beispiel:

Lernvoraussetzungen	*Leon*	*Isa*	*Micky*	*Sarah*	*Kevin*
Zeigt Interesse am Fach Geschichte	Xx	X	Xx		
Hat Vorwissen über das Thema	X	X	Xx		
Kann mit Fachbegriffen umgehen	X	0	0		
Kann erworbenes mit neuem Wissen verknüpfen	Xx	0	X		
Kann Verfassertexte verstehen	Xx	X	X		
Kann schriftliche Quellen analysieren	x	0	0		

Xx ohne Probleme, x meistens, 0 eher schlecht – gar nicht

(P. Adamski)

Wenn Beobachtungen in dieser oder ähnlicher Form festgehalten werden, sind einige fachspezifische Fähigkeiten erfasst, die eine genauere Planung des Unterrichts ermöglichen sowie spezielle Differenzierungsmaßnahmen erforderlich machen. Gleichzeitig lassen sich – am Ende der Unterrichtseinheit – Lernfortschritte evaluieren.

Unterrichtsbeobachtung, so lässt sich resümieren, kann sowohl für die Feststellung der Lernausgangslagen, vor allem aber für die Evaluation von Prozessen historischen Lernens eine nicht zu unterschätzende Wirkung haben – und lässt sich, sofern nicht inflationär und überdifferenziert genutzt, mit vertretbarem Arbeitsaufwand realisieren.

3.3 Diagnostische Gespräche

Das ‚diagnostische Ohr', dessen Bedeutung im letzten Kapitel angesprochen wurde, kann in bestimmten Situationen in eine kommunikative Evaluation münden, in der die Lehrkraft mit Einzelnen oder Gruppen Gelungenes oder Verbesserungswürdiges reflektiert und bilanziert. Solche Gespräche erfolgen während und nach Lernprozessen, sind für Schülerinnen und Schüler folglich als nicht beurteilungsrelevante zu kennzeichnen. Insofern unterscheiden sie sich von alltäglichen Unterrichtsgesprächen im eher lehrerzentrierten Lehrarrangement, im Besonderen aber von Situationen, in denen Schüleräußerungen unmittelbar als Leistung bewertet werden (→ 3.9 Mündliche Mitarbeit).

Gesprächsanlässe dieser Art ergeben sich in der Regel vor, während und nach Phasen offenen Unterrichts:

1. Am Beginn einer Gruppenarbeitsphase steht ein komplexer Arbeitsauftrag, bei dem diagnostiziert werden kann, inwieweit oder ob die Gruppe(n) Anschlussmöglichkeiten inhaltlicher und fachmethodischer Art für ihren Arbeitsprozess finden können. (Lernausgangslagen).
2. Nach der Präsentation der Gruppenergebnisse setzt eine Reflexion ein, wie der Lernprozess verlaufen ist, welche inhaltlichen und gestalterischen Entscheidungen getroffen wurden und wie das Produkt zu bewerten ist. (Hier wird die gesamte Lerngruppe, nicht nur die Lehrkraft, zum Subjekt der Diagnose).
3. Während eines Stationenlernens oder einer Planarbeit kommt es immer wieder zu Situationen, die klärungsbedürftig sind – seien es Aufgabenstellungen, seien es Schwierigkeiten Einzelner oder von Gruppen. Die Methode erlaubt bzw. schafft zeitlichen Raum für die Möglichkeit, dass die Lehrperson sich die Zeit nehmen kann, solche Schwierigkeiten mit den Betroffenen zu erörtern.
4. Bei bzw. nach der Präsentation von Einzelnen oder Kleingruppen besteht die Möglichkeit, unter Zugrundelegung der zuvor vereinbarten Kriterien (→ 3.13 Präsentationen) ohne Notendruck eine Prüfungssimulation kommunikativ zu validieren.
5. Wird ein Portfolio als Leistungsnachweis verabredet, beinhaltet die Portfolioarbeit notwendigerweise Portfoliogespräche, die mit Lernpartnern und der Lehrkraft stattfinden(→ 3.15 Portfolio) und diagnostisch gewendet werden können.

Beispiele:

Zu 1.)

Gegen Ende der Unterrichtseinheit ‚Deutschland 1945-1949‘ wird eine themengleiche Gruppenarbeit durchgeführt, die darauf abzielt herauszuarbeiten, inwiefern Mütter und Väter des Grundgesetzes bei dessen Konstruktion die Weimarer Verfassung und deren problematischen Aspekte vor Augen hatten. Der offene, problemorientierte, aber zugleich komplexe Arbeitsauftrag lautete: Vergleichen Sie die Weimarer Verfassung mit der des Bonner Grundgesetzes. Inwiefern kann man davon sprechen, dass im Grundgesetz Lehren aus dem Scheitern der ersten Demokratie in Deutschland gezogen wurden?

Materialgrundlagen waren zwei Verfassungsschemata, wie sie in allen Geschichtsbüchern zu finden sind.

Ein solcher Arbeitsauftrag erfordert neben der Reorganisation von fachlichem Wissen – was durch die Materialgrundlage strukturiert, d. h. auch eingegrenzt wird – fachmethodische Fähigkeiten (wie analysiere und interpretiere ich ein Strukturbild) sowie lernstrategische Überlegungen (vergleichen wir alle einzelnen Elemente der Verfassung oder versuchen wir herauszufinden, welche zentralen Aspekte anders sind). Da eine Gruppenarbeit erst dann beginnen sollte, wenn der Arbeitsauftrag verstanden worden ist, kann eine solche Kontrollfrage seitens der Lehrkraft zu sinnvollen diagnostischen Gesprächen führen. Da mag es Gruppen geben, denen alles klar ist, aber auch solche, in denen Fragen auftauchen: Welches sind die zentralen Institutionen; bei wem oder was sollen wir anfangen; wie viele Gemeinsamkeiten und Unterschiede sollen wir herausarbeiten? Bei all solchen und anderen Fragen kann der Lehrer erkennen, inwieweit bislang entwickelte Kompetenzen historischen Lernens bereits verankert sind – und auch Hilfestellungen leisten: Schaut Euch doch einmal genauer die Bedeutung von Reichspräsident/Bundespräsident und/oder Reichskanzler/Bundeskanzler an.

Zu 2.)

Wir bleiben bei dem Beispiel und betrachten zwei Präsentationen der Ergebnisse etwas genauer: Eine Gruppe hat eine Wandzeitung gestaltet, die sich ausschließlich auf die Unterschiede zwischen Reichskanzler/Bundeskanzler (wie eingesetzt, welche Machtausstattung, wie abgewählt) und Reichspräsident/Bundespräsident konzentriert hat; eine andere, die tabellarisch viele Unterschiede gegenüberstellt (Wahlen, Parteien, staatliche Funktionsträger). Aus beiden Varianten ist ein ähnliches Ergebnis abzulesen. In einem diagnostischen Gespräch kann diskutiert werden, welche Visualisierung diejenige ist, die plastisch und auf den ersten Blick die zentralen Unterschiede zeigt. Das muss nicht bedeuten, dass die andere weniger Wert hat, denn sie arbeitet die Unterschiede genauso heraus, weniger pointiert, dafür aber differenzierter. So kann gemeinsam besprochen werden, dass es verschiedene plausible Lösungen gibt und es vom Ziel der Präsentation abhängt – schneller Überblick oder differenzierte Auseinandersetzung –, welche zu bevorzugen ist.

Zu 3.)

Ein Stationenlernen zum Widerstand gegen den Nationalsozialismus in der Sekundarstufe I war so angelegt, dass als ‚roter Faden' für den problematisierenden Einstieg, die einzelnen Stationen sowie zur gemeinsamen Reflexion die Frage aufgeworfen wurde, ob in jedem Fall (Edelweißpiraten, Swing Jugend, Zeugen Jehovas, Bischof von Galen,

Weiße Rose, Georg Elser) von ‚Widerstand' gesprochen werden könne. In der das Stationenlernen einleitenden Stunde war am Beispiel des ‚20.Juli' das in vielen Geschichtsbüchern aufgenommene Modell von Detlev Peukert exemplarisch eingeführt worden – was auch der Schlussreflexion zugrunde lag. Es zeigte sich sehr bald, dass manche Paare und Gruppen (die Sozialform war freigestellt) ihre Schwierigkeiten bei der Zuordnung hatten – was zum einen daran lag, mit welcher Station sie begannen, aber auch und zentraler, weil sich die Differenzierung des Modells eigentlich erst in der Gesamtschau ergibt bzw. dann deutlicher werden kann. Hier können Gespräche helfen, sachliche Unklarheiten auszuloten, Verständnisschwierigkeiten zu beheben, zugleich aber in produktive analytische Gespräche verwickelt zu werden – wenn beispielsweise Lernende diskutieren, ob Swing Jugend und Edelweißpiraten abgesehen von ihrer sozialen Herkunft auf derselben Stufe anzusiedeln sind. Dabei geht es in diesem Fall nicht darum, dass die Lehrkraft eine Entscheidung fällt, sondern auf die Wichtigkeit einer solchen Diskussion verweist – und selbst etwas über die Entwicklung von Analyse- und Urteilskompetenz erfährt.

Zu 4.)

Gerade, wenn es um erste Gehversuche geht, Kriterien für eine gelungene Präsentation zu entwickeln, zu gewichten und anschließend zu erproben, sind diagnostische Gespräche nicht nur wichtig, sondern in besonderem Maße feinfühlig zu handhaben. Das Beispiel Alltag in Rom und die Präsentationen zu Kleidung und Nahrung. Die Schülerinnen und Schüler kommen natürlich mit der Idee, sich wie Römerinnen/ und Römer zu kleiden sowie römische Mahlzeiten nach zu kochen und probieren zu lassen. Solche Ideen sollen ihnen selbstverständlich nicht ausgeredet werden (sofern die Mütter sich für die Realisierung mit einspannen lassen).Darüber hinaus aber sie daran zu erinnern, dass über die Kreativität hinaus inhaltlich differenzierte Aussagen als Nachweis von Analysekompetenz notwendig sind. Insofern kann in diagnostischen Gesprächen geklärt werden, ob beispielsweise auch soziale Unterschiede bedacht wurden (kommt auch eine Sklavin/ein Sklave auf die Bühne; gibt es Wein oder Wasser oder beides?)

Zu 5.)

In Gesprächen zum Portfolio ‚Spaltung Deutschlands und Kalter Krieg' (→ 3.15 Portfolio)ging es häufig um Probleme der Wahlmöglichkeiten – was bei ersten Portfolioversuchen der Normalfall ist. Gleichzeitig aber auch um Anforderungsprofile/Erwartungshorizonte für eine ‚gute' Teilarbeit. So hatten die Lernenden beispielsweise die Möglichkeit, eine im Unterricht behandelte Forschungskontroverse genauer zu analysieren und zu beurteilen (Orientierungskompetenz). In einem Gespräch, insofern die Schüler es möchten, kann durch aktives Zuhören zunächst ermittelt werden, warum eine bestimmte Kontroverse (im konkreten Fall die ‚Stalin-Note' von 1952) gewählt wurde und welche Umsetzungsideen entwickelt wurden. Darüber hinaus, welche ganz elementare Fragen sich ihnen stellen (wie viele Argumente benötige ich denn, um mein eigenes Urteil zu belegen? Wie viele Autoren soll ich mit einbeziehen?) Im Gespräch können anschließend Rahmenbedingungen festgelegt werden, die die jeweiligen Schüler nicht unterfordern bzw. überfordern. Außerdem lassen sich eigenständige Realisierungsvorschläge diskutieren. Eine Schülerin fand ein rein sachliches Erarbeiten und anschließendes Bewerten der Historikerpositionen öde und machte stattdessen den Vorschlag, ein Pro-und Kontra-Szenarium zu entwickeln, wie es z. B. unterschiedliche Sachverständige in einer Diskussion vortragen würden. Auf Grundlage ihrer bislang im Unterricht nachgewiesenen Kompetenzen, hier zusätzlich ihrer kreativen Potentiale, kann eine wirksame Lernberatung erfolgen.

3.4 Fragebögen

Schriftliche Befragungen zielen auf Selbstauskünfte der Lernenden. In den meisten Fällen sind Fragebögen so konstruiert, dass zu vorgegeben geschlossenen Fragen entweder stichwortartige Antworten gegeben werden können oder auf einer Skala bestimmte Felder angekreuzt werden sollen. Letzteres Verfahren ermöglicht eine schnelle und gezielte Auswertung der Ergebnisse. Mit ihnen können erheblich differenziertere Kriterien zur Erfassung der Lernvoraussetzungen oder der Lernergebnisse abgefragt werden, als dies über Verfahren des Brainstormings gelingen kann (→ 3.1 Brainstorming/Brainwriting).

Fragebögen scheinen folglich weniger aufwändig für die Lehrkraft zu sein und deutlich präzisere Aussagen zu erbringen als beispielsweise Unterrichtsbeobachtungen. Dies suggeriert auch die verbreitete Ratgeber-Literatur zur Diagnostik, die eine Fülle von solchen Beobachtungs-, Evaluationsbögen enthält[79] – allerdings in den seltensten Fällen fachspezifische.

Umfassende Fragebögen

Im folgenden Beispiel geht es um die Evaluation des Geschichtsunterrichts aus Schülerperspektive, die durch einen Fragebogen erhoben wurde. Sie lässt zugleich Rückschlüsse über die Entwicklung historischen Lernens zu.

Ein Auszug aus dem Fragebogen:

Geschichtsunterricht aus der Sicht von Schülerinnen und Schülern	ja/positiv +2	+1,5	+1	+0,5	+0,5	0	−0,5	−1	−1,5	−2 nein/negativ
Motivation										
1. Für wie wichtig halten Sie den Geschichtsunterricht?										
2. Wie gern haben Sie das Fach heute?										
3. Wie gern hatten Sie Geschichtsunterricht im vorigen Jahr?										
4. War der Stoff, der in den letzten Wochen behandelt wurde, für Sie interessant?										
Selbsteinschätzung										
5. Begreifen Sie neue Sachverhalte im Geschichtsunterricht schnell?										
6. Wie beurteilen Sie Ihre Konzentrationsfähigkeit im Geschichtsunterricht?										
7. Beurteilen Sie die Ausdauer, mit der Sie ein Problem im Geschichtsunterricht allein verfolgen können.										
Lernerfolg										
8. Haben sich Ihre Fähigkeiten im Geschichtsunterricht in der letzten Zeit erweitert?										
9. Fördert der Geschichtsunterricht Ihr selbstständiges Denken?										
10. Haben Sie Sicherheit darin gewonnen, wiederkehrende Problemstellungen im Geschichtsunterricht zu lösen?										
11. Werden Ihnen im Unterricht wichtige Fragen das Faches deutlich?										
12. Haben Sie Ihr Wissen in Geschichte in der letzten Zeit erweitert?										
Arbeitstechniken										
13. In welchem Umfang werden die folgenden Arbeitstechniken eingeübt:										
13.1 Auswertung von Textquellen										
13.2 Auswertung von Geschichtskarten										
13.3 Auswertung von historischen Bildern										
13.4 Erarbeitung von historischen Darstellungen										
13.5 Erarbeitung eines Referats										
13.6 Präsentation von Arbeitsergebnissen										
13.7 Lösen von Aufgabenarten, die in Klassenarbeiten/ Klausuren vorkommen										
14. Welche Arbeitstechniken wurden Ihrer Meinung nach zu oft eingeübt?										
15. Welche Arbeitstechniken wurden Ihrer Meinung nach zu wenig eingeübt?										
16. Kommen Ihnen im Geschichtsunterricht die einmal erworbenen Kenntnisse und Methoden bei der Aneignung neuer Stoffe zugute?										

(Witt (2003a), S. 64)

Die Tücke liegt wie sooft im Détail, was am obigen Beispiel zur Evaluation des Geschichtsunterrichts in der Sekundarstufe II demonstriert werden soll.[80]

Vorgefertigte Fragebögen gibt es hauptsächlich zum Arbeits- und Sozialverhalten, was bedeutet, dass ein nicht nur allgemein geschichtsdidaktischer, sondern auf eine konkrete Unterrichtseinheit bezogener selbst konstruiert werden muss, was eine erhebliche Anforderung an

Laien ist, was für die meisten Lehrkräfte zutrifft. Die Formulierung der Fragebogenitems muss Begriffe vermeiden (z. B. Fremdwörter oder Fachbegriffe), die Lernende nicht verstehen können, weil sie entweder im vorangegangenen Unterricht nicht besprochen worden oder bislang nicht im subjektiven Konzept der Lernenden verankert sind.

Es ist zu vermeiden, dass bei einer Frage mehrere Aspekte erfasst werden (Erstellen Sie lieber Mind-Maps als Tabellen?) oder Begriffe auftauchen, die uneindeutig sind. Wenn es in Frage 11 heißt: „Werden Ihnen im Unterricht wichtige Fragen des Faches deutlich?", wird unterstellt, dass die Schülerinnen und Schüler diese Fragen kennen – aber welche sind das? Und welche Vorstellung haben die Lernenden davon? An solchen uneindeutigen Begriffen scheitert in der Regel eine valide und reliable Auswertung.

Die Fragen 24 und 30 verweisen darauf, dass die Beantwortung von Fragen möglicherweise strategisch erfolgen kann: Die Lehrkraft verfolgt nach eigenem Verständnis offenbar einen Geschichtsunterricht, in dem Schüler-Schüler-Interaktionen einen großen Stellenwert einnehmen sollen – vermutlich um sie zu eigenen Sinnbildungen anzuhalten. Es wäre blauäugig zu glauben, die Klasse durchschaute diese Fragerichtung nicht. Würden die Einzelnen wahrheitsgemäß antworten, wenn sich bspw. die Eigenwahrnehmung der Lehrkraft und ihr tatsächliches Lehrerverhalten widersprächen? Ähnliches gilt für Frage 30, wobei hinzukommt, dass nicht Auskunft über das eigene Lernverhalten, sondern das des Kurses Auskunft gegeben werden soll. Welche Signale würden an den Lehrer gesendet, wenn es entweder nur überaus positiv oder sehr schlecht dargestellt würde, welche Vergleichsmöglichkeiten haben sie und welche Kriterien gelten für eine gute oder schlechte Lernbereitschaft?

Schließlich: Der vollständige Fragebogen umfasst 61 (!) Fragen und gibt zehn Ankreuzmöglichkeiten vor. Er ist offensichtlich so angelegt, dass er die Komplexität des Unterrichts (sowohl fachspezifisch als auch überfachlich) in einer größtmöglichen Breite erfassen möchte. Das erfordert einen unvertretbar hohen Auswertungsaufwand, der bezogen auf das Ergebnis wenig aussagekräftig sein dürfte: Die Schülerinnen und Schüler werden anhand der Fülle der items schnell ermüden, jedenfalls nicht konzentriert daran arbeiten, und angesichts der Menge der Ankreuzmöglichkeiten sich in der Regel auf die mittleren positiven oder negativen Skalen beschränken.

Dies alles bedeutet allerdings nicht, auf schriftliche Befragungen zu verzichten, sondern sie auf zentrale Aspekte zu beschränken und im Umfang zu reduzieren, was sowohl die Lehrkraft eher motiviert, sie zu entwickeln, und Schülerinnen und Schüler bereit macht, sie auszufüllen.

Fokussierte Fragebögen

Eine solche Konzentration auf das Wesentliche ist im folgenden Fragenkatalog gegeben.[81]

In der abgelaufenen Unterrichtseinheit habe ich

- erfahren, dass das Thema etwas mit mir und meinem Leben zu tun hat;
- geschichtliche Ereignisse und Begebenheiten in der eigenen Umgebung wahrnehmen können;
- in der Auseinandersetzung mit Vergangenem eigene Standpunkte, Meinungen und Wertvorstellungen entwickelt;
- selber Fragen an die Geschichte gestellt;
- aus Bildern, Grafiken Urkunden oder Statistiken selber etwas Neues über die Vergangenheit herausgefunden;
- verschiedenste Informationsquellen zur Erarbeitung eines Sachverhalts nutzen können; gelernt, dass nicht alles der Wahrheit entspricht, was mir aus der Vergangenheit überliefert wird;
- über den Unterschied zwischen Vergangenheit und Geschichte nachgedacht;
- über den Nutzen des Geschichtsunterrichts nachgedacht;
- ein grundlegendes historisches und politisches Orientierungswissen erworben;
- einen chronologischen Überblick über wichtigste historische Ereignisse gewonnen;
- Ursachen von heutigen Problemen und Konflikten erkennen und analysieren können;
- mir Gedanken zur zukünftigen Entwicklung unserer Gesellschaft gemacht;
- erfahren, dass die Beschäftigung mit der Vergangenheit einen Beitrag zur Lösung gegenwärtiger und künftiger Probleme leisten kann;
- fremde Kulturen kennen und achten gelernt;
- Mitgefühl (Freude, Trauer, Wut, Mitleid usw.) mit Menschen empfunden, und ich konnte mich in andere Menschen hineinversetzen.
- Sorgen, Nöte und Handlungsspielräume verschiedener Menschen aus derselben Epoche kennen gelernt.

Der Umfang des Fragebogens ist erheblich reduziert – auf die Aspekte, die einen kompetenzorientierten Geschichtsunterricht auf der Höhe der fachdidaktischen Diskussion ausmachen. Das ist zugleich seine Schwäche, denn es kann kaum angenommen werden, dass durch ihn der ‚normale' Geschichtsunterricht abgebildet wird – und dass all diese Faktoren immer für jede Unterrichtseinheit relevant sind. Aber das schmälert seine unterrichtspragmatische Diagnosefunktion kaum, weil die Lehrkraft diejenigen Aspekte herausgreifen kann, die tatsächlich im Fokus der Unterrichtseinheit lagen.

Es gibt weitere Möglichkeiten, um durch Befragung der Lernenden diagnostische Daten zu erhalten, die partiellere, wenngleich zentrale Indikatoren von Kompetenzen zielen.

Fragebögen zu speziellen Aspekten

Zwei Beispiele, die auf die klassische Fragebogenkonzeption verzichten, dennoch aber Aussagen über a) Lernvoraussetzungen, b) Evaluation des Unterrichtsprozesses hervorbringen.

Im ersten Fall geht es um die elementarste Voraussetzung für historisches Lernen überhaupt, das Verständnis von Texten, genauer um das Verstehen von Autorentexten im Geschichtsbuch – dem grundlegenden Medium des Geschichtsunterrichts.[82] Vor Beginn der Unterrichtseinheit ‚Altes Ägypten' wurde zur Diagnose der Lernvoraussetzungen der Verfassertext zum Kapitel ‚Leben am Nil' ausgewählt.

Fruchtbares Land

In die Tiefebene des Nil wanderten um 5000 v. Chr. Nomaden ein. Ihr Leben in der nordafrikanischen Steppe war wegen zunehmender Trockenheit schwierig geworden. Im Niltal wurden die Nomaden sesshaft; aus Sammlerinnen und Jägern wurden Ackerbauern und Viehzüchter. Sie fanden aber kein Paradies vor. Sumpfgebiete und Hochwasser bedrohten die Menschen. Um hier auf Dauer leben zu können, begannen sie Sümpfe von Papyruswäldern trockenzulegen und Dämme gegen Hochwasser zu bauen. Ihr Land auf beiden Seiten des Flusses nannten sie „Kernet", das „schwarze Land", nach der Farbe des fruchtbaren Bodens, im Gegensatz zum „Descheret". dem „roten Land" der feindlichen Wüste. „Ägypten" ist die griechische Bezeichnung für das Land am Nil.

Leben mit der Natur

Jedes Jahr im Sommer führte der Nil Hochwasser. Die Ägypter glaubten, dass der Nil ein göttlicher Fluss sei, der im Reich der Götter entspringe. Seine Quelle sei unerschöpflich und bringe das Hochwasser, die so genannte Nilschwelle. Heute haben wir natürlich andere Erklärungen für die Nilschwelle. Den genauen Zeitpunkt, an dem das Hochwasser die bewohnten Gebiete überschwemmte, kannten die Ägypter aus ihrer Beobachtung der Natur. Wenn der Stern Sirius zum ersten Mal in der Morgendämmerung am Horizont auftauchte, folgte regelmäßig die Flut. Nach dieser Beobachtung setzten die Ägypter das „Niljahr" mit 365 Tagen fest. So schufen sie sich einen genauen Kalender, der es ihnen ermöglichte, sich auf die Überschwemmungen vorzubereiten. Das Hochwasser brachte fruchtbaren Schlamm für die Felder der Bauern mit. Deshalb erwarteten die Ägypter das Wasser jedes Jahr mit großer Hoffnung.

Wenn die Überschwemmung langsam zurückging und der fruchtbare Schlamm auf den Feldern liegen blieb, kamen Abgesandte des Königs. Sie beherrschten die Kunst, die Einteilung der Felder zu berechnen. Es waren die Feldvermesser, die den Bauern das zu bebauende Land zuteilten. Damit nach der Aussaat genügend Wasser vorhanden war, bauten die Bauern gemeinsam Dämme, Kanäle und Schöpfvorrichtungen, um das Wasser auf die höher gelegenen Felder zu transportieren. War das Getreide reif, kam der Schreiber, führte Buch über die Ernte und legte die Steuern fest. Er hielt die Angaben für Gerste in schwarzer und für Emmer, eine andere Getreideart, in roter Tinte fest, damit es keine Verwechslung gab.

Der Nil stellt Aufgaben

Der Nil wurde zum Mittelpunkt des Lebens aller Ägypter; er war ihre Heimat und sie waren ein „Volk am Fluss". Sie erkannten, dass sie die Aufgaben nicht einzeln bewältigen konnten. Das ging allein nach Absprache oder in Übereinstimmung mit den anderen. Nur in der Gemeinschaft gab es für alle ein sicheres Auskommen. Jeder Einzelne hatte dabei einen Teil der gemeinsamen Aufgaben zu erfüllen.

Im Laufe der Zeit bildeten sich für bestimmte Aufgaben Spezialisten. Schon ab etwa 3300 v. Chr. gab es für die Verwaltung Beamte. Eine für alle wichtige Persönlichkeit war z. B. der „oberste Scheunenverwalter'. Er war für die Versorgung der Bevölkerung zuständig und kümmerte sich darum, dass Getreide für Notfälle abgeliefert und in großen Kornkammern gelagert wurde. Ein anderer hoher Beamter war der, „der die Kanäle anlegte". Er musste neben der Aufsicht über die Bewässerungsanlagen auch Abgaben eintreiben lassen.

(Henke-Bockschatz (2007), S. 43)

Auf dieser Basis sollten die Lernenden folgende Fragen beantworten:

1. Markiere in dem Text diejenigen Wörter, die du nur schwer oder gar nicht verstehst, mit einem roten Stift. (Begriffsverständnis)
2. Markiere den/die Begriffe, die deiner Meinung nach am wichtigsten sind, mit einem schwarzen Stift.
3. Schreibe in die Spalte „Meine Fragen" neben die Aussagen, die du nicht nachvollziehen kannst, deine Fragen. (Nachvollzug von kausalen/konditionalen etc. Verknüpfungen)
4. Suche dir zwei Sätze aus dem Text aus und schreibe in die Spalte „Meine Gedanken" auf, was du dir zu diesen Sätzen denkst und vorstellst – was du sonst dazu weißt und was dir durch den Kopf geht. (Kontextwissen und Imaginationsfähigkeit)
5. Stell dir vor, er sei insgesamt die Antwort auf eine Frage. Auf welche Frage gibt er deiner Ansicht nach eine (gute oder schlechte) Antwort? Trage die Antwort in den obigen Kasten ein. (Gesamtverständnis des Textes)

„Die Aufgaben zielten auf (...) Dimensionen der Lesekompetenz, richten sich also auf das Begriffsverständnis, die Informationsentnahme, das Verständnis einzelner Aussagen, das Kontextwissen, die Imaginationsfähigkeit sowie das Gesamtverständnis des Textes. Die grundsätzliche Annahme besteht darin, dass das mehr oder wenige tiefe Textverständnis sich gerade in den Fragen ausdrückt, die die Schülerinnen und Schüler zu einem Text entwickeln."[83] Die Lehrkraft erhält dadurch eine sehr genaue Einsicht, welche Begriffe unbekannt sind, und zwar nicht nur Fachbegriffe wie etwa ‚Papyruswälder' oder ‚Nilschwelle', sondern auch solche, von denen die Autoren sowie Lehrerinnen und Lehrer annehmen, sie seien selbsterklärend oder im ‚Begriffshaushalt' der Lernenden gespeichert: Tiefebene, Schöpfvorrichtungen. Mit Frage 4 werden der zentrale Bereich des Kontextwissens und die Imaginationsfähigkeit erfasst. Wenn Wörter wie ‚Beamte' und ‚Feldvermesser' die gegenwartsbezogene Assoziation hervorrufen, es müsse damals fast ebenso ‚ordentlich' zugegangen sein wie bei uns, ist ein wichtiger Hinweis auf Anschlussfähigkeit und die Notwendigkeit der historischen Ausdifferenzierung gegeben. Ein letzter Aspekt der Ergebnisse der Befragung: Mit der Sesshaftwerdung der Nomaden erkennen einige Lernende die neolithische Revolution wieder.

Die schriftliche Befragung dauerte 20 Minuten, sie kann den Verfassertext jedes eingeführten Geschichtsbuchs zugrunde legen, sie muss auch nicht alle die hier aufgeworfenen Fragen umfassen – denn: Die Auswertung ist aufwändig, aber ergiebig.

Im zweiten Beispiel geht es um die Evaluation von Lernprozessen am Ende einer Unterrichtseinheit. Diese sogenannte ‚Evaluationsspinne' ergibt ein sehr differenziertes Bild davon, inwiefern in den vergangenen Stunden Grundelemente historischen Lernens aus Sicht der Schülerinnen und Schüler vermittelt worden sind.[84] Dessen Bestandteile (z. B. Multiperspektivität, Gegenwartsbezug) sind schülergerecht formuliert, die Skalierung ist angemessen, das Ergebnis schnell ablesbar: Jede/jeder klebt jeweils einen Punkt in die sechs Teilaspekte.

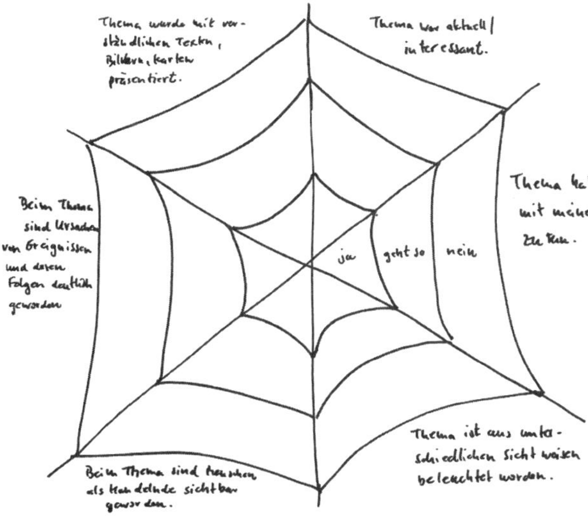

(Evaluationsspinne: Adamski/Bernhardt 2012, S. 416, Wochenschau Verlag)

Damit sind zwar nicht die Lernprozesse Einzelner erfasst, es wird aber deutlich, in welchen Bereichen sich Stärken und Schwächen häufen, was in einer gemeinsamen Reflexion konkretisiert werden kann.

Die Felder des Netzes können je nach Schwerpunkten einer Unterrichtseinheit variiert werden, mal unter fachmethodischen Gesichtspunkten, mal nach Unterrichtsprinzipien (z. B. Handlungsorientierung).

3.5 Kompetenzraster und Diagnosebögen

Formal betrachtet, sind beide Instrumente ebenfalls Fragebögen. Wenn sie dennoch in einem besonderen Teilkapitel behandelt werden, hat dies Gründe: Sie stellen den Versuch dar, Niveaustufen von Kompetenzen zu erfassen. Sie sollen – für die Schülerinnen und Schüler transparent – Unterricht evaluieren. Am Ende einer Unterrichtseinheit schätzen die Lernenden selbst ein, welches Kompetenzniveau bezogen auf konkrete Inhalte sie erreicht haben. Kompetenzraster und Selbstdiagnosebögen finden sich zuhauf in der allgemeindidaktischen Ratgeberliteratur, selten aber unter fachlichen Schwerpunktsetzungen. Für historisches Lernen gibt es erfreulicherweise erste Vorlagen, z.T. auch systematischer, umfangreicher Natur.[85] Die meisten wurden von Pragmatikern vor Ort entworfen, denen nicht die Zeit bleibt, auf Ergebnisse der Theorie und Empirie zu warten.

Die neue Generation von Geschichtsbüchern unterstützt diesen Trend, indem nach größeren Kapiteln sog. Kompetenzchecks zur Wiederholung und Festigung des Gelernten (Inhalte und Kompetenzen) vorgestellt werden – entweder in der Form gestufter Selbstdiagnosebögen oder durch Aufgaben, die bestimmten Kompetenzbereichen zugeordnet sind.

Ihre zentrale Funktion besteht in Folgendem: „Durch ihre tabellarische Aufmachung ermöglichen sie ein sukzessives Abarbeiten von Aspekten und geben dadurch inhaltliche Sicherheit. Mit ihrer Hilfe können anschaulich Ideen vermittelt werden, wie eigenes Lernen selbstverantwortlich untersucht und überdacht werden kann."[86]

Diagnosebögen

Ein Beispiel:

Ich kann, weiß, verstehe ...	*Sehr sicher*	*Sicher*	*Unsicher*	*Sehr unsicher*	*Hilfen finde ich hier SB=Schülerbuch)*
1 Ich kann folgende Epochen der Menschheitsgeschichte datieren und erklären:					
Altsteinzeit					SB
Jungsteinzeit					SB
Metallzeit					SB
2 Ich kann beschreiben, wie die Menschen in der Altsteinzeit lebten.					SB Förderb. 2.1

3 Ich kann die technischen Leistungen der Menschen der Altsteinzeit beurteilen.					SB Förderb. 2.2
4 Ich kann die kulturellen Leistungen der Menschen der Altsteinzeit beurteilen.					SB Förderb. 2.3
5 Ich kann beschreiben, wie die Menschen der Jungsteinzeit lebten.					SB Förderb. 2.4
6 a) Ich kann den Begriff „Neolithische Revolution“ erklären und					SB
6 b) kenne Zentren der Neolithischen Revolution.					SB
7 Ich kann die technischen Leistungen der Menschen der Jungsteinzeit beurteilen.					SB Förderb. 2.5
8 Ich kann die kulturellen Leistungen der Menschen der Jungsteinzeit beurteilen.					SB
9 Ich kann Unterschiede in der Lebensweise der Menschen in der Altsteinzeit und der Jungsteinzeit benennen.					SB Förderb. 2.6
10 Ich kann beschreiben, wie die Menschen der Metallzeit lebten.					SB
11 Ich kann erklären, wie der technische Fortschritt durch die Verwendung von Metallen a) das alltägliche Leben der Menschen und					SB
11 b) die Gesellschaft nach etwa 1800 v. Chr. veränderte.					SB
12 Ich kenne die Siedlungsgebiete der Kelten.					SB
13 Ich weiß, wie ich in einer Bibliothek an Informationen gelange.					SB
14 Ich kann mit meinen Mitschülerinnen und Mitschülern ein Rollenspiel gestalten.					SB

(Becker/Stunz 2011, S. 18)

Zunächst zur Funktionsweise: Die Lernenden sollen durch Ankreuzen auf einer Vierer-Skala entscheiden, in welchem Maße sie den Inhalt beherrschen. Dies kann entweder so geschehen, dass sie am Ende einer Unterrichtseinheit genügend Zeit erhalten, die Bögen im Klassenverband auszufüllen oder sie mit nach Hause nehmen, um sie in Ruhe zu überdenken, ggf. sogar einige oder alle Aufgaben schriftlich zu beantworten, was eine Selbsteinschätzung genauer machen könnte. Der Nachteil: Es ist nicht davon auszugehen, dass alle ihre Bögen zur nächsten Geschichtsstunde mitbringen, was aber der Sinn der Sache ist. Denn die Lehrkraft kann und soll bei der Auswertung feststellen, wie gut oder schlecht Lernziele und Kompetenzen verankert sind. U.u. besteht noch erheblicher Nachhol- oder Förderbedarf bei Einzelnen. Dies wirft die Frage auf, ob die Bögen anonym oder mit Namen ausgefüllt werden sollen, was nicht prinzipiell zu entscheiden ist, sondern vom Verwendungszweck abhängt. Eine solche Selbstdiagnose könnte ja zur Vorbereitung auf eine Lernkontrolle oder einen Test dienen; in diesem Fall wäre es sinnvoll, diejenigen zu kennen, für die Förderangebote zu machen sind.

Im Vergleich mit anderen Vorbereitungsmöglichkeiten auf eine Klassenarbeit wissen die Lernenden nicht nur, dass ‚Neolithische Revolution' ‚drankommt', sondern erfahren, welche inhaltlichen Schwerpunkte bearbeitet wurden. Das hilft bei Relevanzentscheidungen, zumal diese Schwerpunkte sehr konkret formuliert sind. Selbst die für Außenstehende unspezifische Frage 14 dürfte für die Lerngruppe mit einer konkreten Erfahrung im Rahmen der Unterrichtseinheit verbunden sein.

Solche Selbsteinschätzungen müssen freilich nicht zwingend in einen Test münden. Sie können der Lehrperson nach Beendigung einer Unterrichtssequenz vermitteln, wo Defizite, aber auch Erfolge liegen, um daraus für die nächste Konsequenzen in der Unterrichtsplanung ziehen zu können. Damit sind solche Bögen oder Raster von erheblicher Relevanz für die Professionalisierung der Lehrkraft: Ihre Konstruktion – nur so macht sie Sinn – muss vor Beginn einer neuen Unterrichtseinheit erfolgen, bedarf folglich einer Reflexion der eigenen Unterrichtsarbeit: „Welchen Wissensstand kann ich erwarten? An welchen Stellen haben wir Fragen vertieft? Welche Methoden haben zu welchen nachhaltigen Ergebnissen geführt? Schätze ich die Lerngruppe richtig ein? Wodurch unterscheidet sich diese von anderen Klassen?"[87] Daraus entwickelt sich dann eine Planung, die neu zu bedenken hat, was bezogen auf Lernziele und Kompetenzen für eine Unterrichtssequenz zentral ist, und mit welchen motivierenden, fördernden wie fordernden Methoden und Materialien sie erreicht werden können.

Wo liegen Schwachstellen? Bei etlichen der vorhandenen fachlichen Selbstdiagnosebögen und Kompetenzraster verschwimmen Lernziele und Kompetenzen. ‚Beschreiben', ‚Datieren', Nennen', ‚Erklären' müssten als Operatoren sicherer an Kompetenzen angebunden werden – im Sinne der Transparenz für Lehrkräfte wie für Schülerinnen und Schüler. Oder: Erfassungen von Lernzielen und Kompetenzen sollten deutlich voneinander getrennt werden. Es kommt hinzu, dass alle Kompetenzbereiche – in der hessischen Variante: Wahrnehmungs-, Analyse-, Urteils- und Orientierungskompetenz – in einem solchen Bogen abgedeckt werden sollten, sicherlich mit Schwerpunkt auf Analyse und Urteil. Schließlich: In ihnen – damit natürlich auch in der Unterrichtseinheit – sollten Aufgaben zur Narrativierung von Geschichte (narrative Kompetenz) – formuliert werden. Dies ist im angesprochenen Beispiel sicherlich mit der Frage 14 angedeutet, aber für Lernende noch nicht deutlich genug ausdifferenziert. Bei allen kritischen Einwänden bleibt hervorzuheben, dass hier Neuland betreten wird und erste durchaus taugliche Instrumente vorliegen.

Kompetenzraster

Auf zwei weitere Schwierigkeiten soll an einem zweiten Beispiel aufmerksam gemacht werden, einem Kompetenzraster zu einer Stationenarbeit ‚Mittelalter'.[88]

	*	**	***
Leben im Kloster	- Ich kann die wichtigsten Tätigkeiten von Nonnen und Mönchen in einem Kloster aufzählen. - Ich kann Grundregeln des Klosterlebens nennen. Ich kann Gebäude und Einrichtungen eines Klosters nennen.	- Ich kann aufzeigen, welche Bedeutung die Klöster für die kulturelle und wirtschaftliche Entwicklung ihrer Umgebung hatten. - Ich kann die Prinzipien (Ordensregeln) von zwei Orden miteinander vergleichen. - Ich kann Beispiele für wissenschaftliche und künstlerische Tätigkeiten in Klöstern nennen.	- Ich kann die Verbindung zwischen Klöstern beschreiben und darstellen, wie sich dies auf Kultur und Wirtschaft auswirkte. - Ich kann beschreiben, warum es immer wieder zu Neugründungen von Orden kam. - Ich kann Klöster als Zentrum der Bildung, Wissenschaft und Kunst beschreiben.

Stadt im Mittelalter	- Ich kann Bedingungen aufzählen, die für eine Stadtgründung im Mittelalter günstig waren. - Ich kann die wichtigsten Merkmale, durch die sich die Stadt vom Dorf unterscheidet, nennen. - Ich kann die Bedeutung des Marktes für die mittelalterliche Stadt beschreiben. - Ich kann die verschiedenen Bevölkerungsgruppen einer Stadt aufzählen. - Ich kann den Spruch „Stadtluft macht frei" erklären. - Ich kann Gründe für Aufstände der Stadtbürger gegenüber ihren Stadtherren nennen.	- Ich kann die Stadt als Zentrum des Handels und Handwerks im Mittelalter darstellen. - Ich kann Vorteile nennen, die Könige, Herzöge, Grafen oder Bischöfe einerseits bzw. Handwerker und Kaufleute andererseits aus der Gründung einer Stadt ziehen konnten. - Ich kann die Bedeutung der Zünfte in der mittelalterlichen Stadt beschreiben.	- Ich kann Überlegungen, die ein höriger Bauer mit anderen austauscht, nachdem er die Bestimmungen zu „Stadtluft macht frei" gehört hat, in einer Szene darstellen. - Ich kann eine Rede entwerfen, in der ein wohlhabender Stadtbürger gegenüber dem Stadtherren die Mitwirkung seines Standes bei der Regierung fordert. - Ich kann Interessengegensätze zwischen reichen Kaufleuten und den Zünften schildern. - Ich kann die Lage der Juden in der mittelalterlichen Stadt beschreiben.
Mittelalterliches Weltbild	- Ich kann die Bedeutung der Religion für die Menschen im Mittelalter darstellen. - Ich kann die Ängste und Befürchtungen (im Diesseits vor dem Jenseits) beschreiben.	- Ich kann an Beispielen zeigen, wie die Kirche Einfluss auf das Denken der Menschen nahm. - Ich kann zeigen, wie religiöse Vorstellungen das Handeln der Menschen bestimmten und begründeten.	- Ich kann an Quellen zeigen, mit welchen Argumenten die gesellschaftliche Ordnung gerechtfertigt wurde. - Ich kann erklären, warum die festgefügten religiösen Vorstellungen naturwissenschaftliche Forschung behinderten.

(Görisch (2007), S. 28)

Auch hier werden Kompetenzniveaus unterschieden, sie sind gewissermaßen als Aufgaben für alle drei Stufen konkret ausgewiesen. Die Lernenden sollen diese ‚Aufgaben' im Anschluss an die Stationenarbeit auf dem von ihnen gewählten Niveau bearbeiten und erhalten somit ihr je eigenes Kompetenzprofil. Ihnen werden transparente Kriterien als Referenzwerte für ihren Lernerfolg angeboten. Solche Kriterien/Erwartungshorizonte sind natürlich in gewisser Weise willkürlich gesetzt; warum sollten genau sie und nicht andere die Niveauunterschiede beschreiben? Zweitens gelten die Stufungen offenbar nicht für alle zentralen Teilaspekte des Themas: Die Juden als Teil der städtischen Bevölkerung erscheinen bei Stufe * nur indirekt auf, bei ** gar nicht, explizit lediglich bei ***, dort allerdings eingeschränkt darauf, dass ihre Lage lediglich beschrieben werden soll.

Auf eine zweite Problematik weisen die Autoren selbst hin, nämlich eine sprachliche Formulierung für die Erwartungshorizonte zu finden, die die Lernenden verstehen. Wenn auf Niveaustufe * Schülerinnen und Schüler Bedingungen aufzählen sollen, die günstig für eine Stadtgründung im Mittelalter waren, sind vermutlich die Orte gemeint, an denen vorzugsweise Städte entstanden sind. Es macht aber wenig Sinn, eine solche Kritik als grundsätzliche zu äußeren – in einem zweiten Versuch könnten durch Rückmeldungen der Schüler bzw. nach Durchsicht der Ergebnisse Irrtümer und Missverständnisse erkannt und für das nächste Mal korrigiert werden.

Abschließend sind zwei eher grundlegende Fragen zur Arbeit mit Selbstdiagnosebögen und Kompetenzraster anzusprechen:

1. Inwiefern bemühen sich Schülerinnen und Schüler um ehrliche selbstreflexive Antworten/Einschätzungen? Solche sind notwendig, um eine verlässliche Unterrichtsplanung durchführen zu können. Auf alle Fälle werden sie zu einer selbstreflexiven Haltung angehalten, die beispielsweise durch eine Lernkontrolle von jedem Einzelnen überprüft werden kann – am besten in einer nicht benoteten, die den speziellen Stress einer Leistungssituation ausklammert. Insofern kann die Arbeit mit solchen Instrumenten auf Dauer den Lernenden zeigen, dass ehrliche Einschätzungen Sinn machen, weil sie dazu beitragen können, Lernstrategien zu entwickeln bzw. zu verbessern, die zu realistischeren Ergebnissen führen.
2. Verengt die Arbeit mit Rastern den Blick auf die Komplexität des Unterrichtsgeschehens, werden sie zu ‚Schablonen der Wahrnehmung', die den Blick für kreative, unerwartete Aspekte von Schülerleistungen verlieren.[89] Wie bei allen Verfahren und Methoden gilt: Je ausschließlicher sie im Unterricht verwendet werden, desto eher

führen sie zu abnehmender Motivation, routinemäßigem Abhaken und letztlich wohl auch zu gerastertem Geschichtsunterricht. Dies aber muss angesichts der Vielfalt evaluativer Verfahren, die allesamt ihre Stärken und Schwächen haben bzw. in manchen Diagnosesituationen besser, in anderen schlechter genutzt werden können, nicht notwendig so sein.

Für die Diagnose von Kompetenzen ist es notwendig, Anwendungssituationen (Performanzanlässe) zu schaffen, damit sie in ihren Ausprägungen erkennbar sind. Das bedeutet konkrete Materialien (Text-, Bildquellen) anzubieten, die mit Aufgaben verbunden sind, die Sprech- und Schreibanlässe für Schülerinnen und Schüler bieten.

3.6 Erzähl- und Schreibanlässe

Im Geschichtsunterricht gibt es hinreichend Situationen, in denen über Vergangenes gesprochen oder geschrieben wird: im Unterrichtsgespräch, wenn es um Verstehen und Deuten von Vorgetragenem oder Gelesenem geht, in der schriftlichen Bearbeitung von Aufgaben, die anschließend vorgelesen und diskutiert werden usw. Dies ist hier nicht gemeint, sondern speziell auf die Diagnose von Lernvoraussetzungen oder die Evaluation von Lernprozessen gerichtete Materialien und Aufgaben, die es ermöglichen, die Kompetenzen aller oder doch vieler Lerner zu erfassen. Vorlagen für solche Arrangements gibt es in den meisten empirischen Arbeiten in der Fachdidaktik; herausgreifen sollte man solche, die als ummittelbare Hilfestellung für eigene Diagnoseversuche geeignet sind oder deren Materialien und Aufgaben Interpretationshilfen anbieten. Denn: Das Verfahren ist aufwändig, sowohl was die Konstruktion, erst recht aber die Auswertung anbelangt – will man tatsächlich eine Diagnose für die gesamte Lerngruppe erstellen. Darüber hinaus ist zu bedenken, dass die mündliche und/oder schriftliche Befragung in diesen Studien nicht mit gesamten Schulklassen, sondern mit Einzelnen oder Kleingruppen durchgeführt worden ist, folglich nicht eins zu eins auf die alltägliche Unterrichtspraxis übertragen werden kann. Die folgenden Beispiele sind deshalb unter der Prämisse ausgesucht worden, dass sie anschlussfähig für besondere Diagnoseanlässe im Unterrichtsalltag sind.

Wahrnehmung von Bildquellen

Die Voraussetzung, um sich überhaupt denkend mit Vergangenem befassen zu können, ist die Fähigkeit, die ‚historische Alterität' eines Gegenstandes wahrnehmen zu können und ihn in Beziehung zur Gegenwart zu setzen. Dies sei am Beispiel eines Fotos nachgezeichnet, das eine Kartoffelernte in den 1950er Jahren zeigt. Es wurde in Einzelinterviews zehn Grundschulkindern vorgelegt, die die Bildquelle beschreiben sollten.[90]

(Meier, Richard (Hrsg.) (2005), Mobile 3, Mensch, Natur und Kultur Baden-Württemberg, Braunschweig, S. 92)

Christian (C.) antwortete der Interviewerin (I.):

C.: Also ich sehe auf dem Bild Bauern, die hart arbeiten, (...) Kartoffeln aus'm Feld graben und in ein' Korb tun.

I.: Mh.

C.: Dahinter stehen zwei Pferde mit einem großen Anhänger, wo sie die Kisten mit Kartoffeln rein tun. (...)

I.: Gut, fällt dir sonst noch was auf?

C.: Die Pferde, die ha'm eine Schutzdecke auf. (...)

Ein Interview mit Anja (A.):

A.: Ahm, das is' eine Kartoffelernte, ahm, ja, ahm, das is' von früher, ahm, da mussten auch Kinder mithelfen, die hatten da Ferien, das weiß ich, weil die Eltern, glaub ich, Hilfe brauchen. Und es ist ein sehr großes Feld. Ahm, ja, und die hatten noch keine Autos, keine Elektronik, sondern so alte Wägen, so, so'n Holzwagen. Nö, da is noch'n Pferd, da sind zwei Pferde (...) eh, das is' wahrscheinlich ‚n Heuhaufen. Des is'n Mädchen, des sind Jungs. (...) Und die sin' nicht so angezogen wie heute, sondern eher so ... Ich seh' da 'ne Bauernfamilie mit vielen Kindern, hinten sind die Eltern, zwei Pferde und 'n großes, und 'n großen Acker. Da bauen die Kartoffeln an. Die mussten durch, äh, das ganze Feld laufen und dann wahrscheinlich alles so alles, ahm, wieder zurück. Genau, die hat gar keine Schuhe an, (lacht) hat Strümpfe an. J und hm.

Sieht man einmal von Wortkargheit bei Christian und der Erzählfreude bei Anja ab, ergeben sich erhebliche Unterschiede in der Wahrnehmungskompetenz: Während Christian das Bild korrekt beschreibt, geht er überhaupt nicht auf dessen historische Andersartigkeit ein, die selbst ohne Bezug zu heutiger landwirtschaftlicher Arbeit durch die Tätigkeit bei der Ernte, die Transportmittel oder die Kleidung erschließbar wäre. Anja erkennt sehr schnell, dass das Foto von früher ist, was offenbar aus ihrem Vorwissen resultiert, von ihr aber auch sehr genau aus einzelnen Bildelementen erschlossen wird.

Solche Bildbeschreibungen lassen relativ schnell Unterschiede in der Wahrnehmungskompetenz der Schülerinnen und Schüler erkennen und erlauben Rückschlüsse für eine differenzierte Unterrichtsplanung, die für Christian und andere z. B. darin bestünde, gezielte Wahrnehmungshilfen bei Aufgaben bereitzustellen. Inwiefern ist ein solches Diagnosearrangement – unabhängig von der konkreten Bildquelle – in den Unterrichtsalltag transferierbar? Sicherlich nicht in Form einer mündlichen Einzelbefragung von 25 Lernenden, wohl aber in einer schriftlichen. Da wird sicher mit Abstrichen zu rechnen sein, weil nicht nachgehakt werden kann („Fällt Dir noch etwas auf?“)

Dilemmasituationen

Das zweite Beispiel zielt auf die Diagnose von Fremdverstehen, ein ganz wesentliches Element der Urteilskompetenz. Inwieweit gelingt es Schülerinnen und Schülern im Anfangsunterricht Geschichte, die Fremdheit einer Situation historisch angemessen zu verstehen? Die Evaluation wurde nach einer Unterrichtseinheit zur Frühgeschichte (‚Altsteinzeit‘) vorgenommen. Es wurde eine Problemsituation (ein Dilemma) konstruiert:[91] Vor Aufregung früh erwacht, bemerkt No, ein elfjähriger Junge, dass die geplante und am Vorabend mit dem Jagdzauber vorbereitete Jagd der Horde gefährdet ist, da sich eine Herde von Tieren offensichtlich früher als erwartet dem Rastplatz nähert. No schwankt zwischen dem Pflichtgefühl, die Regeln des Zusammenlebens in der Horde zu beachten und die Horde/den Ältesten zu informieren, und seinem Ehrgeiz, im Alleingang Ruhm als Jäger zu ernten. Die Problemsituation wurde den Lernenden in einem ca. dreiminütigen Video vorgestellt – Ausgang offen.

Die Aufgabenstellung lautete:

1. Wie würdest du an Nos Stelle handeln?
2. Was würde der Anführer der Herde No raten?

Beide Fragen zielen auf das Verstehen einer fremden Situation, wobei die erste angesichts der erlaubten Subjektivität (als Anschluss an die Identitätsfindung in diesem Lebensalter) einen größeren Spielraum lässt als die zweite, die strenger das historisch ‚korrekte' Begründen einfordert.

Was war im Video dargestellt und aus ihm erschließbar, welches vorher vermittelte Wissen musste reorganisiert werden?

Im Video dargestellt	*Aus dem Video erschließbar*
Gefährlichkeit der Großwildjagd im Winter	Jagd in der Gemeinschaft als Voraussetzung für den Jagderfolg
Hoher Fleischertrag im Ergebnis der Großwildjagd	Schnelle Tiere, die sich nähern
Nennen der Tierarten Mammut und Nashorn	Rolle der Schlucht-Treibjagd
Geografische Lage (Schlucht)	
Rolle der „Mundpropaganda" über die Jagd	**Vorher vermitteltes Wissen**
Nennen der Jagdwaffen: Holzspeer und Harpune	Art und Organisation der Jagd, Tierarten
Erinnerung an die Beschwörung des großen Jagdgeistes	Regeln des Zusammenlebens
	Naturkenntnisse (geografisches Milieu, möglicher Hinterhalt, Jagdfallen, Feuer)
	Rolle der Frauen, Erwachsenenen-Kind-Verhältnis (fachwissenschaftlich nicht geklärt)

(Klose, Dagmar 2004, S. 84)

Das Ergebnis zeigte, dass der größte Teil der Lernenden zu inhaltlich historisch angemessenen Lösungen tendierte: „235 Kinder entschieden sich als No für das Jagen in der Gruppe; lediglich 59 hätten einen Alleingang unternommen. Ein ähnliches Verhältnis zeigt sich aus der Perspektive des Ältesten: 161 Kinder hätten aus dessen Sicht von einem eigenmächtigen Handeln Nos abgeraten; lediglich 46 wären damit einverstanden gewesen."[92] Die meisten hatten für ihre Argumente eine argumentative Struktur entwickelt, die drei wesentliche Kausalitäten hervorhob: die existenzielle Gefahr, in die sich No begeben würde, der potentiell größere Jagderfolg durch die Horde, die noch zu geringe Erfahrung des Jungen.

Eine Übertragung in ein realistisches Szenario für den Alltag des Geschichtsunterrichts ist grundsätzlich möglich: Das Video kann leicht durch eine spannende Lehrererzählung ersetzt werden und man wird nicht unbedingt jede und jeden erzählen lassen müssen. Stattdessen kann die Lehrkraft die Klasse in Kleingruppen aufteilen, die zunächst darüber zu entscheiden haben, für welche Variante sie sind. D. h. mit anderen Worten, dass in den Kleingruppen ein diskursiver Sinnbildungsprozess stattfindet. Die Gruppen können nun Stichpunkte (=Argumente) notieren, die für ihre Entscheidung relevant waren, und auf deren Basis anschließend im Plenum die Geschichte zu Ende erzählen. Dabei ist wichtig, dass bei einer Mehrheitsentscheidung auch diejenigen die Möglichkeit zum Vortrag erhalten, die eine andere Entscheidung getroffen haben. Damit ist zweierlei geleistet: Die Diagnose des Lernprozesses bildet einerseits das Gesamtbild der Lerngruppe ab. Andererseits werden aber auch Differenzierungen deutlich, die für weitere Planungen des Unterrichts Relevanz haben: Welche Möglichkeiten habe ich als Lehrkraft, um einige Lernende auf die Differenz von Zeiterfahrungen hinzuweisen, ohne auf die empathische Hinwendung zu den Vorfahren verzichten zu wollen?

Anders angelegte Problemsituationen sind geeignet, diagnostische Rückschlüsse über die Entwicklung der Orientierungskompetenz (Werturteil) zu erhalten. Wie lässt sich beispielsweise Gewalt in der Geschichte rechtfertigen – oder nicht? Zu denken wäre u. a. an den ‚Terreur' in der Französischen Revolution oder den (geplanten) Tyrannenmord (Hitler) durch die widerständigen Offiziere des 20. Juli 1944 oder Georg Elser. Als evaluative Verfahren sollten keine spontanen Unterrichtsgespräche gewählt werden – auch wenn in ihnen mancher intuitive, ungeschützte Gedankenblitz auftaucht –, sondern gezielt vorbereitete Podiums- oder Pro-und-Kontra-Diskussionen. Schülerinnen und Schüler nicht nur der Sekundarstufe II haben hier die Gelegenheit, Wertmaßstäbe zu formulieren und im Austausch mit anderen zu reflektieren.

Dilemmasituationen als Schreibanlässe bieten sich für viele zentrale Lehrplanthemen an:

- Was hat Solon zu erwarten, wenn er seine Reformen durchführt?
- Wie wird sich der Volkstribun Tiberius Gracchus verhalten, wenn sein Amtskollege ein Veto gegen das Agrargesetz einlegt?
- Welche Handlungsspielräume hat Heinrich IV. nach dem Bann des Papstes?
- Wird Luther die Bauern in ihrem Kampf gegen die Grundherren unterstützen?

Perspektivisches Schreiben

Die folgenden Beispiele verweisen auf das zentrale (Meta-)Ziel historischen Lernens, die Entwicklung von narrativer Kompetenz. In den beiden ersten Beispielen steht kreatives perspektivisches Schreiben im Zentrum. Eine solche Perspektivenübernahme als Voraussetzung und Bedingung von Urteils- und Orientierungskompetenz ist mit Aufgabenformaten zu gestalten, die Schülerinnen und Schülern ausgehend von Quellen(auszügen) dazu motivieren, Gelerntes in erzählende Form zu transferieren. An den Produkten wird deutlich, welche Elemente historischen Denkens sie beherrschen (oder nicht) und welche individuellen Aspekte in ihre Erzählungen einfließen (Selbstkonzepte, historische Imagination). Sie dienen folglich der Evaluation von Lernprozessen.

Beispiel 1

Auf der Basis von Auszügen aus der bekannten Vita Einhards über Karl den Großen sollten Lernende eine Chronik aus der Perspektive eines Geschichtsschreibers des 9. Jh. verfassen – wahlweise eines fränkischen oder eines sächsischen Zeitgenossen.[93]

Zwei Produkte

A

„Karl wirkte sehr sympathisch. Er hatte eine stattliche und würdige Erscheinung und fand Gefallen am Reiten und Jagen. Der christlichen Religion war er sehr stenggläubig und ehrfürchtig zugewandt. 768 n. Chr. wird Karl Nachfolger seines Vaters Pippin. Er eroberte fast ganz Europa, v.a. das Reich der Sachsen und Langobarden. Karl galt außerdem als sehr hilfsbereit. Darum zog er auch sofort nach Rom, als ihn der Hilferuf des damaligen Papstes Leo III. erreichte, der Karl um Hilfe gegen die römischen Adeligen bat. Nachdem er die Papstgegner besiegt hatte, wurde er 800 n. Chr. zum Kaiser gekrönt. Karl hatte keinen festen Residenzsitz, da er von Pfalz zu Pfalz zog und so sein Reich regierte und für Ordnung sorgte. Seine Lieblingspfalz war Aachen, in der er sich im Laufe der Zeit immer häufiger aufhielt. (...)“

B

„Karl der Große war ein kleiner, dicker, machtgieriger Mann mit einer piepsigen Stimme. 768 wird Karl Nachfolger seines Vaters Pippin. Da hat er nichts Besseres zu tun, als Kriege zu führen, deswegen nennt er sich auch ‚der Große'. Er war ein sehr brutaler König, z.B. veranstaltete er eine Massenhinrichtung bei Verden (Sachsen) nur, weil die Leute sich nicht seinem Glauben anpassten. Weihnachten 800 wird Karl vom Papst Leo III. zum Kaiser gekrönt. Es sagt, dass er die Kirche nie betreten hätte, wenn er das gewusst hätte. In Wirklichkeit war er aber ganz scharf darauf. Insgesamt hat er den Beinamen ‚der Große' nicht verdient.“

(Memminger (2007a), S. 24)

Diese Evaluation fand nach Abschluss einer Unterrichtssequenz zu Karl dem Großen in einer 7. Klasse statt – mit einer Bearbeitungszeit von 20 Minuten.

Betrachtet man die beiden Erzählungen genauer, bleibt der gut lesbare Text A doch recht nahe an den im Unterricht besprochenen Fakten, wobei der Stil gerade zu Beginn sehr stark die Einhard-Quelle imitiert. Eigenständige Aspekte der Beurteilung der Person fehlen. Text B hingegen löst sich sehr stark von der Vorlage und versucht gekonnt, im sprachlichen Duktus einen (sächsischen) Gegner Karls zu imitieren. Er bringt sein Urteil knapp auf den Punkt. Die Aufgabenstellung ist verstanden und gut umgesetzt worden.

Beispiel 2

Lernende hatten nach Bearbeitung des Themas ‚Grundherrschaft' die Möglichkeit, ihre narrative Kompetenz (ihr Sinnbildungsniveau Historischen Lernens – so die damalige Formulierung)[94] – entweder aus der Perspektive eines Geschichtsschreibers (Einhard) oder aus der einer fiktiven Person ‚Ebbo' (Kind eines abhängigen Bauern) nachzuweisen, wobei sich alle für die zweite Variante entschieden.

Tino:

Ebbo geht mit seinem Vater zum Fronhof, um Abgaben zu bringen. Stoff, Vieh,, Eier, Getreide und Wein bringen sie zum Fronhof. Auf dem Weg sehen sie viele Menschen auf den Feldern des Feudalherrn arbeiten. Unter ihnen war ein Bauer, dem die ganze Saat vom letzten Unwetter verdorben war und dem der Blitz seinen stall zerstört hat. Auch sieht Ebbo die kleinen, winzigen Katen, in denen die Knechte und Mägde, die auf dem Fronhof arbeiten, wohnen. Auf dem Fronhof angekommen, geben Ebbo und sein Vater die Abgaben an den Verwalter, der gerade einen Bauern, der seine Abgaben nicht begleichen konnte, in die Knechtschaft verwies. Als der Vater mit dem Meier sprach, sah sich Ebbo auf dem Fronhof um. Er sah das schöne Haus des Verwalters, die Scheunen, die Ställe und die Schmiede, in der gerade ein neuer Pflug geschmiedet wurde.

(Klose (1994), S. 85f.)

Es ist offenkundig, dass Tino sich der entscheidenden Merkmale der Grundherrschaft und des Wandels der Agrarwirtschaft im Mittelalter bewusst ist. Diese Faktoren verknüpft er erzählerisch so, dass er auf ausschließlich sachlicher Basis in seiner Geschichte bemüht ist, alle Aspekte einzubringen – unabhängig davon, ob all dies bezogen auf den konkreten Anlass (Abgaben)sinnvoll oder möglich erscheint.

Susanne:

Ebbo ist gerade aufgewacht. Er dachte daran, daß sein Vater heute zum Fronhof fahren würde, um die Abgaben zu erledigen. Darunter würde auch das Schwein Becki sein, was er um alles liebte. Jedoch war das nicht das erste Mal, daß Ebbo etwas verlor, was sein Vater auf dem Fronhof abgeben mußte. Ebbo hatte sich in den Kopf gesetzt, seinen Vater zu fragen, ob er nicht mitkommen dürfte. Beim Frühstück hatte Ebbo gefragt, und er durfte mitkommen.

Nach dem Frühstück wurde der Pferdewagen bepackt, und ab ging es. Ebbo hatte Becki auf dem Schoß, und er streichelte sie. Vor dem Fronhof hielt der Vater an, denn die Wärter mußten erst die Brücke über den Graben fallen lassen. Jetzt waren sie drin. Viele Leute waren dort. Der Vater von Ebbo bat ihn mitzuhelfen, alles zu dem Tisch, wo der dicke Mann steht, zu bringen. Der Mann nahm eine lange Liste heraus und las vor: ‚6 Eier, 1 Schwein, 10 Scheffel Getreide...' Der Vater von Ebbo legte alles auf den Tisch, und der Mann guckte sich alles zufrieden an. Dann sagte er: ‚Wo ist das Schwein?' Ebbo hob die junge Becki hoch. Und Tränen standen ihm in den Augen. Der Mann schimpfte: ‚Das ist ja viel zu mickrig. Dafür bringst du mir in der nächsten Woche mehr Gemüse mit.' Der Vater von Ebbo machte ein trauriges Gesicht. Aber Ebbo fand das gemein. Sie gingen zu ihrem Wagen zurück. Der Vater von Ebbo sagte: ‚Sei froh, daß wir es überhaupt noch so gut haben. Sieh dir doch mal die Bauern da drüben an!' Ebbo sah Leute, die mit einem kleinen Handwagen in Lumpen gekleidet kamen. Jetzt merkte er erst, wie gut er es eigentlich hatte.

(Klose (1994), S. 85f.)

Im Vergleich zur ersten Geschichte nimmt die Schülerin die Sachebene als Ausgangspunkt für eine Erzählung, die bemüht ist, eine konkrete Vorstellung von der Situation auf dem Fronhof zu vermitteln. Imagination ist für sie offensichtlich ein wichtiges Mittel, sich Vergangenheit anzueignen.

Bei der Evaluation des Lernprozesses kann folglich nicht nur das Niveau von Analyse- und Urteilskompetenz deutlich werden, sondern bezogen auf die narrative Kompetenz auch die unterschiedlichen Erzählmodi. Dabei ist es wichtig, den Lernenden zu vermitteln, dass – wie z.B. in diesem konkreten Fall – nicht um die ‚bessere' oder ‚historischere' Geschichte geht, sondern um zwei ähnlich plausible/triftige.

Eine andere Möglichkeit perspektivischen Erzählens sind Tagebucheintragungen fiktiver Zeitzeuginnen und Zeitzeugen – ein sehr anspruchsvolles Evaluationsverfahren – und deshalb erst in der Sek. II sinnvoll, weil ertragreich. In dem Beispiel geht es um Personen, die um 1900 geboren sind. Die vorgegebenen Tagebuchdaten reichen von 1918 bis 1945. Die Lernenden waren aufgefordert worden, zu diesen Daten bzw.

zu einer Auswahl nicht nur punktuelle Tagebucheinträge zu produzieren, sondern gewissermaßen über diese hinaus eine fiktive Lebensgeschichte zu entwickeln. Diese bezieht historische Kontexte ein, erlaubt aber individuelle (imaginative) Ausgestaltungen.[95] Als Grundlage für ihre Erzählung erhielten sie eine knappe Basisbiographie.

Beispiel

Basisbiographie

Meyer, Gerda

Jg. 1904, Tochter eines jüdischen Kaufhausbesitzers, der nur noch lockere Kontakte zur jüdischen Gemeinde unterhält, die Synagoge nur an hohen jüdischen Feiertagen besucht. Er hat im ersten Weltkrieg das Eiserne Kreuz bekommen, ist streng national und eigentlich kaisertreu eingestellt, auch Mitglied im Kriegerverein. Gerda erhält eine sehr gute Schulbildung auf dem örtlichen Mädchengymnasium und möchte einmal studieren: vielleicht Medizin, vielleicht Jura ...

Tagebucheintrag einer Schülerin

Darmstadt, 10. April 1932

Liebes Tagebuch!

Das Leben für uns Bürger jüdischen Glaubens wird von Tag zu Tag unerträglicher, denn der Antisemitismus breitet sich schnell unter der deutschen Bevölkerung aus. Den Juden wird unter anderem vorgeworfen, an der Niederlage von 1918 schuldig zu sein. Das macht mich dermaßen wütend! 100 000 deutsche Juden rückten in den Krieg ein und davon starben 12 000 für ihr Vaterland! Das stimmt, dass ein Teil der Regierung jüdisch bzw. jüdischer Abstammung sei, doch nur ein ganz kleiner Anteil! Und dann heißt es gleich, dass Deutschland von den Juden beherrscht sei oder noch besser von rechts und links ‚verjudet'. (...) Mein Vater tut mir so leid! Er liebt das deutsche Vaterland und würde es nie im Leben verlassen. Er meint, dass es Antisemitismus immer schon gab und dass es so schlimm mit uns Juden nicht werden würde. Er war immer schon eine optimistische Person, doch wie soll ich ihm bloß die Augen öffnen? Heute können wir erleichtert aufatmen! Hindenburg wurde zum neuen Reichspräsidenten gewählt. (...) Das Ergebnis macht uns alle glücklich. Vielleicht wird sich wirklich alles zum Guten wenden.[96]

(Lange (2003), S. 60)

Die Zwölft-Klässlerin nimmt die Reichspräsidentenwahl vom April 1932 – Hindenburg gegen Hitler – zum Anlass, die Quellen des Antisemitismus in der Weimarer Republik in lebendiger Sprache nachzuzeichnen. Gleichzeitig interpretiert sie das Wahlergebnis – angesichts der Basisbiografie historisch triftig – als Beitrag zur Abwehr Hitlers.

Allerdings überwiegt eindeutig die Biographie des Vaters als Hintergrundnarration (Teilnahme am Ersten Weltkrieg, national eingestellt, politischer Konservatismus als antinazistische Kraft). Gerda Meier, ihre fiktive Zeitzeugin, deutet die eigene Perspektive nur indirekt an: Vater als Optimist, dem die Augen zu öffnen seien.

Wie schon erwähnt, ist dieser Ausschnitt Teil eines sehr umfangreichen biografischen Projekts gewesen, was in dieser Form nicht in den Unterrichtsalltag zu übertragen ist, jedenfalls nicht für evaluative Zwecke. Stattdessen kann es sehr gut als Leistungserbringung taugen, um den z.T. erheblichen Aufwand der Lernenden, der den einer Klausurvorbereitung bei weitem übersteigt, zu honorieren. Die Grundidee ist freilich gut übertragbar, indem dieses oder ein anderes einschneidendes Datum – z. B. der 30. Januar 1933 – anhand einer fiktiven Basisbiografie von allen Lernenden in einen Tagebucheintrag verwandelt werden soll. Im Vergleich werden sich unterschiedliche Ergebnisse hinsichtlich der Genauigkeit und Vollständigkeit, der Plausibiliät des Geschriebenen, der Altersangemessenheit und der Profilierung der charakterlichen Eigenheiten der fiktiven Person ergeben.

Um das Gelingen von Perspektivenübernahme zu überprüfen, sind weitere Aufgabenformate ebenso sinnvoll, u. a.:

- Zeitungskommentare
- Fiktives Zeitungsinterview
- Briefe
- Flugblatt
- Reden

Eigene Geschichten über Vergangenes erzählen zu können, ist das eigentliche Ziel historischen Lernens (narrative Kompetenz). Dies in empirischer wie narrativer Triftigkeit zu leisten, bedarf der gezielten Hinführung und Übung. *Hans-Jürgen Pandel* nennt folgende Varianten:[97]

- Aus Quellen eine Geschichte machen
- Aus Aussagen eine Sacherzählung machen
- Aus einer Chronik eine Geschichte machen
- Perspektivisches Erzählen
- Fiktionales Erzählen
- Kontrafaktisches Erzählen
- Bilder narrativieren

Die meisten Varianten sind als Diagnoseinstrument für den Unterrichtsalltag wenig geeignet, weil sie viel zu zeitaufwändig sind. Deshalb wird hier eine transferfähige vorgestellt, das Schreiben einer Chronik.

Eine Chronik verfassen

Chroniken, mit denen sich Schülerinnen und Schüler im Geschichtsunterricht befassen, sind in der Regel bereinigt, d. h., es werden nur solche Ereignisse zusammengestellt, die einen Sinnzusammenhang ergeben. Um eine solche Chronik in eine Erzählung umzuwandeln, sind nicht unbedingt alle erwähnten Ereignisse von Relevanz; die Lernenden müssen folglich eine Auswahl treffen (Selektivität) – je nachdem, welche Fragestellung vorliegt oder welchen Schwerpunkt sie setzen wollen. Ein logischer Sinnzusammenhang lässt sich zudem nur dann herstellen, wenn weitere historische Kontexte bekannt sind bzw. recherchiert werden.

Als Diagnose von Lernprozessen und Lernergebnissen genutzt, kann aus der konkreten Erzählung geschlossen werden, wie Lernende dieses Bedingungsgefüge genutzt haben.

Beispiel

Die Familie Fugger

1521 Stiftung der Fuggerei durch Jakob II. Fugger.

1514 Ernennung von Jakob Fugger zum Reichsgrafen.

1505 Drei Schiffe für die portugiesische Flotte, die nach Indien segelt.

1367 Übersiedlung des Webers Hans Fugger nach Augsburg.

1506 Finanzierung der Schweizer Garde.

1519 Jakob II. Fugger leiht Karl V. 540 000 Gulden.

Aufgabe:

Verarbeite die Informationen über die Familie Fugger zu einem Text, der in einer Broschüre für eine Ausstellung stehen könnte.

(Pandel (2010), S. 177)

Die Ereignisse sind nicht chronologisch geordnet; der Lernende muss zunächst eine Chronologie herstellen. Er hat als weitere Materialien herangezogen: einen Stadtführer von Augsburg, eine Broschüre der Fuggerei, ein Geschichtsbuch.

Erzählung von Robin, 7. Jahrgangsstufe (Schulform nicht erwähnt)

Die berühmte Familie Fugger

Der Weber Hans Fugger zog 1367 in die frei Reichsstadt Augsburg. Die Stadt war bekannt für ihre Tuchproduktion und lag außerdem im Zentrum wichtiger Handelswege. Er kaufte Handelswaren wie Salz, Kupfer, Quecksilber, Gold, Blei, Tuch usw. billig ein und verkaufte sie dann für mehr Geld. Dadurch wurde der Weber zum Kaufmann. Über die langen Handelswege von Neapel bis Hamburg, von Danzig bis Lissabon wurde die Ware in ganz Europa verteilt. Das weit verzweigte Netz von Niederlassungen des Fugger'schen Handelshauses ermöglichte erst den Verkauf der Waren. Sie hatten die Güter mit Schiffen transportiert, z.B. fuhren drei Schiffe im Jahr 1505 für die portugiesische Flotte nach Indien. Der Handel sollte sogar bis nach Südamerika und Afrika gehen. Auf diesem Wege wurde die Familie Fugger immer reicher. Als Hans Fugger starb, übergab er das Erbe seinem Sohn Jakob Fugger. Dieser betrieb diesen Handel weiter, sodass er 1506 die Schweizer Garde finanzieren konnte. Schließlich war Jakob Fugger dann so vermögend, dass er 1514 zum Reichsgrafen gewählt wurde. Er lieh im Jahr 1519 dem Kaiser Karl V. eine stattliche Summe von 540 000 Gulden. So wurden die Fugger zum Bankhaus für Könige und Päpste und prägten z.B. auch deren Münzen. Es wurden nach dem Prinzip der doppelten Buchführung auch Kredite vergeben und das Geld anderer Leute verwaltet. Nach dieser Methode wird zum Teil auch jetzt noch in verschiedenen Banken gearbeitet.

Wirtschaftskrisen, Glaubenskriege und die Verlagerung wichtiger Verkehrswege schafften es nicht, dieses Fugger-Imperium in den Konkurs zu treiben, der Reichtum war zu groß.

Aber auch an die Armen hat Jakob Fugger gedacht. So ließ er im Jahre 1521 eine Armensiedlung für bedürftige Augsburger errichten – die Fuggerei. Diese Siedlung existiert heute noch in Augsburg, und auch die Jahreskaltmieten in Höhe von 0,88 Euro sind gleich geblieben. Die „Stadt in der Stadt" hat eine eigene Verwaltung, eigene Stadtmauern und -tore, kleine Kirchen und einen Nachtwächter.

Nur durch geschicktes Handeln und professionelle Geldverwaltung wurden die Fugger so reich, dass man sie heute mit Bill Gates vergleichen kann.[98]

(Pandel (2010), S. 177 f.)

Die Arbeit des Schülers wird von dem Autor kaum kommentiert, sie wäre es aber wert:

Robin hat einen sehr ausführlichen, differenzierten und auch präzisen Text entworfen. Er hat es für nötig gehalten, alle Angaben in der Chronologie zu verwenden, was bezogen auf die Indienreise reichlich konstruiert gerät. Aus Schülerperspektive ist ein solches Vorgehen logisch: Die Arbeitsanweisung enthält nicht das Angebot, die Bedeutung der Ereignisse für ein Lebensbild Fuggers zu überprüfen bzw. einzelne auch weglassen zu können. Ein entsprechender Hinweis hätte der Aufgabenstellung gut getan. Es ist positiv hervorzuheben, dass er nicht nur die chronologischen Angaben geordnet, sondern auch in einen konsistenten historischen Zusammenhang gebracht hat.

Welche Perspektive hat seine Erzählung? Mindestens eine fuggerfreundliche, was unter Heranziehung des Verfassertextes im Schulbuch kaum verständlich ist. Dort ist u. a. von „Skrupellosigkeit gegenüber der Konkurrenz" und Hungerlöhnen für die Verlagsarbeiter die Rede.[99] Die „doppelte Buchführung", die der Schüler erwähnt, aber nicht erläutert, ist ebenfalls in dem Verfassertext des Schulbuchs zu finden, vermutlich aber in ihrer Bedeutung für den Schüler nicht wirklich klar. Seine Chronik basiert folglich eher auf den unkritischen Äußerungen in den offiziösen Fuggerchroniken, die er herangezogen hat.

Mit einer solchen kleineren Chronik, die für alle lehrplanrelevanten Themen leicht bereitgestellt werden kann, ist eine Überprüfung der Ergebnisse eines Lernprozesses sehr gut möglich. Anders als im gezeigten Fall ist eine zusätzliche Recherche nicht notwendig, weil der historische Kontext in der abgelaufenen Unterrichtseinheit behandelt wurde und für den Fall der Evaluation reorganisiert werden muss. Im Übrigen wäre sie auch für eine schriftliche Leistungskontrolle geeignet: Anspruchsvoller als herkömmliche Tests, aber weniger elaboriert als Klausuren ist sie eine sinnvolle Variante schriftlicher Leistungsüberprüfung.

Eine chronologische Erzählung muss nicht notwendig eine Reihe von Fakten als Grundlage haben. Ein anderer Zugang können Fotostrecken sein, bspw. zur Entwicklung der Spaltung Deutschlands in den Jahren 1945 bis 1949 (Potsdamer Konferenz; Reparationen; Parteigründungen; Bizone; Marshallplan etc.). Sie können sich auch nur auf ein entscheidendes Jahr (1948) beschränken: Marshallplan, Währungsreform, Blockade Berlins.[100]

Eine wenig geübte Methode historischen Erzählens ist die Nacherzählung, mehr noch, sie gilt im Selbstverständnis vieler gar nicht als Narration:[101] Ein gehörter oder gelesener Text wird von den Lernenden nacherzählt. Die Zielperspektive ist nicht die mehr oder weniger wörtliche Reproduktion – dies wäre eher eine erstaunliche Gedächtnisleistung –, sondern die Erfassung des Sinnzusammenhanges. Dabei kann es sich um eine Lehrererzählung (Lehrervortrag) handeln oder um einen Verfassertext aus dem Schulbuch. Zu Beginn einer Unterrichtseinheit können mit diesem Verfahren die Lernvoraussetzungen in zweierlei Hinsicht diagnostiziert werden:

1. Welche der erwähnten Ereignisse, Strukturen und Fachbegriffe eines neuen Sachverhalts werden erfasst bzw. sind unklar und damit erklärungsbedürftig?
2. Welche argumentativen Verknüpfungen, Ursachen und Folgen, Personenkonstellationen usw. bleiben im Schülergedächtnis hängen und in welcher Form?

Unter Kompetenzgesichtspunkten wäre es darüber hinaus bedeutsam, Lernende notieren zu lassen, welche historischen Fragen bei ihnen durch den Text hervorgerufen wurden, ein zentraler Aspekt von Wahrnehmungskompetenz.

Am Schluss dieses Teilkapitels bleibt daran zu erinnern, dass die meisten der vorgestellten Verfahren aus anderen Zusammenhängen gewonnen und für andere Zwecke als den der Diagnostik genutzt wurden. Ihre Übertragung ist – was hoffentlich deutlich geworden ist – in dosierter und reduzierter Form sinnvoll, weil sie sehr differenzierte diagnostische Rückschlüsse erlauben. Der Aufwand erscheint besonders dann sinnvoll, wenn Lehrkräfte eine neue Klasse oder einen neuen Geschichtskurs übernehmen und eine gute Unterrichtsplanung der Diagnose der Lernvoraussetzungen bzw. einer ersten Evaluation der Lernprozesse dringend bedarf.

3.7 Handlungsorientierte Kleinformate

Diagnostisches Handeln muss sich nicht notwendigerweise umfänglicher und zeitaufwändiger Verfahren bedienen, um Aussagen über Elemente historischen Denkens und Lernens zu erhalten. Die auf diese Weise ermittelten Daten sind zwar differenzierter und damit auch aussagekräftiger, können aber – unterrichtspraktisch gedacht – seltener erhoben werden.

Kleinere Formate haben demgegenüber den Vorteil, häufiger eingesetzt werden zu können – nicht nur zu Beginn oder am Ende einer Unterrichtseinheit, sondern im laufenden Unterrichtsprozess – und liefern zugleich mindestens grobe Orientierungen für die Anlage und das Gelingen von historischem Lernen.

Methodische Basics festigen

Es gibt elementare methodische Werkzeuge, ohne die historisches Lernen nicht gelingen kann:

- Lernende müssen wissen, dass wir unsere Kenntnisse von und Annahmen über Vergangenes aus Quellen beziehen, Quellen unterschiedlicher Art mit unterschiedlicher Verlässlichkeit und Reichweite.

- Quellen sind von Darstellungen zu unterscheiden, die ihrerseits eine Spannweite von wissenschaftlichen Narrationen bis hin zu Erzählungen auszeichnet, die mal mehr, mal weniger historische Faktizität berücksichtigen. Diese beiden ersten ‚Basics' sind entscheidend für die Entwicklung von Analyse-/Erschließungskompetenz, weil Schülerinnen und Schüler verschiedene Gattungen unterscheiden lernen.
- Eine wesentliche Voraussetzung für historisches Lernen ist des Weiteren die Fähigkeit, historische Prozesse ordnen zu können: in ein Vorher und Nachher, in Dauer und Wandel, in Phasen des Bestehens wichtiger Kulturen (Ägypter, Griechen, Römer), in geschichtliche Epochen. Dies geschieht unterrichtspraktisch in der Regel mit einer Zeitleiste/einem Zeitstrahl.
- Lerner sollen zwar keine Historikerinnen/Historiker werden, ihnen sollte allerdings verdeutlicht werden, wie diese arbeiten – und dass sie Werkzeuge benutzen, die auch ihnen helfen können, Vergangenes zu befragen, zu analysieren und zu beurteilen.

Über diese vier Basics erfahren die Lernenden sehr viel Grundsätzliches, heißt Allgemeines, gleich zu Beginn des Geschichtsunterrichts auf den ersten Seiten ihres Geschichtsbuchs,[102] – danach nur noch anwendungsorientiert, d. h. in bestimmten fachmethodischen Kapiteln, wenn z. B. die Analyse von Karikaturen, Spielfilmen oder Geschichtskarten eingeführt wird. Man kann auch anders formulieren: Basics historischen Lernens werden nicht hinreichend wiederholt und gefestigt.

Die folgenden Beispiele zeigen, wie dieses Problem unaufwändig bearbeitet werden kann. Sie können unabhängig von konkreten Unterrichtseinheiten für Zwecke der Evaluation eingesetzt werden, zugleich aber auch themenspezifisch zugeschnitten werden.

Beispiel A: Quellen unterscheiden[103]

gegenständliche Quellen	bildliche Quellen	schriftliche Quelle	mündliche Quellen
Gegenstände, die in der Vergangenheit Verwendung fanden und bis in unsere Gegenwart erhalten blieben	bildliche Überreste aus der Vergangenheit, die man heute noch betrachten kann	schriftliche Überreste aus der Vergangenheit, die heute noch vorliegen	mündliche Überlieferungen aus der Vergangenheit, die sich bis in die Gegenwart erhalten haben

Liebesbrief

Roman

Besteck

Verwaltungsakten

Karikatur

Kleid

Erzählung des Großvaters über seine Kindheit

Schulzeugnis

Glasflasche

Portrait

Zeitungsbericht

Familienfoto

Reisebericht

Radio

Schreibmaschine

Interview mit einer Zeitzeugin

(Kühberger/Windischbauer (2012), S. 60)

Die Bilder sollen den vier Gattungen zugeordnet werden, zunächst in Einzelarbeit. Danach können Partner oder Gruppen ihre Ergebnisse vergleichen und die Zuordnungen begründen. Dieses Verfahren ist themenunabhängig. Nach einer Unterrichtseinheit angewendet, kann zudem erfragt werden, welche Quellen hier entscheidend waren.

Beispiel B: Quelle oder Darstellung?

(Kühberger/Windischbauer (2012), S. 60)

Die Aufgabenstellung für die Lernenden lautet:
„Handelt es sich bei den beiden Beispielen um eine historische Quelle oder um eine Darstellung? Ordnet die Kärtchen den beiden Gruppen zu und begründet eure Entscheidung schriftlich."

Dieses Beispiel ist angemessen für die Sekundarstufe I. Es geht um einen ersten, sehr basalen Zugang zu der Problematik. Wenn die Lehrkraft eine Übertragung in die Sekundarstufe II ermöglichen möchte, müsste mindesten eine Frage ergänzt werden: Überlegen Sie, ob nicht auch eine Darstellung unter bestimmten Umständen Quelle werden kann.

Beispiel C: Historisches Wissen ordnen

Das Beispiel bezieht sich auf eine Kompetenzüberprüfung, die nach der ersten Einführung in Grundlagen des Fachs durchgeführt werden kann.

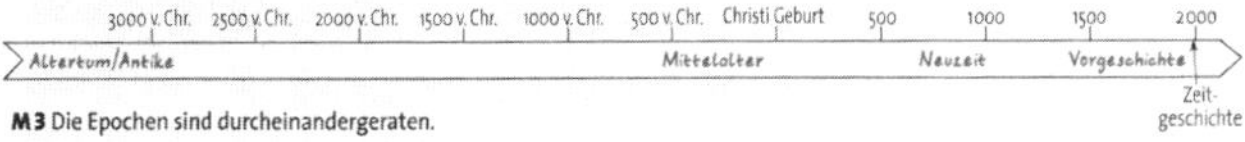

M3 Die Epochen sind durcheinandergeraten.

(Brückner, Dieter/Focke, Harald (Hrsg.) (2012): Das waren Zeiten – Ausgabe Thüringen, Bd. 1: Frühgeschichte und Antike. Bamberg, S. 25)

Die Epochen sind in diesem Fall ‚vom Zeitstrahl gefallen' und sollen korrekt eingetragen werden. Für den Anfangsunterricht ist dies eine Möglichkeit, ‚historische Zeit' und ihre epochalen Einschnitte wahrzunehmen. Eine solche Übung kann nach Abschluss weiterer Unterrichtseinheiten wiederholt werden – mit entsprechenden Modifizierungen:

- die Schüler sollen selbst wichtige Ereignisse heraussuchen, die z. B. die römische Kaiserzeit kennzeichnen (Aufgabe: Selektivität begründen).
- Sie sollen auf dem Zeitstrahl zwischen politischen und wirtschaftlichen Ereignissen differenzieren, z. B. Zeitalter des Imperialismus. (Aufgabe: Verknüpfungen/Beziehungen zwischen historischen Dimensionen erkennen und herstellen.)
- Sie sollen innerhalb abgeschlossener Zeiträume Phasen der Entwicklung abgrenzen, z. B. Kaiserreich, Weimarer Republik oder Zweiter Weltkrieg. (Aufgabe: Strukturveränderungen erkennen und die entsprechenden Entscheidungssituationen identifizieren.)

Beispiel D: Wie arbeiten Historikerinnen und Historiker?[104]

Zuweilen kann in Erinnerung gerufen werden, welche methodischen Schritte notwendig sind, um eine Erzählung über die Vergangenheit anfertigen zu können.

Wie arbeiten Historiker?
Das Domino ist hier in der richtigen Reihenfolge abgebildet. Es erzählt den Arbeitszyklus einer Historikerin in 7 Karten. Wenn die Klasse oder einige Schüler/ Schülerinnen darin besonders gut sind, kann man auch die Dominoplättchen teilen, sodass 14 Einzelkärtchen entstehen, die richtig geordnet werden müssen.

Start → Die Historikerin Sonja Berger hat Interesse am Leben der Frauen um 1900.	Sie stellt daher am Beginn ihrer Forschungsarbeit eine Forschungsfrage.

„Wie wohnten die Arbeiterfrauen um 1900 in Linz im Gegensatz zu heute?" Die Frage steht also am Anfang ihrer Forschung.	Um herauszufinden, was man schon alles zu diesem Thema weiß, geht sie in die Bibliothek.
Dort findet sie Bücher von anderen Wissenschaftlern und Wissenschaftlerinnen. So kann sie feststellen, was man schon alles weiß.	Sie sammelt alle Informationen, die sie in der Bibliothek findet.
Doch sie braucht noch mehr Informationen, ...	... weshalb sie auch noch in ein Archiv geht.
Dort findet sie historische Quellen aus der Zeit um 1900 (Zeitungen, Fotos, Briefe etc.).	Diese Quellen helfen der Historikerin, sich ein Bild von der Vergangenheit zu machen.
Sie muss jetzt die Quellen überprüfen: Wer hat sie verfasst? Warum wurden sie verfasst? Was wird über das Wohnen erzählt? ...	Nun hat sie ausreichend Material, mit dem sie ihre „Geschichte" erzählen kann.
Die Historikerin setzt nun die Informationen aus den Büchern und aus den Quellen zu einer Geschichte zusammen.	Leider konnte sie nicht alles herausfinden. Viele Fragen bleiben offen. Das sind die Fragen für weitere Forschungsarbeiten.

(Kühberger 2009, S. 47.)

Die Schülerinnen und Schüler bekommen die Aufgabe gestellt, die Dominokarten auszuschneiden und in eine korrekte Reihenfolge zu bringen. Dies sollte zunächst in Einzelarbeit geschehen. Anschließend kann das Ergebnis mit dem eines Partners, einer Partnerin verglichen und dann im Klassenplenum besprochen werden. Relativ unangestrengt, spielerisch, aber doch auf reflexiver Basis werden hier Schrittfolgen der historischen Methode rekonstruiert.

Damit sind einfache handlungsorientierte Diagnosemethoden genannt, die zudem den Lernenden Spaß machen, ihren detektivischen Spürsinn herausfordern, in der Hoffnung, dass auf Dauer solche Basics historischen Denkens verinnerlicht werden.

Punktuelle (Zwischen)reflexionen

Welche Möglichkeiten bestehen, wenn zu Beginn, während und am Ende von Lernprozessen erste schnelle diagnostische Erkenntnisse gewonnen werden sollen?

Ein Klassiker ist das ‚Blitzlicht': Während oder am Ende einer Unterrichtseinheit sollen Schülerinnen und Schüler sich knapp dazu äußern, wie ihnen Thema, Erarbeitung, Methoden etc. gefallen haben – und was sie gelernt haben. Es handelt sich um eine subjektive Einschätzung relativ spontaner Art, die reihum vorgenommen wird, und an der jede(r) Lernende beteiligt ist. Die Äußerungen sollen tatsächlich knapp und pointiert ausfallen – und dürfen weder von der Lehrperson noch von den Mitschüler(inne)n kommentiert werden. Falls weder die erste noch die zweite Bedingung eingehalten wird, muss die Lehrkraft einschreiten. Durch das ‚Blitzlicht' – in zwei bis drei Minuten durchführbar – erhält man einen guten Eindruck über die Qualität des eigenen Unterrichts.

‚Kofferpacken'[105] oder ‚Schatzkiste-Mülltonne'[106] sind zwei identische Verfahren, die am Ende einer Unterrichtseinheit zur Evaluation der Ergebnisse eingesetzt werden können. Die Lernenden können beschriftete Karteikarten in zwei Kisten/Kartons zu den positiven und negativen Aspekten des abgelaufenen Unterrichts legen oder an der Tafel bzw. der Pinnwand in zwei unterschiedlichen Farben + und - Karten anheften. In einer gemeinsamen Abschlussrunde sollte diskutiert werden, was für die künftige Arbeit beibehalten oder verstärkt bzw. modifiziert oder verworfen werden sollte.

Eine sehr sinnvolle Methode, sowohl Lernausgangslagen als auch Lernprozesse zu diagnostizieren, ist das ‚Zettelchaos'. Anders als bei ‚Brainstorming' oder ‚Grafitti' (→ 3.1) sind hier nicht die Lernenden aufgefordert, ihre Gedanken und Kenntnisse zu einem Thema zu formulieren, sondern durch die Lehrperson vorgegebenen Daten und Begriffen eine gewisse Ordnung zu geben. Konkret: Zu Beginn der Unterrichtseinheit ‚Weimarer Republik' erstellt die Lehrkraft ein Arbeitsblatt, das z. B. dreißig Daten und Begriffe zu Ereignissen, Entwicklungen und Strukturen beinhaltet. In Arbeitsgruppen sollen die Schülerinnen und Schüler nunmehr eine Struktur in das ‚Chaos' bringen. Aus den Ergebnissen der Arbeitsgruppen lässt sich gut ablesen, welche Kenntnisse vorhanden sind, aber vor allem, welche Vorstellungen zur Interpretation/Deutung der Weimarer Demokratie vorhanden sind (Analyse- und Urteilskompetenz). Am Ende der Unterrichtseinheit kann das Verfahren wiederholt und gemessen werden, inwieweit Lernziele erreicht wurden und sich Kompetenzen entwickelt haben.

3.8 Lernberichte und Lerntagebücher

Mit diesen beiden Verfahren lassen sich weniger Lernergebnisse als vielmehr Lernprozesse evaluieren. Sie sind geeignet, metakognitive Reflexionen bei Schülerinnen und Schülern in Gang zu setzen, ihren eigenen Lernprozess zu überdenken. Damit kann auf Dauer gelingen, Stärken der Lernstrategien zu verstetigen und mögliche Defizite zu kompensieren oder abzubauen.

Worin bestehen Gemeinsamkeiten und Unterschiede beider Diagnoseverfahren?

Beide Methoden fordern die Lernenden heraus, schriftlich Auskunft über die eigenen Lernprozesse zu geben. Sie sind in der Regel Teil von Portfolios (→ 3.15), können aber durchaus unabhängig davon genutzt werden. Sie zu formulieren ist sicherlich anspruchsvoller, als mündlich über Lernen zu reflektieren, anspruchsvoller auch als das Ankreuzen von Diagnosebögen oder Kompetenzrastern. Es spricht viel dafür, dass dadurch positive Lerneffekte ausgelöst werden können:

- Die persönlichen Aufzeichnungen können eine bessere Beziehung zu den Themen und Ergebnissen/Produkten des Unterrichts herstellen.
- Die Identifikation mit dem eigenen Lernen kann gesteigert und damit eine größere Motivation hergestellt werden.
- Selbstständig formulierte Fragen und Probleme können besser erfasst werden.
- Lernen wird sichtbar – und kann nachhaltiger erfolgen: durch Dialog mit der Lehrkraft und beim nochmaligen Lesen als Vorbereitung für eine neue Unterrichtseinheit oder einen Test.

Auf der anderen Seite sind beide Verfahren eine große Herausforderung für die Lernenden, weil es nicht nur um die Auflistung von Stichworten geht, sondern um das Abfassen konsistenter Texte. „Eine Schwierigkeit bei Prozessberichten liegt darin, dass sie in hohem Maße von der Schreibkompetenz ihrer Verfasser abhängig sind.“[107] Je umfangreicher, flüssiger und ausdrucksreicher geschrieben wird, desto wahrscheinlicher ist eine differenzierte Darstellung und Reflexion. Sie erleichtert eine Beratung und Rückmeldung durch die Lehrkraft. Andererseits muss ein weniger gelungener (z. B. knapper) Bericht nicht unbedingt bedeuten, dass der Lernprozess schlecht reflektiert wurde.

Lernberichte und Lerntagebücher sollten auf gar keinen Fall für die Beurteilung von Leistungen herangezogen werden. Sowohl Lehrkräfte als auch Lernende sollten Interesse an Berichten haben, die nicht unter strategischen (Noten-)Gesichtspunkten geschrieben werden. Dies gelingt nur, wenn sie lediglich Evaluationsinteressen unterliegen. Denn: Auch ein gescheiterter Lernprozess kann differenziert reflektiert werden und damit positive Rückwirkungen auf künftiges Lernverhalten haben. Eine selbstkritische Reflexion würde aber kaum erfolgen, wenn sie unter Beurteilungsgesichtspunkten erfolgen müsste.

Lerntagebücher
Lerntagebücher, das legt der Name nahe, versuchen in enger Verknüpfung mit dem gerade abgelaufenen Unterricht bzw. den eigenen Arbeitsvorhaben relativ genaue, punktuelle, kontinuierliche Gedanken zum Lerngegenstand, zu den eigenen Gefühlen und Motivationen, zu den Zielen des jeweiligen Themas und den eigenen Strategien zu Papier zu bringen. Ein Beispiel: Bei einer Gruppenarbeit, die nicht nur auf eine Stunde angelegt ist, hier die Erarbeitung der Bedeutung der Zünfte für die mittelalterliche Stadt, kann sehr eingehend protokolliert werden, wie die Gruppe ihre Arbeit organisiert, welchen Anteil man selbst daran gehabt hat, welche Materialien analysiert wurden, welche Entscheidungen für die Gestaltung gefällt wurden, ob man mit dem Prozess und Ergebnis zufrieden war. Dies ließe sich übertragen auf die Vorbereitung und Durchführung von Präsentationen und Projekten (→ 3.13; 3.14). Ein Lerntagebuch könnte einen für die jeweilige Schülerin/den jeweiligen Schüler entscheidenden Abschnitt der Arbeit fokussieren. Es macht also Sinn, wenn es um die Reflexion zeitlich begrenzter Lernprozesse geht, z. B. um solche, in denen ein hoher Anteil kooperativer oder eigenständiger Arbeit gefordert ist. Ein Beispiel für Letzteres: Im Rahmen einer Freiarbeit bekommen die Lernenden die Aufgabe, ein Jugendbuch über Ritter und Burgen zu rezensieren. Teile des Such-, Findungs-, Lese- und Schreibprozesses ließen sich gut über ein Lerntagebuch dokumentieren. Eine gesamte Unterrichtseinheit mit einem Lerntagebuch zu dokumentieren, wäre nicht nur überfordernd, sondern angesichts der Fülle von spontanen, letztlich noch kaum strukturierten Notizen wenig aufschlussreich.

Lernberichte
Für diesen Zweck eignet sich ein Lernbericht. In ihnen geben Schülerinnen und Schüler darüber Auskunft, „wie sie gelernt haben, was ihnen besonders leicht oder schwer gefallen ist, wie ihre Arbeits- und Zeitplanung ausgesehen hat, wie sie mit dem Geschichtsunterricht (Methoden, Aufgabenstellungen, Unterrichtsstil) zurechtgekommen sind.“[108] Mit ihnen können die Lernenden also ihre eigenen Motivationen, Stärken und Schwächen reflektieren, geben aber genauso Auskunft über ein gelungenes oder verbesserungsfähiges Unterrichtsarrangement seitens der Lehrkraft.

Bei beiden Varianten ist zu überlegen, inwieweit Vorgaben durch die Lehrenden zu geben sind. Es leuchtet ein, dass Lernende nicht aus dem Stand differenzierte Produkte abliefern werden. Dies will geübt sein, was zu Beginn ohne formalisierte Vorgaben keine befriedigenden Ergebnisse zeitigen wird. Auf Dauer, besonders aber in der Sekundarstufe II, sollten solche Vorgaben reduziert werden, im Idealfall unnötig sein. Erstens kann das Ausfüllen immer gleicher oder doch ähnlicher Raster zu routinemäßigem Abhaken führen, also demotivieren; zweitens enthalten offen gehaltene Lerntagebücher oder Lernberichte häufig überraschende Aspekte, kreative Elemente, die ansonsten nicht zu Tage träten.

Beispiel für einen strukturierten Lernbericht für den Anfangsunterricht Geschichte:[109]

Lernbericht:

Name:

Datum: Unterrichtseinheit:

Haben mich die Unterrichtsinhalte interessiert? – Was habe ich Neues gelernt?

Was fand ich besonders spannend, was besonders langweilig?

Hatte ich mit bestimmten Themen/Stunden Schwierigkeiten? Wie habe ich sie gelöst?

Wie bin ich mit den Unterrichtsmaterialien (Schulbuch, Arbeitsblätter, Sonstiges) zurechtgekommen?

Welche Unterrichtsformen (Einzelarbeit, Partnerarbeit, Arbeit in Gruppen, Lehrervortrag, Schülerreferat etc.) mochte ich besonders gern oder gar nicht? Bitte Gründe nennen.

Wie beurteile ich meinen Lernfortschritt (Kenntnisse, Fertigkeiten)?

Wie sah mein Zeitaufwand aus, um im Unterricht mitzuhalten und meine Aufgaben zu erledigen?

Was halte ich von meiner Mitarbeit im Unterricht? Kann oder will ich daran etwas ändern?

Bemerkungen, Anregungen und Wünsche zum Unterricht:

(Adamski (2003c), S. 32)

Man wird den Umfang gerade zu Beginn reduzieren oder von Unterrichtseinheit zu Unterrichtseinheit andere Schwerpunktsetzungen vornehmen können.

Eine andere Möglichkeit besteht darin, sich auf bestimmte Phasen des Unterrichts zu konzentrieren und diese in den Lernberichten der Schülerinnen und Schüler zu fokussieren.

Beispiel für Vorgaben zu einem Lerntagebuch zum Thema ‚Alltag in Rom' (6. Klasse einer integrierten Gesamtschule)

1. Bericht über die Arbeit in der Gruppe.
2. Meine Arbeit in der Gruppe.
3. Was wir gelernt haben.
4. Austausch zwischen den Gruppen.
5. Lehren für den weiteren Unterricht.

(Adamski/Bernhardt (2012), S. 417)

Lerntagebücher konkret

Welchen Ertrag für die Diagnose historischen Lernens können beide Varianten erbringen?

A Ausschnitte aus den Lerntagebüchern von D. (m) und J. (w) zum Thema ‚Wohnen'[110]

D. schreibt:

Kommen wir zum Wohnen. Die Reichen hatten Villen und die Armen hatten Mietskasernen. Die Mietskasernen sahen sehr modisch aus. In den Mietskasernen gab es mehrere Mietbewohner. Manche konnten ihre Miete nicht bezahlen, und sie hatten dann auch Untermieter, um ihre Miete dann bezahlen zu können. Im Keller von den Mietskasernen (gemeint sind offensichtlich die Erdgeschosse; Verf.) gibt es Läden, um zum Beispiel Nahrung zu kaufen. Die Römer hatten keine Treppen und hatten dafür Leitern. Erst später bekamen sie Treppen. Viele Mietskasernen brannten ab wegen Unvorsichtigkeiten zum Beispiel beim Kohleanzünden. Die Feuerwehr kam meistens zu spät oder es war kein Brunnen in der Nähe. Die Villa war dagegen doppelt so groß. Sie hatte eine riesige Eingangshalle. Sie war bestens bemöbelt. Sie hatte 2-3 Schlafzimmer und eine Küche, und sie hatte einen riesigen Garten. Im Garten, auf den Säulen, waren Marmorscheiben zur Erglänzung des Gartens. Neben der Küche war die Toilette.

J. schreibt:

Anschließend haben wir auch schon mit dem Wohnen angefangen. Und dass es bei den Römern neben schönen Villen auch ärmliche Mietskasernen gab, die so ungefähr aussahen wie die heutigen Wohnungen, aber viel ärmlicher ausgestattet, sie hatten weder Glasfenster noch eine Wasserleitung. Oder ganz zu schweigen von einer persönlichen Toilette. Die Räumlichkeiten in einer Mietskaserne waren sehr eng, denn es herrschte Platzenge in Rom. Zu allem Überfluss hatten die Mietshausbewohner noch Untermieter in der ohnehin schon zu kleinen Wohnung. Meist verbrannten die Mietskasernen oder fielen einfach in sich zusammen. Die Reichen hingegen hatten eine Wasserverbindung und Toiletten und eine Küche und ein sehr großes Zuhause, in dem nur eine einzige Familie hauste.

Beide fassen die Ergebnisse des Teilaspekts Alltag bezogen auf die Mietshäuser differenziert zusammen, was vermutlich damit zusammenhängt, dass sie implizit mit ihren eigenen Wohnverhältnissen verglichen werden. Sie zeigen insofern eine entwickelte Analyse-, z.T. auch Urteilskompetenz. Die soziale Dimension von Geschichtsbewusstsein ist ebenfalls nachweisbar.

J.s Bericht ist elaborierter, wenn man Sprache, Syntax und das Verhältnis von Abstraktion und Konkretisierung betrachtet. Dennoch ist D.s Bericht in der Sache ähnlich präzise und differenziert. Auch wenn er deutlich bildhafter formuliert und ihm zuweilen die genauen Begriffe fehlen (‚bemöbelt', ‚Erglänzung'), gelingt ihm mehr als eine konkrete Beschreibung.

Lernberichte konkret

B Ausschnitte aus Lernberichten zum Thema ‚Quellen und Darstellungen' Kl. 11, Kursthema: griechische und römische Antike.

M. (w.) schreibt:

Ich muss gestehen, dass mir vor dem Kurs der Unterschied zwischen Primär- und Sekundärliteratur nie besonders bewusst war. Wohl wusste ich um die Unterschiede zwischen Geschichtsschreibung eines Zeitzeugen oder Wissenschaftlers oder Historikers, der eine viel breitere Sicht über die Ereignisse hat, jedoch auch nicht so nah dabei ist, doch kannte ich weder die Begriffe noch war es das Erste, woran ich gedacht habe, als ich die Quelle las. Nach der Besprechung im Unterricht jedoch, ist es auf jeden Fall wichtiger für mich geworden, darauf gleich zu Anfang zu achten, da es ja erhebliche Auswirkungen auf die Art der Geschichtsschreibung hat. Ich finde es auch interessant auf die Art der Geschichtsschreibung zu achten und kritisch mit dem Autor umzugehen. Darauf zu achten, welche Hintergründe er hat, über ein Thema zu schreiben. Um eine eigene historische Meinung zu entwickeln ist es wichtig zu erkennen, dass es keine geschichtliche Objektivität gibt. Auch unbeabsichtigt können Texte Wertungen enthalten. Versuchen jedes Problem, jede Frage von allen Seiten zu betrachten, nach Hintergründen zu fragen und vor allem nach dem Autor zu fragen, in welcher Beziehung er zu dem Ganzen steht und eventuell auch seine Ziele. Zusammenfassend kann ich sagen, dass mir die Wichtigkeit der Quellenkritik durch den Kurs sehr bewusst geworden ist und, wenn ich jetzt Quellen bearbeite, gehe ich wesentlich kritischer damit um.

(P. Adamski)

Nun könnte man einwenden: Es wäre schön gewesen, dies an einer Quelle aus dem Unterricht zu exemplifizieren. Allerdings war dies nicht Teil der Aufgabenstellung. Unabhängig davon scheint einer der fachmethodischen Schwerpunkte der Unterrichtsarbeit die Schülerin nicht nur im allgemeinen Sinne sensibilisiert zu haben (‚Ich will mehr darauf achten'); sie kann zusätzlich Aspekte nennen, auf die ein besonderes Augenmerk gerichtet werden muss.

> **P. (m) schreibt:**
>
> Ebenso hat der Unterricht klar gemacht, wie wichtig die Betrachtung ein und desselben Sachverhaltes von verschiedenen Perspektiven ist. Zum Beispiel ist die Perspektive der Gegenwart sehr wichtig, da wir genau wissen, welche Handlungen und Überlegungen damals zu welchen Resultaten geführt haben. Wir haben heute den gesamthistorischen Überblick über die damalige Zeit und erkennen viele Zusammenhänge und lange andauernden Entwicklungen wesentlich besser als Personen damals. Ebenso wird es später auch mit der Beurteilung unserer heutigen Epoche sein. Im Gegensatz zu den Bürgern der Antike können wir das System auch mit anderen Systemen vergleichen, die zur selben Zeit an unterschiedlichen Orten rund um den Globus präsent waren. Auch von diesen anderen Staaten aus ist ein Blick z. B. auf das römische System sehr interessant. (...)
>
> Dass und warum Historiker nach dem Studieren derselben Quellen zu unterschiedlichen Ergebnissen kommen können, wurde mir durch den Unterricht der 11.1 nicht klarer, als es vorher ohnehin schon war. Vor allem half bei diesem Thema die Auswertung der Schuldfrage beim Ersten Weltkrieg. Verschiedene Gruppen in unserer damaligen Klasse kamen nach dem Auswerten derselben Quellen zu völlig verschiedenen Ergebnissen. Die Quellen geben oft nicht alles an, sie zeigen vielmehr Ausschnitte, aus denen man nie die ganze Wahrheit erfährt. Sie sind wie Schnappschüsse aus einem Film, aus denen man, wenn man genug von ihnen hat und wenn man den Zusammenhang kennt, eine Geschichte basteln kann. Dennoch wird es immer Differenzen zwischen den Geschichten geben.

(P. Adamski)

Der erste Abschnitt des Lernberichts zeigt einen bemerkenswert vielschichtigen Blick auf die Perspektivität historischer Erkenntnismöglichkeiten. Der zweite lässt auf die Nachhaltigkeit erworbener Kompetenzen hoffen: Ein Jahr zuvor hatten Gruppen Gutachten zur ‚Kriegsschuldfrage' 1914 verfasst, basierend auf identischen Quellenausschnitten und fünf divergierenden Historikerpositionen. Seinerzeit war nach den Plädoyers der Gruppen, die die jeweiligen Gutachten ergänzen und zuspitzen sollten, zwar eine mündliche Reflexion erfolgt, nicht aber eine schriftliche.

Feedbacks zu Klausuren

Die Stärkung metakognitiver Fähigkeiten ist dann besonders wichtig, wenn es um die Vorbereitung von Abschlussprüfungen geht. Dies gilt vor allem für Klausuren, die Lehrende wie Lernende drei Jahre lang begleiten und

– angesichts ihrer Häufigkeit und tendenziell ähnlichen Konstruktion – frustrieren. Der normale Prozess der Reflexion sieht folgendermaßen aus: Die Lehrkräfte formulieren – neben den Randkorrekturen – mehr oder weniger ausführliche Kommentare, die mit einer Note/Punkten schließen. U. U. werden solchen Kommentaren noch Musterlösungen beigegeben, die allerdings nicht leicht zu formulieren sind – vor allem bezogen auf Werturteile. Die erhoffte Reflexion stellt sich allerdings selten ein: Zum Zeitpunkt der Rückgabe der Klausur sind die Schülerinnen und Schüler in der Hauptsache daran interessiert, welche Punktzahl sie erhalten haben, differenzierte positive oder negative Rückmeldungen sind in dieser Situation nicht wirklich relevant – könnten aber eine Rolle spielen, wenn es um die Vorbereitung für die nächste Klausur geht.

Deshalb sind gut dosierte, nicht inflationäre Feedbacks zu Klausuren sinnvoll. Dabei reicht ein Arbeitsauftrag nicht aus, der lediglich dazu auffordert, die Klausur zu reflektieren. Gefordert sind differenziertere Vorgaben:

Beispiel 1

Reflexionsbogen Anlass: Termin:	
So hatte ich mich auf die Klausur vorbereitet:	Rückmeldung durch Fachlehrer/in:
Wie zufrieden sind Sie selbst mit der erreichten Leistung? Begründen Sie ...	
Das ist mir gut gelungen:	Rückmeldung durch Fachlehrer/in:
Folgende Aufgabenstellungen/Formulierungen habe ich nicht verstanden:	
Um meine Lernleistung zu verbessern, müsste/könnte ich ...	Rückmeldung durch Fachlehrer/in:
Um meine Lernleistung zu verbessern, müsste im Unterricht/müssten Sie als Fachlehrer/in ...	
Name, Vorname:	

(pädagogik (2013), 9, S. 42)

Der Reflexionsbogen schließt sowohl Schüleräußerungen zu den zentralen Aspekten als auch Rückmeldungen der Lehrkraft ein. Damit ist eine gute Basis geschaffen, sich auf die nächste Klausur vorbereiten zu können. Die Lehrkraft erfährt außerdem, wie sie die Schülerin/den Schüler im Unterricht gezielt fördern, ggf. auch fordern kann.

Beispiel 2: Eine fachspezifische Variante

Portfolio: Hilfestellungen für die Klausur-Reflexion

1. Quellenausschnitt (Text)

Verständlichkeit des Textes (Sprache, Begriffe); zeitliche Einordnung der Quelle bewusst, wichtig für die Arbeit mit dem Text?

2. Texterschließung (knappe Zusammenfassung)

wie vorgegangen: zuerst schnell/quer gelesen; beim ersten Lesen schon Markierungen; einmal gründlich gelesen, dann beim zweiten Mal Markierungen ohne Unterstreichungen gearbeitet; Schwierigkeiten mit Aufgabe 1? Fällt es schwer, knapp zusammenzufassen? Wenn ja, warum?

3. Aufgabe 2

Verständlichkeit der Aufgabenstellung

Erst Gliederung oder Notizen gemacht oder gleich geschrieben?

Griechenland und Rom nacheinander abgehandelt oder gleich Unterschiede herausgearbeitet?

Würde ich wieder so vorgehen oder wechseln?

4. Aufgabe 3

Verständlichkeit der Fragestellung

Schwierigkeiten mit dem Begriff der Perspektive und der Perspektivität in der Geschichte; Probleme mit der Unterscheidung zwischen historischer Sachaussage und historischem Werturteil?

5. Vorbereitung der Klausur

im Unterricht: Bezüge zu den behandelten Themen gegeben? Überrascht von der Themenstellung der Klausur im Vergleich zu den behandelten Themen?

Eigene Vorbereitung: Passte meine Vorbereitung zur Themenstellung der Klausur? Was würde ich bei meiner Vorbereitung auf eine Geschichtsklausur in Zukunft beibehalten/ändern?

(P. Adamski)

Die Hilfestellung führt durch die einzelnen Aufgaben der Klausur und geht zuletzt auf die Vorbereitung seitens des Lernenden sowie die Verknüpfung mit dem Unterricht ein. Der Reflexionsbogen ist deutlich kleinschrittiger angelegt als im Beispiel zuvor – was dem Umstand geschuldet ist, dass es um eine erste schriftliche Reflexion für den Kurs ging.

Ausschnitte aus den Reflexionen des bereits o. g. Schülers P. Die Klausur hatte als Materialgrundlage eine Bewertung der römischen res publica durch Cicero im Vergleich mit der attischen polis.

Im Unterricht der vergangenen Wochen wurde die Klausur optimal vorbereitet. (...)

Allerdings muss ich hinzufügen, dass ich eine leichtere Quelle erwartet hätte, vor allem aus den Erfahrungen der Mittelstufe hätte ich gedacht, dass keine übersetzte Quelle aus der damaligen Zeit, sondern eher eine Sekundärquelle eines neuzeitlichen Historikers Gegenstand der Klausur würde. Der Text Ciceros erschwerte aber die Klausur deutlich, da er sich für uns etwas unverständlicher ausdrückte und die Situation aus einem völlig anderen Blickwinkel aus beurteilte. Während wir in dem System der Römischen Republik vielmehr eine versteckte Adelsherrschaft durch den Senat sahen, empfand er das System als ‚sittenstrenge Haltung und Zucht'. Da der Autor und seine Lebenszeit angegeben waren, wusste ich schon, dass er die noch funktionierende Römische Republik sehr positiv und überzeugt darstellen würde und die Ungerechtigkeiten der beiden Stände nicht besonders erwähnen würde. Das war wiederum ein guter Ansatz, um in der dritten Aufgabe gegen seine Argumentation vorzugehen. Der Gedanke, dem ‚ungegliederten Volk' politische Macht zu gewähren, missfiel ihm gänzlich. So erschien beim ersten Lesen seine Kritik der griechischen Volksversammlung kaum fundiert. Zum Beispiel blieb uns als Leser verschlossen, was an einer ‚sitzenden' Volksversammlung so negativ sei. Begriffsschwierigkeiten gab es bei mir nicht, da die meisten (wie Plebiszite, Tribus, Zenturien etc.) schon im Unterricht besprochen wurden und die anderen, wie das ungegliederte Volk, leicht aus dem Kontext ersichtlich waren.

(P. Adamski)

Einmal abgesehen von dem verqueren Quellenbegriff zu Beginn, der aber in der Sache korrekt aufgelöst wird, zeigt der Schüler, dass er gelernt hat:

- zwischen Quellen und Darstellungen zu unterscheiden,
- die Klausur als Transfer bislang Gelerntem zu begreifen,
- die Perspektivität der Quelle zu beachten und zu begründen,
- darüber zu reflektieren, welche Fachbegriffe zu reorganisieren sind und inwiefern dies aufgrund der vorherigen Unterrichtsarbeit möglich ist,

- welche anderen Aussagen/Begriffe in der Quelle auf der Basis bislang Erarbeiteten zu erschließen sind.

Dass es sich in diesem Fall um einen sehr interessierten, schreibgewandten und reflektierten Schüler handelt, ist eindeutig. Das muss nicht bedeuten, dass sich aus weniger elaborierten Lernberichten nicht ähnlich bedeutsame Diagnosen ermitteln ließen.

3.9 Mündliche Mitarbeit und mündliche Prüfungen

Dass die Beteiligung am Unterricht ein wichtiges Indiz sein kann, um fachspezifische Lernvoraussetzungen sowie Lernprozesse zu diagnostizieren, ist bereits hervorgehoben worden (→ 3.3 Diagnostische Gespräche).

An dieser Stelle geht es um etwas anderes: Inwiefern kann oder soll mündliche Mitarbeit als Leistung bewertet werden? Die Frage erscheint auf den ersten Blick merkwürdig, weil sowohl in der Unterrichtspraxis als auch in den Verordnungen zur Leistungsbeurteilung ganz selbstverständlich davon ausgegangen wird. In allen Bundesländern hat sie als Teilnote einen erheblichen Anteil an der Gesamtnote für das Fach; wohl auch deshalb, weil in Nebenfächern Schülerinnen und Schüler nicht mit zu vielen schriftlichen Leistungsüberprüfungen belastet werden sollen – jedenfalls in der Sekundarstufe I. Schlicht betrachtet lässt sich diese Leistung folgendermaßen ermitteln: „Je häufiger sich eine Schülerin oder ein Schüler am Unterricht beteiligt, umso besser wird die mündliche Benotung ausfallen; wenn nicht zugleich gilt, dass vor allem die Qualität von Aussagen entscheidend ist, d. h., dass nicht nur reproduktive oder auf Merkwissen basierende Aussagen, sondern historische Kontextualisierungen erfolgen, interessante Fragen aufgeworfen oder Hypothesen formuliert werden. Nach der geltenden Regelung gilt demnach aber auch: Beteiligt sich ein Lerner nicht oder kaum am Unterricht, muss die Teilnote mangelhaft sein – selbst wenn er oder sie glänzende schriftliche Leistungen erbringt, was vorkommen soll.[111] Bei genauerem Hinsehen entpuppt sich ein solcher Umgang mit mündlichen Beiträgen im Unterricht als größtes Hindernis für erfolgreiche Lernprozesse, als Daueranlass für Unzufriedenheit auf Schülerseite wegen ungerechter Benotung (außer bei den sehr guten und guten), als permanent schlechtes Gewissen bei vielen Lehrkräften und – im Kern – als zentrales Disziplinierungsmittel gegenüber Lernenden.

Bekanntlich gibt es in allen Klassen, wenn auch in unterschiedlicher Verteilung, redegewandte und -freudige Lernende, aber auch stillere oder schüchterne. Häufig auch solche, die länger nachdenken müssen, bevor sie sich äußern. Schließlich jene, die sich nicht nur deshalb nicht beteiligen, weil sie kein Interesse am Fach haben, sondern Sanktionen/ Blamage fürchten, wenn sie etwas Falsches oder Unausgegorenes sagen. Ein positives Lernklima kann dadurch nicht erzeugt werden; denn die formative Prüfung von Schülerleistungen, um nichts anderes handelt es sich, erfolgt in einem Prozess des Lernens, d. h. *Lernsituationen* werden mit Situationen der *Leistungsermittlung* vermischt, wenn nicht diesen untergeordnet. Die Problematik lässt sich veranschaulichen, wenn man sie mit Phasen offenen Unterrichts vergleicht, sei es Gruppenarbeit oder Lernen an Stationen. Der Sprechanteil der Schülerinnen und Schüler ist nicht nur im Regelfall insgesamt größer, sondern auch derjenigen, die sich im fragend-entwickelnden Unterricht selten oder gar nicht beteiligen.

Mündliche Noten in der Kritik

Als der ‚Lehrerfreund', eine Online-Plattform, 2004 einen sehr differenzierten Kriterienkatalog (unklarer Herkunft) für die Beurteilung von mündlichen Leistungen ins Netz stellte, entwickelte sich eine äußerst breite Forumsdiskussion.[112] Einige Beiträge aus Schülersicht:

- Es war mir schon immer ein Rätsel, nach welchen Kriterien Lehrkräfte mündliche Noten verteilen und, nachdem uns eben dieser Bewertungsbogen ausgeteilt wurde, erschien mir die Bewertung der mündlichen Leistung, wie es auf deutschen Schulen der Fall ist, nur noch absurder! Selbst wenn ein Lehrer wirklich ein guter Mensch ist und es nicht sein Ziel ist, dem einen aus Sympathiegründen die Gesamtnote zu verderben und dem anderen eben diese willkürlich zu verbessern, so sind auch Lehrer (...) nur Menschen! Menschen, die eben nicht in der Lage sind, an die 90 Schüler täglich objektiv aus dem Handgelenk heraus zu bewerten? (...) Seit wann darf in Deutschland irgendetwas einfach ohne Beweise beschlossen werden? Noch dazu, wenn es über die berufliche Laufbahn und das spätere Leben des Schülers entscheidet? (...)
- Eine schöne Tabelle zur Notenvergabe ... Was soll ich sagen – meine Erfahrungen zeigen deutlich: Quantität geht vor Qualität. Ich persönlich kämpfe jeden Tag gegen den Gedanken an, auf mein Abi im kommenden Jahr zu verzichten. (...) Schriftlich glatte 15 Punkte; Gesamtnote 10 Punkte ... und das ist nur eins von vielen Beispielen. Das kanns nicht sein, denn von Arbeitsverweigerung und Ähnlichem bin ich persönlich weit entfernt. So ‚züchtet' man sich mutlose, resignierte Schüler heran.
- Meine eigene mündliche Mitarbeit ist ein Paradebeispiel dafür (Willkür, d. Verf.). Vor vier Jahren fing es an: Ich sage selten etwas, ich bin eben zurückhaltend, aber wenn ich gefragt werde, kann ich

auch gut antworten. Die mündliche Note: 4. Nach zwei Jahren Lehrerwechsel und neues Glück: Verhalten dasselbe, Lehrer ein anderer. Ergebnis: 5. Und plötzlich stand die 4 im Zeugnis und war nicht wegzubekommen, trotz einer 2- im schriftlichen Bereich! (Mündlich zählt 60 %) Dieses Jahr habe ich eine 3 bekommen mit denselben Leistungen wie sonst. Ich verstehe es einfach nicht.

Es ist unerheblich, inwieweit solche Aussagen verifizierbar sind, denn entscheidend sind die subjektiven Erfahrungen von Willkür, fehlender Transparenz und Ohnmacht. Anders als bei der Besprechung der mündlichen Noten im Klassenverband oder mit Einzelnen – was Pflicht ist – können hier Lernende offen und ohne Furcht vor Sanktionierung ihre Erfahrungen mitteilen.

Die Schülerinnen und Schüler monieren ein Gerechtigkeits- und Objektivitätsdefizit, was mehr als nachvollziehbar ist, denn keines der Gütekriterien für die Beurteilung von Leistungen ist erfüllt, die bekannten Beobachtungsfehler häufen sich. Bei keinem anderen schulischen Verfahren der Leistungsbeurteilung ist weniger Transparenz gegeben, selbst wenn Lehrkräfte den Lernenden mehr oder weniger differenzierte Kriterienkataloge aushändigen. Belegbar im Sinne von nachprüfbar sind Lehrereinschätzungen nicht.

Es ist weitgehend unmöglich, seitens der Lehrkräfte mündliche Mitarbeit überhaupt verlässlich zu dokumentieren. Sie können sich nach jeder Stunde im Prinzip Notizen machen, realistisch ist das nicht. Und wenn dies nach dem Arbeitstag oder nach einer Woche geschieht, verschwimmen die Erinnerungen. Anders formuliert: Es verfestigen sich im Prinzip diejenigen Einschätzungen, die man ohnehin von den einzelnen Schülern gewonnen hat, ggf. mit positiven oder negativen ‚Ausreißern'. Solche und andere Dilemmata spiegeln auch die Äußerungen von Lehrkräften und Eltern in dem o.g. Forum:[113]

- Aber die mündliche Mitarbeit muss doch in irgendeiner Weise honoriert werden, sonst ist es kaum möglich, die Schüler zur Mitarbeit zu motivieren. Das eigentliche Problem liegt vermutlich eher darin, dass viele Lehrer aufgrund eines primär frontal ausgerichteten Unterrichts keine Grundlage für eine mündliche Bewertung haben, und die Beurteilung einfach eine Verlängerung der schriftlichen Note ist, oder die Möglichkeit, nach eigenem Gutdünken (bzw. nach Sympathien) Schüler auf die nächstbessere Note zu hieven bzw. nach unten zu ‚korrigieren'.
- Es ist immer noch die ‚mündliche Leistungsbewertung', ihre zweifelhafte Erfassbarkeit und unangemessener Anteil an der Gesamtbewertung. Wo im nachschulischen Leben, ob nun im Beruf oder

akademischer Ausbildung findet sich im Bewertungs/Prüfungsverfahren ein derart offensichtlich diffuser Bewertungsunsinn?

- Ich versuche mir damit zu helfen, dass ich einfach für ein oder zwei Stunden zwei oder drei Schüler ‚unter Beobachtung' stelle und dann sehr häufig diese Kandidaten aufrufe. Nach jeder Stunde überlege ich mir eine Teilnote, falls ich über mehrere Stunden bewertet habe, ist eben der Schnitt dann der Unterrichtsbeitrag. Versaut mir natürlich meinen Unterricht, weil ich dann in den betreffenden Stunden zu sehr auf die paar Schüler fixiert bin. (...)
- Für Unterrichtsbeiträge gibt es ja kein Korrekturschema wie bei schriftlichen Tests, ob der Unterrichtsbeitrag also gut, sehr gut, mangelhaft etc. war, wird in der Regel von der Lehrkraft ‚geschätzt'. Dass bei manchen Lehrern vergessene Hausaufgaben den Beitrag eines ‚vergesslichen' Schülers schlechter erscheinen lassen, als er eigentlich ist, ist durchaus möglich. (...)
- Der ‚Trend' mit den permanenten Kriterienkatalogen in allen Bereichen zur Leistungsbemessung und -dokumentation ist meines Erachtens grundverkehrt. Schade, dass das Vertrauen nicht gegeben ist, schlimmer, dass die Schüler permanent auf dem Prüfstein stehen und kaum frei atmen können. Diesem Papierdruck können nicht alle standhalten.

Diese Stellungnahmen zeugen von Unsicherheiten, nicht befriedigenden Lösungsvorschlägen und Einsichten, dass Lernen/Unterricht und formative Leistungsbeurteilungen nicht zusammenpassen. In der vorletzten Aussage deutet sich ein weiteres Problem an – die Diffusität dessen, was als Bestandteile mündlicher Mitarbeit gilt, ganz zu schweigen davon, zu welchen Anteilen sie in die Teilnote eingehen. Mündliche Leistungen scheinen als Sammelbecken für alle denkbaren Zensierungsobjekte zu fungieren: Frequenz der Meldungen, Miniprüfungen im Unterricht, z. B. nach einem Referat; Leistungen in schriftlichen Lernkontrollen, Qualität der Hausaufgaben; Vollständigkeit der Arbeitsmaterialien; Heftführung.[114] Um ein weiteres Problem zu nennen: Wie sieht mündliche Mitarbeit in Phasen offenen Unterrichts aus, wie kann sie beobachtet und bewertet werden? Zu denken sind an: Schülergespräche bei der Gruppenarbeit oder an Lernstationen; bei der Projektarbeit oder in Vorbereitung von Präsentationen. In allen diesen Fällen verbietet sich ein zu enges Beobachten – geschweige denn das Anfertigen von Notizen –, weil dadurch die Schüler-Schüler-Interaktionen gestört werden bzw. sich unter dem Aspekt der Benotung vollziehen.[115] „So erlebte ich es zum Beispiel bei einer Gruppe, die ich gerade nicht gezielt beobachtete, dass ‚plötzlich' eine gute Idee im Raum stand und ich nach meiner Meinung gefragt wurde. Als ich wissen wollte, von wem die Idee kam, waren alle Jungen etwas überrascht und leicht verunsichert. Eine Befragung der Gruppe ist aber auch problematisch, weil sie den Arbeitsprozess unterbricht und eine künstliche Atmosphäre schafft. Sowohl die Schülerinnen und Schüler als auch der Lehrer könnten gehemmt sein, da jeder weiß, dass es um eine Note geht. Viele kreative Prozesse, die in einer Gruppe ablaufen, bekommt man andererseits so schnell aber nicht mit."[116]

Letztlich kommt man nicht um die Feststellung herum, dass formative Leistungsbeurteilung wenig mit der Diagnose historischen Lernens zu tun hat, sondern als Disziplinierungsmittel für einen geordneten Unterrichtsablauf fungiert. „Die Etablierung der Noten im Kern des Unterrichtsgeschehens als zentrales Mittel der Sanktionierung und Motivierung funktioniert fast unhinterfragt und erscheint doch ausgesprochen prekär. Die Realität der Noten als solche ist so etabliert und selbstverständlich, dass Schüler die Frage nach der Bedeutung von Noten kaum beantworten können."[117] Dieses Fazit einer qualitativen Studie, in der zwei Schulklassen über einen längeren Zeitraum beobachtet wurden, wird durch vielfältige Befunde erhärtet:

- Noten sind Formen beständiger Kontrolle und Anreize.
- Leistungsbewertung ist zentraler Bestandteil des Unterrichtsalltags.
- Die gesamte Unterrichtskommunikation ist durchzogen von Akten impliziter Leistungsbewertung.

Ausweg Unterrichtsnote

Sollen also in der mündlichen Mitarbeit gute Schülerinnen und Schüler ihre Beiträge nicht als Leistung honoriert bekommen, mit der bedrohlichen Folge, dass guter Geschichtsunterricht gar nicht mehr stattfindet, weil interessierte Mitarbeit nicht lohnt und Nichtstun nicht sanktioniert wird? Die Frage lässt sich nur auf dem Hintergrund beantworten, aus welchen Teilen sich eine Gesamtnote für das Fach Geschichte als *Unterrichtsnote* zusammensetzen kann.

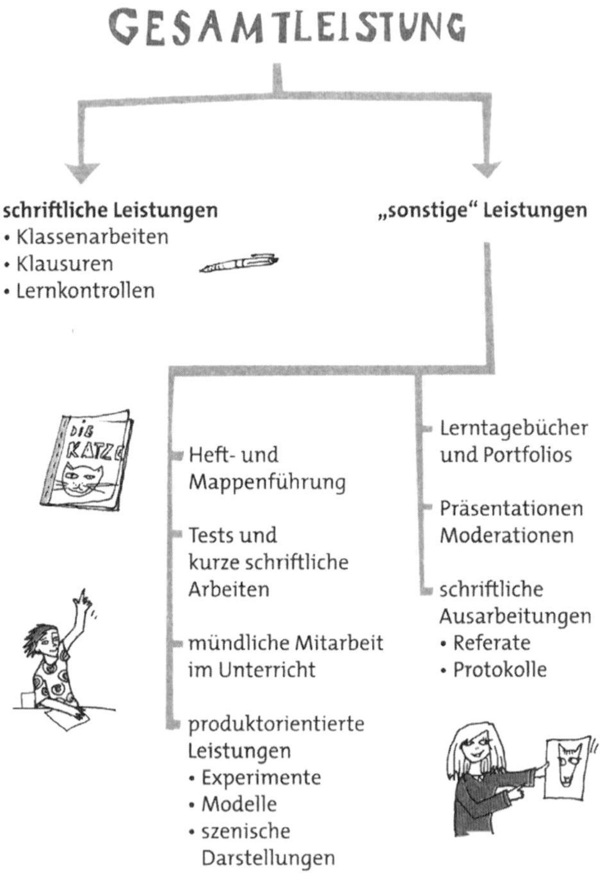

(Paradies, Liane u. a. (2009): 99 Tipps: Schüler gerecht bewerten, Berlin, S. 22)

In dieser Abbildung ist versucht worden, mögliche Beiträge zu einer Gesamtnote aufzulisten, wie sie in den kultusministeriellen Verordnungen der einzelnen Bundesländer formuliert sind. Das bedeutet nicht, dass alle diese Möglichkeiten für das Fach Geschichte in einem Halbjahr oder ganzen Schuljahr relevant sein müssen. Die Lehrkraft kann der Klasse aber zum Schuljahresbeginn eine Übersicht geben, welche Leistungen beurteilt werden können. Die Lernenden hätten dann die Möglichkeit, eine bestimmte Anzahl auszuwählen, d. h. am Ende des Beurteilungszeitraums zu bestimmen, was in ihre Unterrichtsnote eingeht.

Wenn sich Leistungsermittlung an den Stärken der Lernenden orientiert, kann eben auch der mündlich engagierte Schüler seine Leistung honoriert bekommen.

Mündliche Prüfungen

Eine größere Bedeutung sollten *summative* mündliche Leistungsfeststellungen bekommen, wie etwa die Präsentation nach einer längeren Gruppenarbeitsphase, das Kolloquium nach einer Projektpräsentation oder das Referat von Einzelnen oder Gruppen. In all diesen Fällen können zuvor im Unterricht in Übungsphasen Kriterien für die Bewertung entwickelt, modifiziert und gemeinsam validiert werden. Die Beurteilung solcher mündlichen Leistungen ist insofern erheblich transparenter als eine ständige formative Leistungsbewertung.

Ein anderer Fall sind punktuelle mündliche Prüfungen, im Alltag des Geschichtsunterrichts kaum praktiziert, aber Bestandteil der Abschlussprüfungen in der Sekundarstufe I und II. Folglich sollten sie mit Lernenden eingeübt werden, will man sie nicht in einer Abschlussprüfung mit völlig Neuem konfrontieren und damit zusätzlichem Stress aussetzen. Die Einwände gegen mündliche Prüfungen sind erheblich: Das Prüfungsritual ist stark angstbesetzt; Prüfer und Prüfling nehmen eine asymmetrische Position ein; dieselbe Prüfung wird von verschiedenen Prüfern unterschiedlich beurteilt. „Zusammenfassend ist festzuhalten, dass die mündliche Prüfung ein wenig taugliches Instrument zur Kontrolle des Lernerfolgs ist. Ohne intensive Vorbereitung und Schulung der Beurteiler ist die mündliche Prüfung zu wenig objektiv, zuverlässig und gültig."[118] Das ändert nichts an der Tatsache, dass nicht absehbar ist, dass sie jemals aus schulischen wie universitären Prüfungsbestimmungen verschwinden wird – und jegliche Form von schulischen Prüfungen asymmetrisch angelegt ist.

Es besteht aber die Möglichkeit, im Geschichtsunterricht einige dieser Defizite abzumildern. Zunächst gilt, dass hier nicht von Prüfungen aller Klassenmitglieder ausgegangen wird, sondern dass Lernende eine mündliche Kontrolle ihrer Leistungen als Teiloption für eine Unterrichtsnote im Fach wählen können. Zudem bezieht sich die Prüfung auf einen überschaubaren Teil einer Unterrichtseinheit und sollte auch materialgebunden erfolgen. Schließlich geht es nicht um die Abfrage von Wissensbeständen/Faktenwissen, sondern um die Überprüfung von Kompetenzen.

Damit eröffnen sich neue Chancen für einen kompetenzorientierten Umgang mit mündlichen Leistungsnachweisen. Lernende können beispielsweise

- ihre Analysekompetenz bezogen auf Text- oder Bildquellen nachweisen, indem sie ergänzend zu den im Unterricht behandelten ähnliche Quellen im Sinne eines Transfers bearbeiten sollen.
- ihre Urteilskompetenz dadurch überprüfen, dass sie z. B. zu einer Fotogalerie, die Stationen der Ausgrenzung von Jüdinnen und Juden zeigt, Zusammenhänge und Entwicklungsprozesse darstellen, oder aus einer Chronologie der Julikrise 1914 eine Narration entwickeln.
- ihre Orientierungskompetenz nachweisen, indem sie z. B. zwei kontroverse Historikerpositionen zur ‚Stalin-Note' analysieren und beurteilen.

3.10 Tests

Schriftliche Leistungen in Form von Tests zu messen und zu beurteilen, dürfte der Normalfall in der Sekundarstufe I sein. Im Unterschied zu anderen Varianten (→ 3.11 Klausur,→ 3.12 Facharbeiten) sind sie verhältnismäßig leicht zu korrigieren, wenngleich nicht immer einfach zu konzipieren, da die Aufgaben gewichtet (meistens durch Angabe der zu erreichenden Punktzahl) und mit Erwartungshorizonten (Stichworte zu Lösungen) versehen werden müssen.

Die Kritik an solchen schriftlichen Tests, sie könnten nur ein sehr schmales Spektrum von Kompetenzen abdecken und innerhalb dessen zumeist nur Faktenwissen (träges Wissen) abfragen, das zwei Tage später wieder vergessen ist, ist generell berechtigt, hängt aber entscheidend von den Aufgabenformen ab.

Aufgabenformen

Man unterscheidet zwischen:

A *geschlossenen Aufgaben,* **wobei es sich in der Regel um Multiple-Choice-Aufgaben in diversen Varianten handelt.**

Beispiel 1

Als Führer der Mehrheitsfraktion im Reichstag wurde Hitler am 30.1.1933 vom Reichspräsidenten mit der Regierung beauftragt.

( ) richtig

( ) falsch

Beispiel 2

> „Ich werde die Führung meines Staates, die Verwaltung der Finanzen und die Leitung der Außenpolitik selbst (allein) in die Hand nehmen."
>
> Wer hat das gesagt?
>
> ( ) Kardinal Mazarin
>
> ( ) König Friedrich II.
>
> ( ) König Ludwig XIV.
>
> ( ) Finanzminister Colbert
>
> ( ) Kaiser Leopold[119]

Die Lernenden müssen sich für eine Antwort entscheiden, indem sie das auswendig Gelernte abrufen – oder raten. Eine leichte Variation zeigt

Beispiel 3

> Die römische Republik beschränkte die Macht der Magistrate. Welche Mittel benutzte sie dazu? (drei richtige Antworten)
>
> ( ) jederzeitige Absetzbarkeit
>
> ( ) nur einjährige Amtszeit
>
> ( ) Einspruchsrecht der Volkstribunen
>
> ( ) vorausgehende Beratung aller Maßnahmen in Senat oder Volksversammlung
>
> ( ) begrenzte Zuständigkeit der Magistrate
>
> ( ) Recht der Amtskollegen zum Dazwischentreten bei jeder Maßnahme[120]

Im Vergleich mit den beiden ersten Beispielen wird hier den Schülerinnen und Schülern eine erheblich differenziertere Denkaufgabe abverlangt, denn alle sechs Auswahlmöglichkeiten sind eng auf die Arbeit der Magistrate fokussiert.

Neben der Problematik des Erratens von Lösungen muss die Konstruktion solcher Testaufgaben zudem berücksichtigen, dass die Auswahlmöglichkeiten (Distraktoren) relativ plausibel sein müssen, denn ansonsten fielen einige schon von vornherein als unwahrscheinlich aus.

Beispiel 4

Die Partei der Gracchen versuchte 133 bis 121 v. Chr. eine große Landreform in Rom. Wodurch sind wir über diese Vorgänge wenigstens ungefähr unterrichtet?

( ) Luftaufnahmen italienischer Landschaften zeigen noch heute die neue Feldeinteilung.

( ) Der Text der Reformgesetze ist durch Inschriften erhalten.

( ) Mehrere Schriftsteller des Altertums überliefern das Geschehen.

( ) Moderne Professoren haben umfangreiche Untersuchungen angestellt.

( ) Die italienischen Bauern erzählen noch immer von den Reformversuchen der Gracchen.[121]

Der erste und letzte Distraktor scheiden im Prinzip von vornherein als Wahlmöglichkeit aus.

Einen schriftlichen Test ausschließlich in Muliple-Choice-Fragen zu gestalten, bringt für historisches Lernen gar nichts, wie folgendes Beispiel zeigt.

Beispiel 5

1. Wer rief zum ersten Kreuzzug auf?
( ) Richard Löwenherz
( ) Kaiser Friedrich Barbarossa
( ) Papst Urban
( ) die französischen Ritter

2. Wer wurde im Mittelalter Römischer Kaiser?
( ) der Papst in Rom
( ) der französische König
( ) der König von Rom
( ) der deutsche König

3. Die eigentliche Königsfamilie der Franken heißt
( ) Wikinger
( ) Merowinger
( ) Karolinger
( ) Hohenstaufen

Usw.

Zusammengefasst ist gegen diese Form der schriftlichen Leistungsüberprüfung einzuwenden, dass nur ansatzweise mehr als Fakten überprüfbar sind. Dies gerade in einem Fach, das Fakten als Ausgangspunkt zur Erklärung von Entwicklungen und Strukturen benötigt, nicht um ihrer selbst willen. Hinzu kommt, dass es gerade Aufgabe der Initiierung historischen Lernens ist, Schülerinnen und Schülern zu verdeutlichen, dass es im Fach Geschichte selten monokausale Lösungen, richtig oder falsch sowie eindeutige Folgen von Handlungen gibt. Nebenbei: Kreative und selbstständige Leistungen von Lernenden können so gar nicht in die Beurteilung einbezogen werden.

B *halboffenen Aufgaben,* deren bekannteste Variante Lückentexte sind. Auch hier gilt der Vorbehalt der fehlenden Einbeziehung von kreativen Lösungen. Allerdings können hier z.T. anspruchsvollere Operationen historischen Denkens überprüft werden.

Beispiel: Weimarer Republik

1. Korrigiere folgenden Text

Die besondere Macht des Reichskanzlers der Weimarer Republik bestand u.a. darin, dass er gemeinsam mit dem Reichspräsidenten den militärischen Oberbefehl hatte. In Krisenzeiten konnte er durch Notverordnungen nach Art. 25 der Verfassung auch ohne parlamentarische Mehrheiten Gesetzesvorhaben erlassen und mit Art. 48 den Reichstag auflösen.

2. Parteien und ihr politischer Standort. Verbinde mit Strichen, was zusammengehört.

DDP	Partei des katholischen Milieus
Zentrum	rechtsliberale Wirtschaftspartei
SPD	wollte die Monarchie erneuern
DNVP	linksliberale Partei
DVP	im Durchschnitt wählerstärkste Partei

3. Lückentext: Trage die richtigen Begriffe ein!

Die Große Koalition scheiterte 1930, weil sich die Parteien nicht über _______ einigen konnten. Die folgenden Regierungen verfügten über keine _______ mehr. Deshalb wurden sie auch _______ genannt. Sie regierten mit sog. _______

(P. Adamski)

Im Zentrum steht zwar eine Abfrage von Wissen, besonders in den beiden ersten Aufgaben ist auch ein Verständnis (der Verfassung, des Parteienspektrums) notwendig als wichtiger Bestandteil von Analyse- und Urteilskompetenz.

Es gibt eine Reihe von Gestaltungsmöglichkeiten für solche halboffenen Aufgaben:

- Rätselaufgaben, bei denen es zum einen um zentrale Fachbegriffe einer Unterrichtseinheit, zum anderen um das Erfassen zentraler Strukturen (Absolutismus, Imperialismus, Kalter Krieg) gehen kann, als Bestandteile von Analysekompetenz.
- Korrekturen von ‚gefälschten' Schemata, z. B. solcher zu Verfassungen (Kaiserreich, Weimar, Grundgesetz) oder Verläufen (Weltwirtschaftskrise, Marshallplan). Das setzt Kontext- und Strukturwissen voraus – Indikatoren für Analyse- bzw. Urteilskompetenz. Natürlich kann grundsätzlich nicht ausgeschlossen werden, dass Lerner solche Strukturbilder schlicht auswendig lernen.
- Umformungsaufgaben: Texte in ein Strukturbild (Drei-Klassenwahlrecht; Krisenjahr 1923), Statistiken in ein Diagramm (Wahlergebnisse in der Weimarer Republik), eine Geschichtskarte in Worte fassen (Vertreibungen nach 1945).

Prüfungen mit geschlossenen und halb offenen Aufgaben können von der Klasse zügig bearbeitet werden und sind relativ schnell und leicht zu korrigieren. Man kann relativ viele Aufgaben stellen, was die Reliabilität der Prüfung begünstigt. Außerdem sollte nicht unbeachtet bleiben, dass Aufgaben in dieser Form weniger hohe sprachliche Hürden aufbauen als materialgebundene schriftliche Tests, was die Validität der Prüfung erhöht.

C ***offene Aufgaben,* d. h. solche, bei denen Schüler nicht auf eine von der Lehrkraft schon vorher festgelegte Weise antworten müssen. Die Varianten reichen von Freiantwortaufgaben bis hin zu Essayformen.**[122]

Binnendifferenzierte Aufgaben

Solche Aufgaben scheinen nur auf den ersten Blick leicht zu formulieren zu sein, denn sie sollten Erwartungshorizonte für die Antworten enthalten, und zwar bezogen auf differenzierte (Beurteilungs-)Niveaus. Nur mit ihnen sind im Kern Urteils- und Orientierungskompetenz zu überprüfen.

Ein Beispiel für die Überprüfung von Urteilskompetenz am Ende eines Unterrichts über die ‚Reformen der Gracchen' in einer 6. Klasse.

Die binnendifferenzierte Aufgabenstellung lautete:

- Stelle dar, welche Folgen sich aus Roms Expansion für die bäuerlichen Familien ergaben.
- Berichte, was Tiberius Gracchus in seiner Rede über die Lage der Soldaten und ihrer Familien sagt.
- Nenne die Bestimmungen des Ackergesetzes, das Tiberius Gracchus vorschlägt.
- Erkläre, auf welche Weise Tiberius versucht, die Römer von seinem Reformvorschlag zu überzeugen.
- Nenne die Ursachen der Situation, die Tiberius in seiner Rede beschreibt. Stelle ausführlich dar, auf welche Weise Tiberius Gracchus versucht, die Lage zu verändern.

Stufe	*Operationen*	*Schüleräußerungen als Indikatoren*
5. Reflektierte multikausal begründende Synthese	Multikausal begründende Synthese und Fähigkeit zur Reflexion der Betrachtungsebenen, Kategorien, Kriterien der Urteilsbildung	Keine Schüleräußerung bei den 12-Jährigen gefunden.
4. Multikausal begründende Synthese	Sachlich angemessene, triftige begründende, in sich stimmige Verknüpfungen von historischen Sachverhalten auf der Basis von lang-, mittel- und kurzfristigen Ursachen, Anlässen, lang-, mittel- und kurzfristigen Folgen unter Berücksichtigung des historischen Bezugsrahmens.	„Da die Römer keine Armee hatten, um das Land zu vergrößern, müssen die Bauern in den Krieg ziehen. Als die Bauern im Krieg waren, konnten die Frauen und Kinder den Hof nicht bewirtschaften. Als die Bauern aus dem Krieg zurückkamen, waren ihre Höfe unbewirtschaftet, deswegen konnten sie keine Lebensmittel verkaufen und gerieten in hohe Schulden. Um die Schulden zu begleichen, mussten sie ihre Höfe verkaufen. Dann konnten sie sich auch keine Waffen kaufen. Tiberius Gracchus will den Reichen, die mehr als 250 ha Staatsland besitzen, etwas Land wegnehmen und es den armen Bauern geben, damit die es bewirtschaften können. Das Geld, das sie erwirtschaften, können sie für Waffen ausgeben." Hier wird ergänzend zu 3. der militärische Aspekt ebenfalls aufgegriffen.

3. Begründende Synthese	Sachlich angemessene, triftige begründende Verknüpfungen von historischen Sachverhalten auf der Basis von Anlass und unmittelbaren Folgen unter Berücksichtigung des historischen Bezugsrahmens.	„Die Bauern müssen für meist mehrere Jahre in den Krieg ziehen. In der Zeit können Frauen und Kinder der Bauern den Hof nicht richtig bewirtschaften. Dadurch müssen sie das Gemüse und Getreide, welches sie vorher noch angebaut haben, jetzt kaufen. Sie verschulden sich immer höher. Um die Schulden zu bezahlen, müssen sie den Hof verkaufen. So verlieren sie Arbeit und Haus. Tiberius versucht, den Bauern ihr Land zurückzuholen, indem er ein Gesetz verabschieden will. In dem Gesetz geht es darum, dass jedem Römer 7 Hektar Land zustehen, wer jedoch mehr als 250 ha Staatsland besitzt, muss diesen Teil abgeben. Das Land bekommen die Bauern. Auf diese Weise will Tiberius den Bauern helfen."
2. Ansatzweise Synthese	Begründende Verknüpfungen von historischen Sachverhalten auf psychologisierender gegenwartsbezogener Basis.	- Weil sie sehr eigen sind und geizig, wollen sie nichts abgeben. Sie sagen: „ Wir geben den armen Bauern nichts ab, uns soll es gut gehen, die können für sich sorgen. Wieso sollten wir ihnen was geben?!" - „Denn die armen Bauern haben nichts. Weil sie nichts haben und die Senatorenfamilien alles, das bringt die Senatoren zum Nachdenken."
1. Fehlende Urteilsbildung	Historische Fakten werden additiv aneinandergereiht, ohne eine logische Verknüpfung herzustellen; zuweilen auch falsche, unsinnige Verknüpfungen.	- „Die Bauern sind in den Krieg gezogen, dann kamen die Reichen und nahmen den Bauern das Land weg. Als die Bauern aus dem Krieg kamen, war ihr Land weg. Tiberius Gracchus stellt die Menschen in seiner Rede als Tiere dar." - „Die Latifundienbesitzer geben Geld den Bauern, damit sie Waffen, Essen bekommen."

(Werner (2011a), S. 29)

Mithilfe des Stufungsmodells (→ 2.2.2 Geschichte lernen) lassen sich die unterschiedlichen Niveaus der Schüleräußerungen ablesen, was zugleich die Möglichkeit eröffnet, für einzelne Lerner und die gesamte Lerngruppe den Stand der Kompetenzentwicklung in einem zentralen Bereich festzustellen.

Durch solche Aufgabenformate lassen sich anspruchsvollere Lernziele und umfassendere Kompetenzentwicklungen überprüfen: Sie können an Quellenanalyse und -interpretation gebunden sein (Analysekompetenz), das Verständnis von Anlässen, Ursachen und Auswirkungen thematisieren (Urteilskompetenz), das Denken in Kausalzusammenhängen profilieren (Urteilskompetenz) oder eigenständige Sinnbildungsprozesse anstoßen (Orientierungskompetenz).

Dies kann methodisch auf vielfältige Art geschehen und muss nicht unbedingt in ein enges Fragenschema gepresst werden.

Zwei Beispiele:

1. Eine vorhandene Erzählung aus einer anderen Perspektive erzählen, z. B. die der Reformation aus Sicht des Papstes; die der Bauernbefreiung in Preußen aus der Perspektive eines abhängigen Bauern oder der Inflation 1923 aus der Sicht eines Fabrikarbeiters. Einige der w. o. genannten Beispiele (→ 3.6 Schreib- und Erzählanlässe) sind geeignet für solche Leistungsüberprüfungen.
2. Eine ‚Lügengeschichte' vorlegen und sie korrekt umschreiben lassen. Die Lerner erhalten beispielsweise einen Text zum Verlauf, den Auswirkungen und der Bedeutung des Investiturstreits. Dieser enthält nicht nur sachliche Fehler, sondern verfälscht obendrein Zusammenhänge und beinhaltet problematische Interpretationen.

Kurzessays

Kurzessays gehen noch einen Schritt weiter, indem sie Schüler zu eigenen Narrationen anregen, womit überprüft werden kann, wie logische Verknüpfungen hergestellt werden, Sachurteile entwickelt und eigene Stellungnahmen begründet werden. Dies kann relativ angeleitet erfolgen oder in sehr freier Form.

Beispiel 1: angeleitete Form

> **Plutarch berichtet über Caesars Gallischen Krieg:**
>
> „Denn in nicht ganz zehn Jahren, während welcher er den Krieg in Gallien führte, hat er 800 Städte im Sturm erobert, dreihundert Völkerschaften unterjocht, nach und nach mit drei Millionen Menschen gekämpft und von diesen eine Million im Kampf getötet und ebenso viele zu Gefangenen gemacht."

a) Beschreibe die Folgen dieses Krieges für die gallische Bevölkerung!

b) Pompeius berichtet, er habe Rom 12 Millionen Menschen unterworfen. Wer hat für das Reich eine größere Bevölkerung hinzugewonnen? Begründe deine Meinung![123]

Während die erste Aufgabe durch den Perspektivenwechsel primär die Urteilskompetenz überprüft, geht es in der zweiten Aufgabe darum nachzuweisen, wie begründet die Lernenden ein Werturteil formulieren können.

Beispiel 2: offene Form

Historiker haben für die Ereignisse des Jahres 1989 in der DDR folgende Begriffe geprägt: Wende – friedliche Revolution – Zusammenbruch.

Erläutere die drei Begriffe. Welcher von ihnen kennzeichnet die historische Situation am treffendsten? Begründe deine Position.

Die Beurteilung der Leistung kann immer noch zwischen richtig und falsch unterscheiden: ‚Wende' ist eine Bezeichnung, die Erneuerung der DDR unter SED-Führung meinte und die grundlegende Umgestaltung verharmlost; daneben geraten Beurteilungsaspekte in das Zentrum, die sowohl empirische wie normative Triftigkeiten stärker in den Blick nehmen. Einzugestehen ist, dass der sprachliche Duktus der Erzählung von hoher Relevanz ist – was sprachlich weniger gewandte und elaborierte Schüler benachteiligt. Den diagnostischen Wert von Kurzessays fasste Bodo von Borries schon 1974 folgendermaßen zusammen: „Sie geben nicht nur über Denkprozesse, sondern auch über Sprachbeherrschung Auskunft, die aus Auswahlaufgaben nicht zu gewinnen ist. Sie erlauben, die Vorstellungen der Schüler genau kennen zu lernen, ihre Irrtümer und Leistungen im einzelnen zu verfolgen. Es erhöht wesentlich den diagnostischen Wert, dass die Schüler sich selbst äußern, nicht nur zu Formulierungen des Lehrers Stellung nehmen."[124]

Mischformen im Unterrichtsalltag

Im Unterrichtsalltag wird es bei der Konstruktion von Tests vermutlich Mischformen der drei Aufgabenformen geben. Das sollte es auch, weil durch ein breites, unterschiedliches Angebot besser verschiedene Lernertypen angesprochen werden können. Darüber hinaus ist es wichtig, einfachere mit anspruchsvolleren Aufgaben zu kombinieren, um Über- und Unterforderungen zu vermeiden – es sei denn, man formulierte die eine oder andere Aufgabe binnendifferenziert.

Wie dies bereits im Anfangsunterricht gelingen kann, zeigt ein Test für eine 6. Klasse in einer integrierten Gesamtschule.

GL-Arbeit Nr. 3 Jg. 6			Datum:
Mögliche Punkte: 43	Erreichte Punkte:	Note:	

1. Ordne die unten stehenden Daten den Ereignissen zu! /2,5 P.

________ angeblich die ersten Olympischen Spiele

________ in Griechenland entstehen Stadtstaaten

________ Alexander der Große setzt mit einem Heer nach Kleinasien über

________ die griechische Kolonisation beginnt

________ die Römer verbieten die Olympischen Spiele

um 8oo v.u.Z.   776 v.u.Z.   um 750 v.u.Z.   334 v.u.Z.   394

2. Ordne den Erklärungen die richtigen Begriffe zu! /3,5 P.

A: Staatsform mit einem erblichen König	_____ Aristokratie
B: Herrschaft des Volkes	_____ Polis
C: Auswanderung der Griechen in Tochterstädte	_____ Hellenismus
D: Herrschaft des Adels	_____ Demokratie
E: Verbreitung der griechischen Kultur	_____ Olympische Spiele
F: Feier zu Ehren der Götter	_____ Kolonisation
G: Griechischer Stadtstaat	_____ Monarchie

3. Setze die Zahlen der unten stehenden Begriffe an der richtigen Stelle in die Lücken ein! /13 P.

In der gebirgigen und küstenreichen griechischen Landschaft entstanden nach 800 v.u.Z. viele selbständige _____. Trotz unterschiedlicher Herkunft und Herrschaft sahen sich die einzelnen Stämme aufgrund ihrer verwandten Sprache, Religion und Dichtung als Einheit. Sie nannten sich _____. Das wichtigste Götterfest fand in _____ zu Ehren von Zeus und Hera statt.

Die wachsende Bevölkerung und der geringe Ertrag des Bodens zwangen viele Griechen zur Auswanderung. Sie gründeten an den Küsten des Schwarzen Meeres und des Mittelmeeres zahlreiche _____.

Unter den Stadtstaaten ragten im 5. Jh. v. u. Z. zwei heraus: _____als stärkste Landmacht und _____ als führende Seemacht.

In Athen entwickelte sich Mitte des 5. Jh. Eine neue Staatsform: die _____. Nicht mehr Könige oder Adlige regierten, sondern das _____. Jeder wehrfähige Bürger Athens konnte sich am politischen Leben sowie an der Rechtsprechung beteiligen. In der _____ hatten alle das gleiche Stimmrecht. Keine Bürgerrechte besaßen _____, eingewanderte ‚Mitbewohner' und _____.

Im 3. Jh. v. u. Z. geriet das Land unter den Einfluss König Philipps II. von Makedonien. Dessen Sohn _____ nutzte die innere Schwäche des persischen Großreichs und eroberte es ab 334 v.u.Z. Er schuf die Voraussetzungen für den _____ , die Verbreitung der griechischen Kunst und Kultur in der Antike.

Nach dem Tod Alexanders 323 v.u.Z. zerfiel das Reich unter seinen Nachfolgern.

1: Alexander der Große/ 2: Athen/ 3: Demokratie/ 4: Frauen/ 5: Hellenen/ 6: Hellenismus/ 7: Kolonien/ 8: Olympia/ 9: Sklaven/ 10: Sparta/ 11: Stadtstaaten/ 12: Volk/ 13: Volksversammlung

4. Beantworte folgende Fragen, achte darauf, dass du in ganzen Sätzen schreibst! /12 P.

a) Wie sah die Ausbildung reicher Athener Jungen aus?

b) In welchem Alter haben Jungen und Mädchen in Athen geheiratet?

c) Was geschah mit den Jungen in Sparta, wenn sie 7 Jahre alt waren?

d) Was sind Heloten?

e) Waren in Athen alle Kinder willkommen?

f) Was gehörte zur griechischen Kultur? Nenne drei Beispiele.

5. In Athen soll eine Volksversammlung stattfinden. Was könnten der Bauer Glaukos, der Sklave Ossian und Petra, die Frau eines reichen Athener Bürgers, darüber denken? Schreibe auf ein Beiblatt. /6 P.

6. Der Franzose Pierre de Coubertin schrieb 1932 über den Sinn und Zweck der Olympischen Spiele: /6P.

„Die Olympischen Spiele feiern, heißt, sich auf die Geschichte berufen. Sie ist es, die am besten den Frieden sichern kann. Von den Völkern verlangen, sich gegenseitig zu lieben, ist eine Art Kinderei; sie aufzufordern, sich zu achten, ist keine Utopie, aber um sich zu achten, muss man sich zunächst kennen."

Entspricht die Einstellung Coubertins den alten griechischen Vorstellungen? Schreibe auf ein Beiblatt.

(Beatrix Oerder-Adamski)

Die ersten drei Aufgaben sind halboffen angelegt und zielen darauf ab, chronologische und begriffliche Einordnungen zu überprüfen. Für den Lückentext sind Begriffe vorgegeben. Denkbar wäre auch ein differenziertes Vorgehen: Die hier gewählte Variante als leichteste (*-Aufgabe), eine zweite, in der mehr Begriffe als Lücken vorgegeben sind – Notwendigkeit der Auswahl – (**-Aufgabe), eine dritte ohne jegliche Angabe von einzusetzenden Begriffen (***-Aufgabe).

Besonders interessant sind die beiden letzten Aufgaben. Aufgabe 5 zielt auf Perspektivenübernahme und Narrativieren, Aufgabe 6 formuliert einen Gegenwartsbezug, um die Urteilskompetenz, z.T. auch die Orientierungskompetenz der Lernenden zu überprüfen. Die Auswertung des Tests zeigte, dass er nicht (vor allem die beiden letzten Fragen) zu anspruchsvoll war. Zunächst eher überraschend hatten gerade eher schwächere Schüler oder solche, die weder Lust noch Laune zeigten, viel auswendig zu lernen, hier die Möglichkeit, durch das Nachdenken über Gelerntes Operationen historischen Denkens anzuwenden.

3.11 Klausuren

Gelten schriftliche Tests als die vorherrschende schriftliche Leistungsüberprüfung für die Sekundarstufe I, so ist es die Klausur für die Gymnasiale Oberstufe. Im letzten Kapitel konnte aber gezeigt werden, dass eine zunehmende Materialgebundenheit bei Tests sowie die Einbeziehung von Kurzessays die Grenzen fließend machen. Dies ist sinnvoll, da einerseits durch freie Formen des Schreibens eher Elemente historischen Denkens sichtbar werden, andererseits ein fließender Übergang zu Anforderungen in der Sekundarstufe II geschaffen werden sollte, damit Schülerinnen und Schüler dort nicht mit einem völlig neuen Aufgabenformat überrascht werden.[125]

Seit Einführung der reformierten Oberstufe im Jahre 1975 und der ‚Einheitliche(n) Prüfungsanforderungen in der Abiturprüfung' (EPAs) 1989 haben sich Klausuren zu dem Instrument schriftlicher Leistungsüberprüfung entwickelt, das nicht nur im Abitur klar überschaubare Beurteilungskriterien liefert, sondern für die gesamte Oberstufe – in differenzierter Form – verlässliche Orientierungen für Lehrkräfte wie für Schülerinnen und Schüler liefert. Selbst wenn in den Abschlussklassen der Sekundarstufe I Tests immer häufiger auch offene Aufgabenstellungen enthalten (sollten), stellen Klausuren im Geschichtsunterricht doch einen ganz anderen Typus von Aufgabenformaten dar. Sie sind in der Regel materialgebunden, stellen eine komplexere problemorientierte Herausforderung dar, schließen weitgehend Rategeschick aus und – was entscheidend ist, aber nicht durchgängig erfolgt – bieten die Möglichkeit, im Medium einer eigenen Geschichtserzählung historische Kompetenzen zu überprüfen.

Dadurch, dass in den EPAs (aktuelle Fassung für das Fach Geschichte aus dem Jahr 2005)[126] eine Aufteilung nach Anforderungsbereichen festgelegt ist und deren Gewichtung transparent gemacht wird, wird die Leistungsbeurteilung rationaler, durchschaubarer und intersubjektiv überprüfbar. Dies bedeutet freilich nicht, dass sie tatsächlich die Gütekriterien erfüllen: „Vorliegende Untersuchungen bestätigen mit weitgehender Übereinstimmung, dass die traditionellen schriftlichen Prüfungen nicht hinreichend objektiv, zuverlässig und valide sind und dass erhebliche Maßstabsdifferenzen von Klasse zu Klasse und von Fach zu Fach bestehen. (...) Als sicher kann gelten, dass die äußere Form der Prüfungsarbeit, die Reihenfolge der Beurteilungen sowie Informationen über den Prüfling das Urteil über den Inhalt der Prüfungsarbeit beeinflussen.“[127]

Unter dem Gesichtspunkt der Orientierung von Klausuren an Kompetenzen historischen Denkens ist zu prüfen, inwieweit die Aufteilung nach Anforderungsbereichen (Reproduktion; Reorganisation und Transfer; Reflexion und Problemlösung) diesen Ansprüchen genügt. Die Systematisierung nach Anforderungsbereichen folgt nicht derselben Logik wie die der Kompetenzorientierung, obwohl die Neufassung der EPAs dies suggeriert.

In den Anforderungsbereichen geht es um die Reproduktion historischen Wissens (AFB I), um Reorganisation und Transfer (AFB II) und schließlich um historische Reflexion und Problemlösung (AFB III). An Kompetenzen werden unterschieden: Sach-, Methoden- und Urteilskompetenz. Hervorgehoben wird des Weiteren: „Den Ausgeprägtheitsgrad der historischen Kompetenz zu beurteilen ist zentrales Anliegen der Abiturprüfung.“[128] Die Qualität einer Kompetenz zeigt sich in der Fähigkeit zur sinnbildenden Darstellung von Geschichte – als narrative Kompetenz.[129]

Im Kern wird man die Ausgangsfrage dennoch mit Ja beantworten können, denn sowohl Analyse- (AFB I), Urteilskompetenz (AFB II) als auch Orientierungskompetenz (AFB II) sind in den Anforderungsbereichen enthalten – allerdings kaum fokussiert.[130] Als Kernproblem erweist sich die sog. Sachkompetenz, die als Wiedergabe von Kenntnissen über Vergangenes ausgewiesen wird, was nichts anderes heißt als die Reproduktion von Gegenstandswissen, z.T. auch Kontextwissen.

Konstruktion von Klausuren

Wie alle ‚bewährten' Verfahren hat auch die Konstruktion von Geschichtsklausuren im Laufe der Zeit gewisse Routinen entwickelt, die unter den Prämissen von Vergleichbarkeit, Objektivierung und der

Formulierung von Anforderungshorizonten zur Reproduktion starrer Klausurformate neigen:

- Die Materialien – seien es Quellen oder Darstellungen, die zu analysieren, zu kontextualisieren und zu beurteilen sind – sind häufig zu umfangreich und zu anspruchsvoll; zuweilen ist gar nicht hinlänglich Zeit für die Lernenden vorhanden, um die anspruchsvolleren Aufgabenstellungen differenziert bearbeiten zu können.
- Die Gewichtung der Teilaufgaben ist häufig problematisch. Beide Probleme zeigen sich bereits in manchen Vorschlägen für schriftliche Arbeiten für die Sekundarstufe I. Beispiel:[131]

Arbeitsmaterial:

M 1: Aus den Lebenserinnerungen von Gerd Eilers, der damals Gymnasialdirektor in Bad Kreuznach war:

„In Kreuznach kam ich mitten in die Aufregungen hinein, welche (...) durch die veröffentlichten Beschlüsse des Karlsbader Kongresses in der Rheinprovinz hervorgerufen wurden. So allgemeine und so leidenschaftliche Äußerungen politischen Unwillens hätte ich nicht für möglich gehalten; selbst die heftigsten Schmähungen auf einzelne Bundesfürsten und ihre Minister waren an der Tagesordnung und wurden sogar von Kommunalbeamten, besonders in der darmstädtischen Rheinprovinz, geteilt. Man wünschte Exekutionstruppen herbei, indem man daran die Hoffnung einer allgemeinen Erhebung der Nation knüpfte, welche sich die beabsichtigte Verwandlung in ein Sklavenvolk gewiß nicht werde gefallen lassen. Juristen hielten die Beschlüsse für unvereinbar mit dem Geiste der ihnen so werten französischen Gesetzgebung und weissagten den Untergang derselben, wenn die Nation sich einen solchen Absolutismus gefallen lasse.
Ruhigere Leute bedachten die Folgen, welche diese Beschlüsse für ihre besonderen Verhältnisse haben könnten, und da waren es vorzüglich Väter und Mütter, die Söhne auf Gymnasien oder Universitäten hatten, in deren Herzen beunruhigende Sorgen aufstiegen. Wie leicht konnte ein junger Mensch in leichtsinnigem Übermut zu einem Fehltritt kommen, der ihm Ausweisung oder Relegation zuzog! Dann war er auf immer verloren. Schrecken ergriff den ganzen Lehrerstand; viele Gymnasiallehrer und Universitätsprofessoren mochten auch hinsichtlich der so scharf verpönten liberalen Gesinnungen kein allzu sicheres Selbstbewußtsein haben. Kurz, die Beunruhigungen, welche durch die Karlsbader Beschlüsse auf dem ganzen Gebiete des sozialen Lebens hervorgerufen wurden, waren außerordentlich und für die hohen Urheber derselben nicht ungefährlich."

Hinweis zum Material:

Relegation: Verweisung von der Hochschule

M 2: Sonderbriefmarke der Deutschen Bundespost von 1982

Hinweis zum Material:

Die auf der Briefmarke dargestellten Fahnen tragen die Farben Schwarz, Rot und Gold.

Quelle:

M 1: *Eilers, G.:* Meine Wanderung durchs Leben, Ein Beitrag zur inneren Geschichte der ersten Hälfte des 19. Jahrhunderts, Fünfter Teil, F.A. Brockhaus Verlag, Leipzig 1860, S. 143–145.

Aufgaben:

1. Definiere den Begriff „Restauration", und erkläre, warum man die Zeit von 1815–1848 das Zeitalter der Restauration nennt!

2.1 Zeige am Text (M 1), welche Bestimmungen der Karlsbader Beschlüsse von Eilers angesprochen werden!

2.2 Fasse mit eigenen Worten zusammen, wie der Autor die Reaktion der Öffentlichkeit auf die Karlsbader Beschlüsse darstellt!

2.3 Ordne M 1 in die politische Entwicklung in Deutschland von 1815–1830 ein!

3. Erläutere mit Hilfe von M 2 die Bedeutung des Hambacher Festes!

4. Notiere den Text der dritten Strophe des Liedes der Deutschen, und zeige, welche politischen Forderungen erhoben werden!

(Wilmes 2004, S. 20)

Die Schülerinnen und Schüler haben im Grunde drei Materialien zu bearbeiten (einschließlich des Liedes). Der Bewertungsvorschlag sieht vor, dass Aufgabe 2 mit 55 % gewichtet wird, was bedeutet, dass im Wesentlichen reproduktive, im letzten Aufgabenteil auch kontextualisierende Leistungen belohnt werden. Aufgabe 3 (15 %) ist ohne weitere Hilfestellung (‚bleibende Bedeutung') missverständlich. Bei Aufgabe 4 (20 %) bleibt unerklärlich, warum der Liedtext nicht vorliegt – sollen die Lernenden ihn auswendig lernen und aufschreiben?

- Da gerade in der Abiturprüfung nicht oder nicht zu häufig auf klassische, zentrale Texte oder Bilder zurückgegriffen werden darf, müssen auch solche in die Vorschläge eingeführt werden, die es Lernenden nicht unbedingt erleichtern, mit ihnen zu arbeiten.
- Durch immer ähnliche Konstruktionsprinzipien werden andere, neue Klausurformate eher verhindert.
- Bezüge zur Geschichtskultur werden bei der Materialienauswahl selten hergestellt – das o. g. Beispiel ist eine erfreuliche Ausnahme.
- Die sinnvolle Vorgabe, Aufgabenstellungen mit Operatoren zu versehen, damit Schülerinnen und Schüler genau wissen, was sie zu tun haben, verkehrt sich in ihr Gegenteil, wenn man bedenkt, dass Lernende überfordert sind, zwischen 32 Operatoren für das Fach Geschichte unterscheiden zu sollen (neun für den AFB I, elf für AFB II, neun für AFB II sowie drei übergeordnete). Selbst wenn sie die Operatorenliste mit Erläuterungen benutzen dürften, wären sie nicht viel klüger. Diese Operatoren sind auch Grundlage für alle Klausuren in der Oberstufe.

Insofern geht es bezogen auf kompetenzorientierte Klausuren einerseits darum, die vorhandenen kompetenzorientiert zu akzentuieren, andererseits um den Versuch, neue Klausurformate zu entwickeln, die expliziter als die konventionellen auf die Überprüfung von Kompetenzen abzielen.

Bei der ersten Variante dürften vor allem die Aufgabenstellungen revisionsbedürftig sein, z.T. auch die Materialvorgaben.[132]

Beispiel

Ein Auszug aus der Rede des amerikanischen Außenministers George C. Marshall vom 5. Juni 1947 ließe sich klassischerweise, d. h. noch nicht kompetenzorientiert, mit folgenden Fragestellungen bearbeiten:

1. Erläutern Sie, welche Ziele Marshall propagiert und mit welchen Mitteln sie erreicht werden sollen (Reproduktion, Sicherung des Textverständnisses, der entscheidenden Begriffe).
2. Ordnen Sie das Angebot in die amerikanische Deutschlandpolitik nach 1945 ein (Reorganisation, Kontextualisierung).
3. Diskutieren Sie seinen Vorschlag vor dem Hintergrund des Verhältnisses zwischen den Westmächten und der Sowjetunion und nehmen Sie begründet Stellung zu denkbaren Wirkungen/Folgen (Transfer, Reflexion).

Dieselbe Textvorlage könnte unter kompetenzorientierten Ansprüchen folgendermaßen akzentuiert werden:

1. Erschließen Sie den vorliegenden Redeauszug unter den Aspekten: Gattung, Inhalt und vermutliche Zielrichtung/Absicht des Verfassers (Wahrnehmungskompetenz, Analysekompetenz).
2. Überprüfen Sie Ihre Vermutungen durch Einbeziehung des historischen Kontextes: Ordnungsvorstellungen für das künftige Deutschland/Ost-West-Konflikt (Analyse-, z.T. Urteilskompetenz).
3. Entwerfen Sie ein Antwortschreiben der Sowjetunion auf diese Rede (narrative Kompetenz im Sinne einer Erzählung aus einer anderen Perspektive).

(P. Adamski)

Die Leistungsbeurteilung würde für die Schülerinnen und Schüler sichtbar auf den Kompetenzerwerb zugeschnitten, wobei Niveaustufen in den Erwartungshorizonten zu formulieren wären. Diese sollten sich nicht oder weniger auf die inhaltliche Vollständigkeit der Darstellung, sondern auf das Niveau der Erzählung beziehen.[133]

Für die Konstruktion kompetenzorientierter Klausuren wären Aufgabenformate zu entwickeln, die ausgewählte ‚narrative settings', also unterschiedliche Erzählmodi, in das Zentrum der konkreten Aufgaben stellen, z. B.:

- Umerzählen einer Geschichte aus einer neuen Perspektive;
- Neuerzählen einer Geschichte auf der Basis mehrerer Quellen;
- Rückführung einer erzählten Geschichte auf die Quellen und Darstellungsabsichten des Autors;

- Erzählen einer Geschichte mit allgemeinen Verhaltensregeln aus der Vergangenheit zum Zwecke des Vergleichs mit späteren historischen Situationen[134] (vgl. Beispiele in 3.6 Schreibanlässe, Erzählanlässe).

Dem manchmal geäußerten Bedenken, solche sinnbildenden Schülererzählungen setzten gerade unter Klausurbedingungen ein enormes Gedächtniswissen voraus,[135] kann entgegengehalten werden, dass zu den zulässigen Hilfsmitteln auch die Aufzeichnungen der Lernenden gehören sollten. Es geht eben nicht um Reproduktionen von Sachkenntnissen, sondern um deren analytische Verknüpfung und interpretatorische Synthese/Beurteilung.

Solche Erzählmodi mögen auf den ersten Blick tatsächlich überfordernd wirken, weil sie durch ihre Abstraktheit verunsichernd wirken können. Sie lassen sich aber – heruntergebrochen auf den Unterrichtsalltag – so weit konkretisieren, dass sie als realistisch/machbar für Schülerinnen und Schüler erscheinen.

Beispiel 1: Ein Gutachten zu den Reformen der Gracchen[136]

Aufgabenstellung:

Formulieren Sie ein Plädoyer, in welchem Sie Tiberius' Handeln politisch, juristisch und moralisch beurteilen. Berufen Sie sich dabei auf Quellen und Darstellungen.

Der Klausurvorschlag zielt auf die Überprüfung von Urteils-sowie Orientierungskompetenz. Im Unterricht wurden Quellen und Darstellungen analysiert (Erschließungs- bzw. Analysekompetenz). Da Letzteres nicht zentraler Gegenstand der Klausur ist, spricht nichts dagegen, dass die Lernenden ihre Materialien benutzen können.

Beispiel 2: Beurteilung des Attentats von Georg Elser

Auszüge aus zwei Darstellungen

Lothar Fritze, Lehrbeauftragter der Professur Politische Theorie und Ideengeschichte an der Technischen Universität Chemnitz

Wir haben mit Elser einen Täter vor uns, der (so wollen wir ihm zugute halten) in guter Absicht und in Verfolgung eines (so hatten wir unterstellt) akzeptablen Ziels in einer mitleid- und gedankenlosen Weise zu einer Methode griff, bei der der Tod unbeteiligter Dritter von vornherein einkalkuliert war. Nach Abwägung der wesentlichen Gesichtspunkte bleibt nur das Urteil übrig, dass es sich bei dem Anschlag von Elser um eine Tat gehandelt hat, deren Ausführung moralisch nicht zu rechtfertigen ist.

(Frankfurter Rundschau, 8. November 1999)

Peter Steinbach, wissenschaftlicher Leiter der Gedenkstätte Deutscher Widerstand in Berlin und Professor für Neuere und Neueste Geschichte in Mannheim

Fritze wirft die Frage auf, ob es im Zusammenhang mit der Auflehnung gegen einen verbrecherischen Diktator aus moralischen Gründen nicht verboten sein müsse, einen ‚unbeteiligten Dritten' zu töten. Sie berührt Elsers Tat ebenso wie Stauffenbergs Verantwortung. Das Handlungsdilemma kann ein Attentäter nur entscheiden, wenn er sich klar macht, was sein Anschlag verhindert, wie viele Menschenleben er durch seine Tat rettet. Auch beim Attentat Stauffenbergs kamen unbeteiligte Menschen um, die sicherlich nicht getötet werden sollten – deren Tod aber der Preis dafür war, den Krieg zu beenden und weitere Massenmorde zu verhindern.

(Tribüne 4/2009, S. 102 ff.)

Aufgabenstellung:

Nehmen Sie Stellung zu der Kontroverse: Entwickeln Sie ein begründetes Werturteil in Form eines Zeitungskommentars.

Die Schülererzählung soll im Kern zu der Frage Stellung nehmen, a) ob generell, b) unter welchen Bedingungen oder c) unter keinen Umständen ein Tyrannenmord gerechtfertigt ist. Dies am Widerstand gegen den Nationalsozialismus zu überprüfen, ist sinnvoll. Notwendig für ein differenziertes Urteil ist zum einen die Berücksichtigung der Frage, inwieweit oder ob sich Elser der Problematik (‚unbeteiligte Dritte') bewusst war, darüber hinaus ein Vergleich mit dem Attentat Stauffenbergs (Analyse- und Urteilskompetenz). Schließlich haben die Lernenden zu begründen, ob sie generell Tyrannenmord ablehnen oder wie sie Ziele, Mittel und Folgen/Wirkungen unter den damaligen resp. ähnlichen Verhältnissen gewichten.

Mit einer solchen Klausurkonzeption soll des Weiteren gezeigt werden, dass es nicht immer umfänglichen Materials bedarf und dieses durchaus verstärkt geschichtskulturellen Kontexten entnommen werden kann.[137] Das bringt Lernende nämlich in eine Situation, in der sie sich selbst urteilend in ein Gegenwartsproblem einbringen können. Das ist nicht nur zentrales Ziel historischen Lernens, sondern erhöht vermutlich zugleich die Chance, dass empirisch und normativ triftige Werturteile gefällt werden.

Miniklausuren in der Sekundarstufe I

In der Sekundarstufe I muss Narrativieren von Geschichte ebenfalls keine überfordernde Hürde sein, sondern hängt von realistischen Zuschnitten für eine schriftliche Arbeit ab.

Beispiel: Das Ende der Französischen Revolution[138]

Arbeitsauftrag:

Ihr versteht die Perspektiven von engagierten Franzosen, die sich gegen die Meinung eines Engländers (Cobbett) wenden (oppositionelles Erzählen), der die Französische Revolution kritisiert. Ihr seid engagierte Franzosen, die die Errungenschaften ihrer Revolution verteidigen. Ihr könnt euer Medium frei wählen.

Der Engländer Cobbett über die Revolution, 1798 (zitiert nach: Geschichte in Quellen. Amerikanische und Französische Revolution, Geschichte GN 3, bsv, S. 105)

Die ganze Geschichte der Französischen Revolution konfrontiert uns mit nichts anderem als mit einer ständigen Zunahme im Rauben und Morden. Die erste Versammlung z. B. schwatzte ihren König aus seiner Position und seiner Macht, dann sprach sie ihm Hohn, verbannte seine Freunde oder verurteilte sie zum Tode und dann sperrte sie ihn in seinen Palast ein wie ein wildes Tier in seinen Käfig. Die zweite Versammlung sandte gegen ihn einen Haufen von Halsabschneidern, um ihn zu beleidigen und zu schmähen, und dann stürzte sie ihn von seinem Thron. Die dritte Versammlung schnitt ihm die Kehle durch. Was ist das insgesamt anderes als ein regelmäßiges und natürliches Fortschreiten vom Schlechten zum Schlimmeren, und so verhält es sich auch mit dem Rest ihrer abscheulichen Taten.

- Fertigt eine Quelle an und beachtet dabei die Gattungsmerkmale von Quellen: Ihr könnt euer Medium frei wählen (Brief, Zeitungsartikel, Tagebuch, Diskussion an einem konkreten Ort, Karikatur ...)!
- Beachtet dabei, dass euer Standpunkt erkennbar sein muss ...
- ... und die typischen Gattungsmerkmale des gewählten Mediums erkennbar sein müssen!
- ...

Zwei Schülerprodukte

A Karikatur[139]

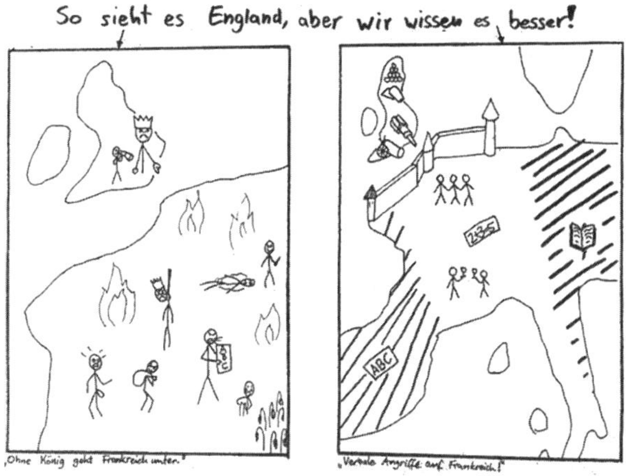

(Barricelli u. a. 2008, S. 78)

B Brief[140]

Ein französischer Arzt aus dem 3. Stand, der aktiv an der Revolution mitgewirkt hat.

Herr Cobbett,

Ihre Ansicht, dass Ludwig erst gefangen und dann ermordet wurde, ist wahr, doch ist dies durch die Misswirtschaft und das Vorgehen gegen uns, die Revolutionäre, seinerseits nachvollziehbar, ja fast gerechtfertigt. Auch wenn die Revolution zwischenzeitlich gescheitert schien, hat sie doch viele wichtige und grundlegende Neuerungen für uns, die Franzosen, gebracht. So ist der Code civil eine wesentliche zivilrechtliche Errungenschaft der Revolution, zu der die Abschaffung des Feudalsystems sowie die Gleichheit vor dem Gesetz und die Trennung von staatlicher Gewalt und Kirche gehören. Des Weiteren zählen die Erziehung und die allgemeine Schulpflicht zu den bleibenden Errungenschaften. Ab dem 5. oder 6. Lebensjahr müssen die Kinder die Schule besuchen, da ihre Väter es versprochen haben und von den Überwachungskomitees an ihre Pflicht erinnert werden.

Ich hoffe ich konnte ihnen die Sichtweise eines Franzosen näherlegen und sie verstehen jetzt meine Auffassung gegenüber der französischen Revolution.

(Barricelli u. a. 2008, S. 119)

Die Aufgabenstellung macht den Lernenden klar, dass sie aus einer gegensätzlichen Perspektive erzählen sollen; ob der Begriff opponierendes Erzählen wirklich hilfreich ist oder notwendig erscheint, ist an dieser Stelle unwichtig. Erheblich problematischer ist die Aufforderung, eine Quelle anzufertigen, was selbstverständlich unmöglich ist. Darum geht es im Kern allerdings gar nicht, denn die Schülerinnen und Schüler sollen faktisch die vorliegende Quelle in ein anderes Medium umwandeln.

Die beiden Produkte zeigen, dass die Umsetzung gelungen ist, denn wichtige Beurteilungskriterien wie historische Stimmigkeit, Perspektive, Engagement des Opponenten sind gegeben. Die beiden Karikaturen sind kontrastiv/plakativ reduziert auf wenige Aspekte, sie erfüllen also das Gattungsmerkmal des Mediums. Der Brief ist in der inhaltlichen Aussage deutlich, im Ton verbindlich, wie es einem Angehörigen der bürgerlich intellektuellen Oberschicht gemäß ist. In beiden Produkten werden offenbar diejenigen Erfolgsfaktoren (Schulpflicht, Code civil, Gleichheit vor dem Gesetz) erwähnt, die im Unterricht besondere Beachtung fanden.

Wenn ein solches Aufgabenformat als Klausur in der Sekundarstufe als Überprüfung von Kompetenzen – Gattungskompetenz ist Teil der Analysekompetenz, die im Medium transportierten Inhalte und ihre Verknüpfung Indikatoren für Urteilskompetenz – eingesetzt würde, wäre es zudem sinnvoll, dass die Schülerinnen und Schüler begründen, warum sie welches Medium gewählt haben. D. h., sie würden ihren eigenen Entscheidungsprozesse reflektieren – ohne dass diese Reflexion notwendig in die Leistungsbeurteilung eingeht (eingehen muss).

Schriftliche Arbeiten bzw. Klausuren müssen im Fach Geschichte – so lässt sich zusammenfassen – nicht immer gleichen oder ähnlichen Konstruktionsprinzipien folgen. Sie können – je nach Schwerpunkten der Kompetenzbeurteilung – sehr unterschiedlich angelegt sein, materialgebunden oder nicht, primär auf spezifische Erzählmodi ausgerichtet oder enger auf Teilaspekte wie Perspektivenübernahme konzentriert, mit offeneren, komplexeren Aufgabenstellungen verbunden oder deutlich strukturierten. Mag sein, dass die Lernenden es schätzen, mit unterschiedlichen Formaten herausgefordert zu werden, statt immer nach Schema F Klausuren bearbeiten zu müssen.

3.12 Facharbeiten/Besondere Lernleistungen

Beide Formen schriftlicher Leistungsüberprüfung haben einen gewissen Sonderstatus in der Gymnasialen Oberstufe. Nicht in allen Bundesländern ist die Facharbeit verbindlicher Teil der Leistungserbringung in der Sekundarstufe II, ist allerdings als Ersatz für eine Klausur möglich.

In einigen Bundesländern kann eine Besondere Lernleistung eine vierte Prüfung im Abitur ersetzen (statt einer mündlichen Prüfung oder einer Präsentation). Von inhaltlichen Anforderungen her sind beide Varianten die komplexeste und anspruchsvollste schriftliche Lernleistung für Schülerinnen und Schüler. „Demnach sind Selbstständigkeit, Wissenschaftspropädeutik und Kreativität die drei wesentlichen Merkmale einer Facharbeit."[141] Die Facharbeit lässt sich folgendermaßen von der Besonderen Lernleistung abgrenzen: „Ziel der Facharbeit ist es, dass die Schülerinnen und Schüler beispielhaft lernen, was eine wissenschaftliche Arbeit ist und wie man sie schreibt. Die umfassende oder wissenschaftliche Erarbeitung eines bestimmten Themas ist nicht die Aufgabe einer Facharbeit. Dies unterscheidet die Facharbeit z. B. von der besonderen Lernleistung (...)"[142] Obwohl sie lediglich einen Leistungsnachweis/Prüfungsanteil ersetzen sollen, ist der Aufwand für Lernende im Regelfall erheblich größer als für eine Klausur oder eine mündliche Prüfung.

Facharbeit

Die Facharbeit ist eine Form *angeleiteten* und *betreuten* selbstständigen Arbeitens, ihre Themen entwickeln sich aus Vertiefungen oder Spezifizierungen von inhaltlichen Aspekten, die im laufenden Geschichtskurs (meistens Leistungskursen) angesprochen werden. „Grundsätzlich empfiehlt es sich, die Themen der Facharbeit inhaltlich, zeitlich und räumlich eng zu begrenzen. Anzustreben ist eine vertiefte Analyse statt einer breiten, aber zwangsläufig oberflächlichen Darstellung."[143]

Beispiel[144]

„Europas Vorbereitung auf die Expansion": Facharbeiten im 12. Jahrgang, Leistungskurs			
A. Historische Darstellung/ Thema der Facharbeit	B. Persönliche Einschätzung, Gegenwartsbezug	C. Plakat zum Thema	Historische Bedeutung des Themas
Die Mauren in Spanien (711-1492)	Mauren in Spanien heute; das Erbe der Mauren; Rassismus in Spanien	Spanien im Zeichen des Halbmonds heute	Mauren als Vermittler zwischen Antike und beginnender Neuzeit; Spanier – ein Volk von „reinem, d. h. christlichem Blut" (limpieza de sangre)
Der erste Kreuzzug 1096-1099	Kirchliche Einflüsse damals und heute	Szenen aus dem ersten Kreuzzug	Der christliche Missionsgedanke wird bei den Kreuzzügen mit Waffengewalt verwirklicht

Die Pest von 1347-1350 und ihre Auswirkungen	Vergleich Pest und Krieg; Pest noch heute	Der Schwarze Tod und seine Auswirkungen	Epidemische Krankheiten in Eurasien; sie wirken sich nach 1492 in Amerika verheerend aus
Gutenbergs Buchdruck – eine Medienrevolution	Buchdruck und Internet – für mich	Die Gutenbergbibel in Göttingen	Errichtung des institutionellen Flächenstaates Spanien – eine Voraussetzung der Konquista
Ferdinand von Aragon und Isabella von Kastilien	Neugier auf das Thema; Bewunderung für Ferdinands und Isabellas Leistung	Ferdinand und Isabellas Karte Spaniens	Gewaltsame Durchsetzung kirchlicher Lehre. Die Inquisition wird in Spanien Machtmittel des Staates
Die spanische Inquisition: Tomás de Torquemada, Großinquisitor seit 1483	Vergleich Torquemada – Judenverfolgung im Dritten Reich	Darstellung eines Autodafé und einer Folterung	Gewaltsame Durchsetzung kirchlicher Lehre. Die Inquisition wird in Spanien Machtmittel des Staates
Die Vertreibung der Juden aus Spanien 1391-1492	Überraschung über das Ausmaß; Kurden als heutige Minderheit	Spanischer Jude im Käfig	Antisemitismus – eine Konstante in der Geschichte des christlichen Europa
Das Interesse auswärtiger Mächte an der Insel Gran Canaria	Reise an Bord des Eroberers Pedro de Vera	Gran Canaria zwischen den Kontinenten	Zwischenstation für Handel und Entdeckungen, Versuchsfeld für die Kolonialisierung Amerikas
Martin Behaim und sein Globus 1492	Interview mit Behaim	Behaims Weltbild, Ptolemäus – Germanus	Die Kugelgestalt der Erde wird veranschaulicht. Weltbild und Kartografie am Ende des 15. Jh.
Die Eroberung Teneriffas 1496. Die Begegnung mit den Guanchen	Guanchen seit der Eroberung	So lebten die Guanchen	Die Kanaren – Vorläufer und Übungsfeld für die Eroberung und Kolonialisierung Amerikas
Arbeitende Frauen in der Renaissance	Arbeitende Frauen heute – sind sie bereits gleichberechtigt?	Wohlhabende und einfache arbeitende Frauen	Perspektive: Frauen in der Geschichte
Sklaven aus Afrika. Der Handel mit dem schwarzen Elfenbein seit dem 15. Jahrhundert	Rassentrennung in Amerika: Ein afrikanischer Sklave erzählt	Das schwimmende Gefängnis	Wann ist der Mensch ein Mensch? Menschenrechte und ihre (Nicht-)Realisierung bis heute

(Witt (2003b), S. 46)

Themenfindung: Es kann nicht davon ausgegangen werden, dass es mehrheitlich die Schülerinnen und Schüler selbst sind, die ihren Schwerpunkt für die Facharbeit finden; das beschränkt sich im Regelfall auf einzelne. Insofern ist es erstens sinnvoll, dass die Lehrkraft denkbare Themen vorschlägt (die modifiziert werden können), Unterrichtssituationen schafft, in denen Fragen an die Geschichte offen bleiben (müssen), also vertieft untersucht werden können, und/oder Lektüre‚häppchen' bereitstellt, aus denen sich Facharbeitsthemen herauskristallisieren können – je nach Interessen der Lernenden. Im vorliegenden Beispiel zeigt die rechte Spalte die Wichtigkeit einer problemorientierten Fragestellung als Hilfe für die Eingrenzung der Themen. Die Lehrkraft sollte für alle Beteiligten – auch für sich selbst – deutlich machen, dass von einer Facharbeit keine neuen wissenschaftlichen Erkenntnisse erwartet werden, wohl aber eine schriftliche Ausarbeitung nach den Regeln der Fachwissenschaft. Das bedeutet: fokussierte Fragestellung, sinnvolle Strukturierung, Bearbeitung relevanter Literatur mit entsprechenden Nachweisen, problemorientierte Reflexion der Ausgangsfragestellung in einem Fazit. Für die Schülerinnen und Schüler ist allein schon der Umfang (ca. 15 Seiten) ein Novum innerhalb der gängigen schriftlichen Leistungsüberprüfungen, was dazu führen kann, in die Falle eines oberflächlichen Viel-Erzählens zu tappen, statt sinnvolle Eingrenzungen/Schwerpunktsetzungen des Argumentierens und Abwägens zu finden.

Begleitung: Deshalb kann sich die Beratung seitens der Lehrkraft nicht auf die Themenfindung und den problemorientierten Zuschnitt beschränken. Ob und wie eine Facharbeit gelingt, hängt sehr von der Gliederung ab, die wiederum entscheidend von der Einleitung geprägt ist, die darüber Auskunft geben sollte, worum es in der Arbeit geht (historische Frage) und was an dem Thema nicht nur persönlich (Gegenwartsbezug), sondern auch von der Problemlage (fachwissenschaftlicher Bezug) interessant ist.

Bis zu einer solch strukturierten und kompakten Einleitung ist der Weg zuweilen weit. Deshalb ist es sinnvoll Bereitschaft zur Unterstützung zu signalisieren, z. B. eine Stunde im laufenden Kurs speziell für die Besprechung solcher Fragen zur Verfügung zu stellen. Das funktioniert am besten, wenn Lernende bereit sind, ihre ersten Versuche zur Diskussion zu stellen. Des Weiteren wäre seitens der Lehrkraft auch Zeit für persönliche Beratungen anzubieten. Ein hoher zeitlicher Aufwand, ohne den freilich in der Breite gute Facharbeiten nicht zustande kommen werden.

Beispiel für eine gelungene Einleitung (s. o. ‚Die Vertreibung der Juden aus Spanien 1391-1492'):

> Die folgende Arbeit beschäftigt sich mit der Verfolgung und Vertreibung der Juden im Mittelalter. Um dieses vielfältige Thema einzugrenzen, soll in der folgenden Arbeit nur auf das Schicksal der spanischen Juden eingegangen werden. Um diese Thematik genauer analysieren zu können, gehe ich deshalb zunächst auf die Vorgeschichte der spanischen Juden ein. Bei der Sammlung, Zusammenstellung und Sichtung des umfangreichen Materials war ich überrascht, wie viel Material und themenbezogene Abhandlungen es über dieses Thema gab.
>
> Der Hauptteil meiner Erarbeitungen soll aufzeigen, aus welchen Gründen und auf welche Weise die Juden in Spanien vertrieben wurden. Wie entwickelte sich ein solcher Rassenhass? Um für dieses erschütternde Thema einen passenden Schluss zu finden, erweitere ich mein Thema auch auf die Nachgeschichte der spanischen Juden. Wohin kamen sie nach der Vertreibung? Wie war die Situation nach der Vertreibung der Juden in Spanien.[145]

Bewertung: Da es sich um eine Leistungsüberprüfung handelt, steht die Beratung allerdings vor einem gewissen Dilemma. So selbstverständlich eine fördernde Begleitung ist – es handelt sich um ein für die Lernenden neues schriftliches Aufgabenformat; die Frist zur Bearbeitung (ca. sechs Wochen) ist ungewöhnlich lang (im Vergleich zur Vorbereitung auf eine Klausur) und verlangt ein hohes Maß an kontinuierlicher Arbeitsdisziplin (was im normalen Schulalltag eher nicht eingefordert wird); Schreibblockaden oder andere Krisen (ausgeliehene Bücher, verschlampte Exzerpte, Kopien ohne Nachweise) sind keine Ausnahmen – ist die Grenze einer verantwortlichen Beratung und Begleitung schwer zu definieren, denn die Lehrkraft ist zugleich Gutachter. „Eine zu intensive Beratung und Betreuung des Arbeitsprozesses ist ebenfalls problematisch, da sie den Lehrer schon fast in die Nähe einer ‚Mitautorenschaft' rückt.[146] Daraus lassen sich folgende Grundlagen für eine Beurteilung der Facharbeit (Prozess und Produkt) ableiten:

- Wurde bei der Quellen- und Literaturrecherche und Auswahl selbstständig vorgegangen oder sind nur Empfehlungen der Lehrkraft übernommen worden?
- Wie intensiv mussten Schülerinnen und Schüler bei der Erstellung der Disposition beraten werden oder wie eigenständig haben sie zu einer sinnvollen und differenzierten Gliederung ihrer Arbeit gefunden?

- Wie angemessen und kreativ ist die zu behandelnde Problematik in den Zusammenhang von Allgemeinem und Besonderen eingebettet worden?[147]

Dass darüber hinaus angemessen beurteilt werden muss, inwiefern sich die Facharbeit nicht nur auf die Ebenen von Wahrnehmungs- und Analysekompetenz beschränkt, sondern auch Fähigkeiten zu einem Sach- und Werturteil nachweist, sollte selbstverständlich sein.

Besondere Lernleistung

Für die Besondere Lernleistung (ca. 30 Seiten) gelten die bezogen auf Facharbeiten genannten Faktoren gleichermaßen, werden insgesamt aber durch den Charakter einer Abschlussprüfung noch verschärft.

So heißt es in der entsprechenden Verordnung zum 5. Prüfungsfach im Abitur:

„Eine besondere Lernleistung wird im Rahmen oder Umfang eines Kurses von mindestens zwei Halbjahren erbracht. Dieses kann zum Beispiel sein: ein umfassender Beitrag aus einem vom Land geförderten Wettbewerbs, eine Jahresarbeit, die Ergebnisse eines umfassenden, auch fachübergreifenden Projekts oder Praktikums in Bereichen, die schulischen Referenzfächern zugeordnet werden können. (...)“[148]

Wird diese Verordnung ernst genommen, könnte keinem Lernenden zu einer solchen Arbeit im Fach Geschichte geraten werden, weil Kurse in *zwei (!)* Halbjahren thematisch viel zu umfassend sind, um eine sinnvolle Schwerpunktsetzung zu finden. Die Wettbewerbe zeichnen sich gerade dadurch aus – z. B. der um den Preis des Bundespräsidenten –, dass sie ein übergeordnetes Thema vorgeben (Helden, Denkmäler, Proteste etc.), an dem exemplarisch vertiefend gearbeitet werden soll.

Der Themenvorschlag soll von Seiten der Schülerin oder des Schülers erfolgen, wobei wohl davon auszugehen ist, dass eine gemeinsame Überlegung mit der Lehrkraft zum konkreten Themenvorschlag führt. Eine weitere Beratung bis zur Prüfung ist allerdings nicht nur nicht vorgesehen, sondern aus Gleichheitsgründen (bezogen auf die alternativen Prüfungsteile Präsentation oder mündliche Prüfung) untersagt.

Für die Bewertung der schriftlichen Ausarbeitung gelten u. a. folgende Kriterien:

- Konzentration auf die Themenstellung;
- sinnvolle Gliederung;
- korrekte Literatur- und Quellenangaben;
- Anwendung von Fachbegriffen;
- fachspezifische Methodenanwendung;
- Qualität und Umfang der Recherchen.

Im Unterschied zur Facharbeit geht neben der schriftlichen Arbeit ein Kolloquium von in der Regel 20-minütiger Länge in die Gesamtbeurteilung ein. Ein solches Kolloquium ist mit einer konventionellen mündlichen Prüfung nicht zu vergleichen und sollte dies auch nicht sein. Es geht darum, dass der Prüfling seinen Ansatz und seine Ergebnisse darstellt und erläutert sowie Fragen der zwei Prüfer beantwortet. Gesetzt den Fall, dass die Arbeit aus einem Geschichtswettbewerb entstanden ist, kann sich die Ausgangssituation verändern: Der Autor befindet sich zwar immer noch in einer Prüfungssituation, ist vermutlich aber inhaltlich eher Experte als die Lehrkräfte. Insofern kann es nicht Sinn eines solchen Kolloquiums sein, sich über Wissensfragen zu unterhalten, sondern gewissermaßen ‚auf Augenhöhe' Grundfragen der Fragestellung, der Recherche oder einer zentralen Methode (z. B. Zeitzeugenbefragung) zu diskutieren.

Alles in allem sollte nur solchen Lernenden zu einer Besonderen Lernleistung geraten werden, die über den normalen Geschichtsunterricht hinaus hohes Interesse am Fach zeigen, solches auch verschiedentlich eingebracht haben, und denen zuzutrauen ist, dass sie sich eigeninitiativ, hoch motiviert und diszipliniert einer solchen Herausforderung stellen wollen.

3.13 Präsentationen

Dieses Format ist für eine Beurteilung von Leistungen in der pädagogisch-bildungspolitischen Landschaft relativ neu. Seine Einführung hat viel damit zu tun, dass in den 1990er Jahren vermehrt auch an Schulen computergestützte Power-Point-Präsentationen Einzug gehalten haben. Sie sind damit allerdings nicht gleichzusetzen, obwohl sowohl im schulischen wie universitären Rahmen häufig alternativlos damit gearbeitet wird. Ihre Relevanz für die Beurteilung von Schülerleistungen resultiert daraus, dass Präsentationen sowohl in den Abschlussklassen der Sekundarstufe I als auch in der Abiturprüfung in vielen Bundesländern verbindliches (Hauptschule) oder fakultatives (Realschule und Gymnasiale Oberstufe) Prüfungsformat geworden sind. Demzufolge sollten sie zuvor im Unterrichtsalltag eingeübt werden.

Wie lässt sich die Spezifik von Präsentationen beschreiben? „Bei Präsentationen handelt es sich um ein gezielt strukturiertes Verarbeiten, mediengestütztes Vermitteln und adressaten- und situationsbezogenes Darstellen von Inhalten. Präsentationen sollen darüber hinaus die Lerngruppe aktiv miteinbeziehen, d. h., sie zu Nachfragen animieren, statt sie in eine Rezipientenrolle zu versetzen; sie zu Stellungnahmen provozieren, statt sie mit fertigen Ergebnissen zu konfrontieren."[149] Damit sind sie im Kern mehr als Referate in traditioneller Form. Referate können aber sehr wohl Präsentationen sein, wenn sie beispielsweise mit einem Thesenpapier für die Zuhörer verknüpft werden, über das im Anschluss diskutiert werden kann, oder mit einem zentralen Gesprächsanlass (Auszug aus wichtigen Quellen bzw. kontroversen Darstellungen). Selbst in einer Prüfungssituation erscheint eine solche Zielrichtung angemessen, weil das sich anschließende Kolloquium (→ 3.12 Besondere Lernleistung) weniger die Korrektheit der Inhalte, sondern die Angemessenheit des Verhältnisses von Inhalt und Präsentation zum Gegenstand haben sollte.

Ein Beispiel für die Sekundarstufe I: Die Münchener Ministerkonferenz 1947

Nach der Erarbeitung des historischen Kontextes und der unmittelbaren Vorgeschichte könnten die Schülerinnen und Schüler ganz unterschiedliche Präsentationen vorbereiten.

- Mit PowerPoint oder OHP-Folien könnte die Entwicklung nachgezeichnet, die Positionen der west- und ostdeutschen Ministerpräsidenten sowie der jeweiligen Besatzungsmächte herausgearbeitet und das Ergebnis vorgestellt werden. Als zentraler Diskussionspunkt könnte die Frage in den Raum gestellt werden: Wer ist in der Hauptsache für das Scheitern der Konferenz verantwortlich gewesen?
- Eine andere Gruppe könnte ausgehend von der zentralen Problemfrage eine Pro-und-Kontra-Debatte oder eine Podiumsdiskussion inszenieren, die in der Debatte den Kontext und die Entwicklungsgeschichte aufarbeitet und das Plenum in die Entscheidungsfindung mit einbezieht.
- Eine dritte Variante könnte ein Rollenspiel sein. Die Gruppe erarbeitet sich Kontext und unmittelbare Vorgeschichte und beginnt auf dieser Basis mit dem Spiel zu dem Zeitpunkt, als sich west- und ostdeutsche Ministerpräsidenten zusammenfinden, um eine Tagesordnung für die Konferenz zu finden.

Damit wird deutlich, dass es sehr vielfältige Formen gibt, Geschichte zu präsentieren und anschließend über die von den Lernenden gefundenen Repräsentationen von Vergangenem zu diskutieren. Eine unvollständige Liste von Möglichkeiten:

- schriftliche: Referat plus Thesenpapier/ausgewählte Quelle; Geschichtszeitung; perspektivisches Schreiben,
- visuelle: Wandzeitungen, Collagen, Zeitstrahl, Strukturbild,
- auditive: Rede, Vortrag, Reportage, Interview,

- szenische: Rollenspiel, Revue, Sketsch,
- gestalterische: Ausstellung, Rekonstruktionen, Modelle.

Diese Vielfalt bedeutet nicht unbedingt Gleichwertigkeit. Erst dann, wenn sich über die ‚Kopfarbeit' hinaus Schülerinnen und Schüler handelnd in die zeitgenössischen Perspektiven hineinversetzen, wir deutlich bzw. kann deutlicher werden, inwieweit Fremdverstehen gelingt oder anders: Welche Anachronismen bei Präsentationen sichtbar werden.

Um auf das Beispiel zurückzukommen: Bei den Varianten zwei und drei wird historisches Verstehen und Denken vermutlich intensiver geübt werden; denn die Gruppe macht einen doppelten Durchgang durch das zugrunde liegende Material: Sie erarbeitet den Kontext und die unmittelbare Vorgeschichte, um sich anschließend handelnd zeitgenössisch ‚korrekt' zu verhalten. Darauf wird unter Gesichtspunkten der Leistungsbeurteilung noch zurückzukommen sein.

Präsentationen spiegeln in erster Linie die Analyse- und Urteilskompetenz der Lernenden. Bei Themen, die Kontroversität zum Gegenstand haben, zusätzlich die Orientierungskompetenz (Werturteil).

Es gibt eine grundsätzliche Kritik an dieser Form der Schülerdarbietung. „(...) Wenn die Präsentation dazu führt, dass ihr Mittelcharakter für die Vermittlung sich zum Selbstzweck wandelt, könnte im Unterricht doch etwas geschehen, was mit Blick auf die klassische Aufgabe der Vermittlung einem qualitativen Wandel gleichkommt. Dann substituierte die Vermittlungskompetenz ‚Präsentieren' zunehmend die zu vermittelnde Kompetenz. Die Schüler lernen Vermittlung statt eines einsichts- und verständnisvollen Umgangs mit Wissen. Sie werden Verkäufer von Waren, die sie nicht kennen."[150] Diese Problematik ist dann nicht von der Hand zu weisen, wenn zuallererst über die Form(en) der Präsentation entschieden würde, unabhängig von dem zu vermittelnden Inhalt. Dem kann aber auf zweierlei Weise entgegengewirkt werden:

1. Die wichtigste Vorbedingung für gelingende Präsentationen ist zunächst die Sammlung von Themen. Sammlung bedeutet mehr als nur die Benennung von thematischen Aspekten, sondern die Erarbeitung von problemorientierten Fragestellungen – und die Überlegung, welche Präsentationsformen sich dafür besonders anbieten.
2. Die Erprobung unterschiedlicher Präsentationsformen im Unterrichtsalltag, damit Schülerinnen und Schüler eine Vorstellung davon bekommen können, dass es nicht nur Wandzeitungen und PowerPoint gibt. Erst auf dieser Basis haben sie überhaupt die Möglichkeit und Fähigkeit, sich über unterschiedliche, der Thematik angemessene Formen Gedanken machen zu können.

Beurteilungsgrundlagen
Welche Beurteilungsgrundlagen lassen sich für eine Präsentation ausmachen? Vergleichsweise einfach ist es dann, wenn alle Gruppen das gleiche Produkt erstellen sollen, z. B. im Anfangsunterricht Geschichte eine Zeitleiste zur Entstehung und Entwicklung der Römischen Republik, mit der Vorgabe, nicht mehr als zehn Daten (Ereignisse, Phasen, Personen) zu verwenden und sich Veranschaulichungsmöglichkeiten zu überlegen. Inhaltlich sollten sicherlich weder Ständekämpfe noch gracchische Reformen noch Hinweise auf Verfassung und Ämterlaufbahn fehlen, dennoch werden die Gruppen darüber hinaus ihre eigenen Schwerpunkte setzen. Erst recht wird es unterschiedliche Varianten der Veranschaulichung und Strukturierung geben: Bilder, Strukturskizzen, Zitate, kleine erläuternde Texte etc. Auch an dieser Stelle sind Bewertungskriterien offenkundig: Sind Schemata nur übernommen oder selbst gestaltet; sind sie auf das Wesentliche reduziert; sind Bild-Text-Zuordnungen schlüssig oder verwirrend/falsch; bringen eigene erläuternde Texte Dinge auf den Punkt oder bleiben sie unklar? Drittens wird die ästhetische Gesamtwirkung keine unwichtige Rolle bei der Bewertung spielen. Eine inhaltlich noch so gelungene Zeitleiste verliert erheblich an Wert, wenn sie unübersichtlich und nachlässig gestaltet ist – und umgekehrt.

Deutlich schwieriger fällt eine angemessene Bewertung aus, wenn sehr unterschiedliche Produkte vorliegen. Im Gegensatz zu Tests und Klausuren sind bei entsprechender Formenvielfalt ständig Äpfel und Birnen zu vergleichen, manche Varianten sind als Bewertungsgrundlage dauerhaft vorhanden (Wandzeitung, PowerPoint-Folien), andere nicht, es sei denn, man würde sie aufzeichnen (Rollenspiel, Reportage). Schließlich handelt es sich häufig um Gruppenleistungen.

Bei der Bewertung von Präsentationsleistungen geht es neben der inhaltlichen Qualität der Aussagen um die gestalterische Umsetzung. Letztere umfasst auch die Sicherheit des Auftretens der Gruppe bzw. Einzelner: Wird die Erläuterung der Wandzeitung frei vorgetragen und gelingt eine Verbindung von Vortrag und Verweis auf Aspekte des Produkts; wie überzeugend treten Rollenspieler nicht nur inhaltlich, sondern auch rhetorisch auf? Eine Gewichtung von Inhalt und Gestaltung ist sinnvoll, sollte aber den Schwerpunkt auf die inhaltlichen Aspekte legen. Eine weitere Überlegung: Sollte – zunächst einmal unabhängig von der konkreten Ausführung – von vornherein eine sinnvollere oder schwierigere Präsentation (s. Varianten 2 und 3 aus dem Beispiel ‚Ministerpräsidentenkonferenz‘) honoriert werden – quasi wie Schwierigkeitsgrade bei Turnübungen oder im Turmspringen? Eine schwierige Frage. Eine letzte: Wie viele Bewertungskriterien sollen insgesamt formuliert werden, relativ wenige, offen gehaltene oder umfangreichere, ausdifferenzierte?

Zwei Beispiele:

Bewertungsbogen Präsentation	Name:
Inhalt (60 %)	
Inhaltliche Tiefe Sachliche Richtigkeit Verständliche Erklärungen Eingehen auf inhaltliche Fragen	**Punkte: 12**
Gestaltung (40 %)	
Sinnvolle Präsentationsform Angemessener Medieneinsatz Freies Sprechen Einbeziehung der Zuhörer	**Punkte: 8**
Besondere Ideen	**Zusatzpunkte: 2**
Unter 10 = nicht ausreichend *10-12 = ausreichend* *13-15 = befriedigend* *16-18 = gut* *19 und mehr = sehr gut*	

(P. Adamski)

Anlage zum Protokoll der Prüfung in besonderer Form zum MSA - Bewertungsbogen

Beginn der Prüfung: ____________ Ende der Prüfung: ____________

Beobachtungsbereich mögliche Kriterien	Kandidat	Präsentation					Prüfungsgespräch				
1. Medien und Medieneinsatz		++	+	o	-	--					
- Angemessenheit der Auswahl der Medien - Sicherheit im Umgang mit Medien - Funktionalität des Medieneinsatzes - Qualität der ästhetischen Gestaltung - Aussagekraft des Produktes - ...	A						(entfällt)				
	B										
	C										
	D										
2. Strukturierung der Darstellung		++	+	o	-	--					
- Anschaulichkeit der Darstellung - Klarheit der Phaseneinteilung - Vernetzung der Inhalte - Gewichtung der Teilaspekte - Fokussierung des Schwerpunkts - Funktionalität der Zeiteinteilung - ...	A						(entfällt)				
	B										
	C										
	D										
3. Fachliches Können		++	+	o	-	--	++	+	o	-	--
- Fachwissen - Identifikation mit der Themenstellung - Komplexität der Ausführungen - Systematik der Auswahl fachlicher Inhalte - Nachvollziehbarkeit der Schwerpunktsetzung - Anschaulichkeit der Darstellung - ...	A										
	B										
	C										
	D										
4. Zusammenarbeit in der Gruppe		++	+	o	-	--	++	+	o	-	--
- Beitrag zur Arbeitsatmosphäre - Arbeitsaufteilung - Eingehen auf die Gruppenmitglieder - Klarheit der gemeinsamen Zielsetzung - Nachvollziehbarkeit der Rollenverteilung - ...	A										
	B										
	C										
	D										
5. Auftreten / kommunikative Kompetenz		++	+	o	-	--	++	+	o	-	--
- sprachliche Angemessenheit (allgemeiner Sprachgebrauch, Fachsprache) - Adressatenorientierung - Eingehen auf Fragestellungen - Umgang mit der Textvorlage - Überzeugungskraft - ...	A										
	B										
	C										
	D										

Ggf. ergänzende Bemerkungen zu einzelnen Kandidaten:

A	
B	
C	
D	

(Adamski/Bernhardt 2012, S. 429)

Das erste Beispiel scheint subjektiven Beurteilungen einen relativ großen Spielraum zu geben. Die Punktzahlen werden nicht auf einzelne Kriterien verteilt, sondern können von den Beobachtern selbst gewichtet werden. Man kann es aber auch anders betrachten: Die Prüfer haben gewisse Orientierungspunkte für ihre Bewertung, die sie nicht hindern, die Präsentation als ganzheitliche auf sich wirken zu lassen. Überraschende Momente, die nicht abzuhaken sind, können berücksichtigt werden. Dieser Beobachtungsbogen ist so angelegt, dass die einzelnen Beobachter ihre Eindrücke nach der Präsentation austauschen und diskutieren können: Zielrichtung ist die Entwicklung einer gemeinsamen Beurteilung (kommunikative Validierung).

Das zweite Beispiel hat eine klarere Struktur und enthält umfassendere/detailliertere Aspekte zur Beurteilung der Präsentation. Sie scheint daher zu einer objektiveren Bewertung führen zu können, weil deutlich vorgegeben ist, was relevant ist. Auf der anderen Seite verführt eine solche Vorgabe zu schnellem Abhaken, zumal in einer Situation, in der mitunter drei oder vier gleichzeitig agierende Schülerinnen und Schüler zu beobachten sind. Die gewisse Starrheit des Gitters könnte zudem dazu führen, die Eigensinnigkeiten/Originalitäten von Präsentationen nicht hinreichend würdigen zu können.

Im Übrigen: Je mehr Beurteilungskriterien für eine Präsentation zugrunde gelegt werden, desto schlechter fallen die Noten aus.

Insgesamt könnten folgende Kriterien für die Beurteilung von Präsentationen – im Unterrichtsalltag wie in Prüfungssituationen – hilfreich sein:

- „Zuzugestehen, dass von einer (vermeintlichen) Objektivität der Leistungsbeurteilung zugunsten einer intersubjektiv überprüfbaren Abstand genommen werden muss;
- anzuerkennen, dass nicht an alle Präsentationen dieselben Kriterien, schon gar nicht in derselben Gewichtung, anzulegen sind;
- Bewertungskriterien gemeinsam mit den Lernenden zu entwickeln und deren Gewichtung auszuhandeln, wobei alle Festlegungen änderbar sein sollten;
- für Prüfungen die Gewichtung der Faktoren ‚weich' zu handhaben, d. h. nicht von irreversiblen Prozentangaben auszugehen;
- schließlich alle geltenden Festlegungen den Prüflingen vor der eigentlichen Prüfungssituation (ggf. in Trainingssituationen) bekannt und einsichtig zu machen."[151]

Die bekannten Gütekriterien, das zeigt sich hier wie bei anderen neuen Formen der Leistungserbringung (→ 3.14 Projekte, → 3.15. Portfolio) mehr als deutlich, verlieren an Bedeutung, weil sie solche Leistungen nicht angemessen erfassen können. Stattdessen gewinnt eine intersubjektive Validierung – und zwar im Vorfeld wie in der Reflexion gemeinsam mit den Lernenden – zunehmend an Bedeutung.

Gruppenleistungen bewerten

Ein letzter Aspekt: Präsentationen sind in den meisten Fällen Gruppenleistungen, sogar in Prüfungssituationen (Hauptschule). Einzel- oder Gruppennote, lautet folglich die Frage. Rechtlich betrachtet ist die Antwort einfach: Noten müssen auf Einzelleistungen basieren, damit sie nachvollziehbar begründet und – sollte sich der Fall ergeben – justiziabel sind. Pädagogisch gesehen sind Einzelnoten für Gruppenarbeiten ausgemachter Unsinn, es sei denn, Gruppen bestünden von vornherein – aus welchen Gründen auch immer – darauf. Die allseits hoch gehandelte Schlüsselqualifikation ‚Teamfähigkeit' würde dadurch geradezu konterkariert, denn die Konkurrenz Einzelner im Klassenplenum würde nunmehr lediglich in die Gruppen verlagert. Ein gemeinsames, nämlich unterschiedliche Fähigkeiten der einzelnen Gruppenmitglieder nutzendes Handeln, würde mindestens behindert, wenn nicht gar verunmöglicht.

Ein Beispiel, das zugegeben überspitzt die Absurdität der Situation zeigen kann: Vier Schülerinnen und Schüler haben für die Projektprüfung in der Hauptschule eine Präsentation entwickelt, die sich mit dem Alltag im Römischen Imperium befasst und sich auf vier Schwerpunkte konzentriert: Wohnen, Kleidung, Essen, Hygiene. Als Produkt haben sie vier Wandzeitungen erstellt. Sinn der Gruppenarbeit ist es, dass alle vier Lernende ihre unterschiedlichen Talente einbringen und gleichzeitig für das Produkt und seine Präsentation nutzen; das bedeutet aber auch, dass sie jeweilige Stärken (der eine kann gut gestalten, die andere gut Materialien auswerten, die dritte hat eine originelle Idee für die Präsentation – z. B. in römischer Kleidung aufzutreten –, der vierte kann Wortbeiträge gut abstimmen und den Moderator spielen) im Sinne einer gemeinsamen Leistung profilieren. Im anderen Fall – Einzelbeurteilung – könnte es im Extremfall zu folgenden Absurditäten führen:

- eine der Wandzeitungen ist hervorragend gestaltet, inhaltlich aber fehlerhaft;
- die zweite enthält eine Fülle korrekter Informationen, ist aber kaum lesbar und strukturiert;
- eine Schülerin hat sich selbst oder von ihrer Mutter ein Gewand geschneidert (schneidern lassen);
- ein Schüler moderiert selbstbewusst und sicher, die anderen sind kaum in der Lage, vernünftige Texte vorzutragen, geschweige denn in einigermaßen freier Form. In diesem Fall würden die Defizite der Einzelnen hervorgehoben.

Es gibt gut gemeinte, wenngleich keine wirklich guten Vorschläge zur Lösung dieses Dilemmas, worauf an dieser Stelle nicht umfassender eingegangen werden kann.[152] Häufig wird ein Verfahren vorgeschlagen, das die Lernenden in einem vorgegebenen Rahmen selbst Einzelnoten finden lässt. Am o. a. Beispiel sähe das so aus: Die Gruppenpräsentation ist mit ‚gut' bewertet worden. Die vier Gruppenmitglieder können nunmehr besprechen, ob alle diese Note bekommen oder differenziert wird. Das bedeutet freilich auch, dass eine bessere Note für eine(n) eine schlechtere Note für eine(n) andere(n) zur Folge hat – denn das ‚gut' der Gesamtgruppe muss erhalten bleiben.

Bei einer Abschlussprüfung ist das Problem nicht einmal *pädagogisch* gelöst, weil die Einzelbenotung zwingend ist. Eine Hilfe, um pädagogische Überzeugungen und geltendes Recht in Einklang zu bringen, könnte folgende Überlegung sein: „Wenn Noten über Punktsysteme vergeben werden, kann eine sinnvolle Lösung darin bestehen, die Gruppenleistung zwar zu beurteilen, sie jedoch weniger stark zu gewichten. Somit erhält jeder Schüler und jede Schülerin zwar eine individuelle Note, der motivierende Charakter der Gruppenleistung wird jedoch erhalten und honoriert. Die Beurteilung bleibt folglich pädagogisch und juristisch begründbar."[153]

Übertragen auf das Beispiel hieße das, es lohnt sich, zusammen zu arbeiten, den Prozess und das Ergebnis betreffend. Individuelle Leistungsunterschiede werden erst in der Präsentation sichtbar, sie geben aber keinen *entscheidenden* Ausschlag für das individuelle Endergebnis der Gruppenmitglieder. So zu verfahren, träfe auch die Selbsteinschätzung der Lernenden besser: Selbstverständlich wissen sie – nicht selten besser als die Lehrkräfte – wo ihre Stärken und Schwächen liegen. Sie haben Strategien entwickelt, diese Unterschiede zu kompensieren. Das sollte honoriert werden.

Insgesamt zeigt sich erneut – wie schon häufig erwähnt – die Notwendigkeit, gemeinsam mit Schülerinnen und Schülern kommunikative Validierungsinstrumentarien zu entwickeln, diese zu erproben und ggf. zu revidieren, um sowohl für Lehrkräfte als auch für Lernende gemeinsam entwickelte Grundlagen für Leistungsbeurteilungen zu erhalten.

3.14 Projekte

Projektprüfungen sind in einigen Bundesländern mittlerweile verpflichtender Teil des Hauptschulabschlusses (z. B. in Baden-Württemberg und Hessen). Die Prüfung endet mit einer Präsentation, zu der im letzten Kapitel das Notwendige gesagt worden ist. Die Bewertung der Prüfungsleistung ist allerdings umfassender angelegt: Sie schließt den Planungs- und Erarbeitungsprozess mit ein. Das erhöht ihre Komplexität und macht sie schwieriger. Dies gilt in diesen beiden Phasen besonders für die begleitende Lehrkraft, weil Beratungs- und Beurteilungsrolle kaum voneinander zu trennen sind.

Was ist das Besondere an historischer Projektarbeit und was macht sie für einen kompetenzorientierten Geschichtsunterricht nahezu unverzichtbar? „Historische Projektarbeit wird hier verstanden als alle Denk-, Recherche- und Artikulationsstufen umfassende selbsttätige Auseinandersetzung seitens der Schülerinnen und Schüler mit einer historischen Problemstellung."[154] Dabei ist es unerheblich, ob Lernende sich auf historische Spurensuche begeben, d. h. in ihrem lokalen Umfeld z. T. bislang nicht Bekanntes erforschen, oder in dem Sinne projektorientiert arbeiten, dass sie ein bekanntes Thema mit einer eigenen Fragestellung und Präsentationsform neu aufbereiten.[155] Während im üblichen Unterrichtsgeschehen und auch in den gängigen Formaten der Leistungsermittlung und -beurteilung Kompetenzen historischen Lernens eher in Teilen oder mit bestimmten Schwerpunktsetzungen überprüft werden, bildet die historische Projektarbeit alle wesentlichen Operationen historischen Denkens ab: Lernende formulieren zu einem Thema historische Fragen und Vermutungen (Wahrnehmungskompetenz), sie sichten und analysieren Quellen und Darstellungen (Analysekompetenz), entwickeln gemeinsam ein Sachurteil (Urteilskompetenz) und gelangen für sich zu einer historischen Sinnbildung in Form eines Werturteils (Orientierungskompetenz). Die Präsentation der Ergebnisse – in welcher Form auch immer – ist Ausdruck ihrer Art, eigene Geschichte(n) zu erzählen (Narrative Kompetenz). „Wer praktisch handelnd Vergangenes rekonstruiert und im Prozess forschend-entdeckenden Lernens unter mehr oder weniger großer Anleitung von Lehrkräften Methodenkenntnisse erwirbt und anwenden lernt, wird sehr viel deutlicher als in herkömmlichen Unterrichtsverfahren den Konstruktcharakter von Geschichte begreifen und reflektierte Erfahrungen mit zentralen fachdidaktischen Kategorien (Perspektivität, Alterität, Kontroversität) sammeln können.[156]

Unter Diagnosegesichtspunkten haben alle Phasen von Projektarbeit Relevanz:

1. Die Themenfindung und Projektskizze als Ausdruck dessen, inwiefern Einzelne und Gruppen überhaupt in der Lage sind historische Fragen zu stellen, die über ein Was war wann und wo hinausgehen. Da Projekte sich im Regelfall aus einem unterrichtlichen Zusammenhang entwickeln, gibt die Projektskizze auch Auskunft darüber, welche Lernvoraussetzungen vorhanden sind und evaluiert gleichermaßen das bisherige Unterrichtsgeschehen. So ergaben sich beispielsweise in einer 7. Klasse nach dem Erwerb eines Basiswissens über das ‚Leben im Mittelalter' vielfältige Projektideen: ‚Narren, Gaukler, Minnesänger', ‚Ritterleben', ‚Judentum im Mittelalter', ‚Krankheiten', ‚Abfall und Abfallentsorgung' etc.[157]

2. Die Planung des Projekts als ausführliches Dokument zum inhaltlichen Vorgehen, zum zeitlichen Ablauf und zur Entwicklung einer Präsentationsform kann u. a. zeigen, mit welchen Materialien die Gruppen arbeiten wollen, welche außerschulischen Lernorte sie ggf. aufsuchen, mit welchen Zeitzeugen sie u. U. sprechen wollen, d. h., wie breit oder eng ihr thematischer Zugriff aussieht. Mit anderen Worten: welche Erschließungstiefe ihr analytischer Ansatz aufweist. Aber auch: wie realistisch ihr Vorhaben ist. Erneut ein Beispiel aus der erwähnten Klasse, in der sich eine Gruppe mit dem Thema ‚Hexen und Hexenverfolgung' auseinandersetzen wollte und plante, für die Mitschülerinnen und Mitschüler eine Museumsführung durchzuführen. Sie schreiben, nachdem sie im Vorfeld ein für das Thema relevantes Museum besucht haben: „Wir haben versucht, unsere Informationen so zusammenzustellen, wie wir sie vortragen möchten. Wir glauben, dass wir alles Wesentliche geschrieben haben. Zu jedem Raum im Museum können wir die Gruppe informieren. Unsicher sind wir, wie wir den Vortrag einleiten sollen, also wo wir beginnen sollen. Sollen wir noch draußen vor dem Haus etwas zum Hexenbürgermeisterhaus sagen? Im Hexenbürgermeisterhaus wird uns zunächst ein Film gezeigt. Da würde dann einiges wiederholt werden."[158]
3. Die Durchführung des Projekts. Manchmal zeigt sich erst in dieser Phase, wie realistisch Planungen oder Produktvereinbarungen sind. Es zeigt sich zweitens, inwiefern Gruppen gut zusammenarbeiten können, inwiefern sie die jeweils unterschiedlichen Talente der Mitglieder nutzen. Lernende können an dieser Stelle erleben, dass ihr Expertentum für die Gruppe und das Arbeitsergebnis bedeutsam ist. „Jedes Kind hat mindestens ein Gebiet, auf dem es Fachmann ist: die Kreative, der Zeichner, die Künstlerin, der Bastler, die Strategin, der Spielexperte, die Telefonexpertin, der Ortskundige, die Begeisterungsfähige, der Fotograf ..."[159] Andererseits werden in dieser Phase zuweilen auch Probleme deutlich. So erarbeitete eine 9. Hauptschulklasse Themen zum ‚Jüdischen Leben in Fulda', eine Gruppe mit dem Schwerpunkt ‚Jüdische Friedhöfe'. Im Kommentar zur Durchführungsphase schrieb die Lehrkraft: „Die Erarbeitung zeigt, dass ihr an dem Thema sehr interessiert seid. Allerdings fällt immer wieder auf, dass ihr gar nicht so recht wisst, wonach ihr suchen sollt. Besonders in Weyhers braucht die Gruppe große Unterstützung, bis ihr gemerkt habt, worum es eigentlich geht. Erst zum Schluss eurer Arbeit, sozusagen als lästiges Beiwerk, beginnt ihr, die Inhalte zu bearbeiten. Die Form der Dokumentation ist gut gelungen und insgesamt sehr sorgfältig angelegt. Allerdings schleifen sich auch hier aus Unwissenheit immer wieder

inhaltliche Fehler ein. Die Arbeit ist sinnvoll verteilt, leider wird die Präsentation zu wenig in der Gruppe diskutiert. Immer wieder werden dem Lehrer Fragen zur Klärung zugeschoben."[160]

4. Das Produkt und seine Präsentation. In ihnen wird deutlich, inwiefern es den Gruppenmitgliedern gelungen ist, ihre Ergebnisse zu verdichten sowie plausibel und triftig Geschichte zu erzählen (→ 3.13 Präsentationen).

Grundlagen für die Bewertung

In den ersten drei Phasen der Projektarbeit wird deutlich, dass sich der Projektprozess dialogisch entwickelt. Die Lernenden teilen sich ihre Gedanken und Vorschläge mit und diskutieren diese zum einen untereinander, zum anderen mit der Lehrkraft. Es entsteht somit ein dichtes Feld der Evaluation von Lernprozessen, sowohl inhaltliche als auch soziale Aspekte betreffend. Diese Phasen müssten eigentlich einer Leistungsbeurteilung entzogen sein, denn es handelt sich um einen offenen Austausch von mehr oder weniger vorläufigen Positionen, um Entwicklungsschritte auf ein Ziel hin, die diskutierbar, somit auch differenzierbar oder revidierbar sind. Eine solche Freiheit von Benotung ist in Projekten möglich, die keinen offiziellen Prüfungscharakter haben – also in den meisten schulischen Fällen. Allerdings entgeht man damit nicht dem Dilemma, Lernende auf eine Projektprüfung vorbereiten zu müssen, ihnen folglich in Trainingsprojekten zu verdeutlichen, wie Planung und Bearbeitung als *Leistung* zu beurteilen sind. Als Grundlage für eine Leistungsbeurteilung dieser Phasen können die Lehrkräfte in der Regel auf folgende ‚Zwischenprodukte' zurückgreifen:

- Projektskizzen und Projektpläne
- Gruppenprotokolle (-Arbeitsberichte)
- Projektmappen der einzelnen Gruppenmitglieder
- Beobachtungen (schriftliche Aufzeichnungen) der Lehrkraft

Dass Projektskizzen, -pläne und Gruppenprotokolle unter Beurteilungsgesichtspunkten möglicherweise (selbst)kritische Aspekte ausblenden oder schönen, ist eher wahrscheinlich. Verlässlicher sind schon die Projektmappen, in denen die Gruppenmitglieder dokumentieren, mit welchen Teilaspekten sie sich besonders auseinandergesetzt, welche Arbeitsschritte sie vollzogen und wie sie Probleme gelöst haben. In ihnen ist der je individuelle Anteil an der Gruppenarbeit und dem Produkt ungleich genauer und nachvollziehbarer abgebildet, als dies in der Präsentation möglich wäre, die naturgemäß eine Verdichtung des Arbeitsprozesses darstellt.

Ein problematisches Feld für eine auch nur einigermaßen valide Beurteilung der Schülerleistungen ist die Beobachtung durch die Lehrkraft, die bestenfalls punktuell erfolgen kann und damit äußerst selektiv ist. Projektgruppen arbeiten nicht immer im selben Schulraum, zuweilen sind sie außerschulisch unterwegs – was ja gewünscht ist. Eine zu enge Beobachtung von Gruppen stört im Regelfall die Gruppenkommunikation. „Daher scheint es zumindest bei unerfahrenen Lerngruppen empfehlenswert, im Projektunterricht keine systematische Beobachtung, sondern eher eine schriftliche Prozessbewertung durchzuführen und diese evtl. mittels punktueller Beobachtung zu ergänzen."[161]

Beratungen von Projektgruppen seitens der Lehrkraft – zentral für dialogische Lernprozesse – ist unter Aspekten der Leistungsbeurteilung im Kern nicht möglich, könnten sie doch als Hilfe von außen die Noten verbessern helfen oder u.U. die Lernenden so verwirren, dass sich ihre Noten verschlechtern. Die Lehrkraft steht folglich vor dem Spagat, sich im Beratungsfall ständig selbst zu beobachten, ob das eigene Handeln Auswirkungen auf das Leistungsergebnis hat, eine absurde Situation.

Wie ist mit diesen Dilemmata umzugehen? Darauf gibt es bislang kaum befriedigende Antworten – vielleicht kann es auch keine geben. Die Kollegin, die mit ihrer 7. Klasse das Mittelalterprojekt durchführte, hatte Glück – bzw. brauchte sich diese Frage nicht in aller Schärfe zu stellen: In der Laborschule Bielefeld gibt es bis zum Ende der 9. Klasse keine Noten. Anders stellt sich die Situation in Regelklassen der Hauptschule dar.

Eine Beurteilung von Projektarbeit sollte folgende Aspekte beachten:

1. Für die einzelnen Phasen der Projektarbeit ist mit den Lernenden zu klären, was wann und wie als Leistung beurteilt werden kann. Dies schafft Sicherheiten, wann es um Situationen des Lernens und solche geht, in denen Leistung gemessen wird.
2. Die Leistungsgesichtspunkte und -erwartungen sollen für die Schülerinnen und Schüler transparent sein. D.h. vor allem, dass sie in Trainingsphasen erprobt und ggf. modifiziert werden können (dialogische Validierung).
3. In der Planungs- und Erarbeitungsphase sollte die Lehrkraft sich vor allem auf die Intentionen/Ideen der Gruppen einlassen. Ein Veto bzw. eine kritische Anmerkung muss allerdings dann erfolgen, wenn die Vorschläge vollkommen unrealistisch sind.
4. Daran gemessen kann abschließend eine Beurteilung der Arbeit erfolgen: Inwieweit sind die Gruppen ihren inhaltlichen Zielsetzungen gerecht geworden und wie anspruchsvoll waren sowohl thematische Tiefe als auch gestalterische Umsetzung.

Gutachten

Eine solche Beurteilungspraxis gelangt notwendigerweise zu einer Ziffernnote, ihr sollte aber ein schriftliches Gutachten vorangehen, das auf die einzelnen Projektphasen eingeht.

Zwei Beispiele für Lehrergutachten:

A Das ‚Bonifatiusprojekt' einer 7. Hauptschulklasse, in der eine der Gruppen das Fällen der Donar-Eiche in ein Hörspiel umsetzte.[162]

> Die Gruppe hatte von Anfang an eine äußerst präzise Vorstellung über Verlauf und Ergebnis ihrer Arbeit. Inhaltlich auf einer vergleichsweise sehr schmalen Quellengrundlage arbeitend, stürzte sich die Gruppe mit äußerstem Elan auf die Produktion von Szenen, die anschließend mit großer Perfektion in eine Folge von Hörszenen umgesetzt wurden. In der Präsentation erbrachte die vorgestellte Produktion hohe Anerkennung. Allerdings wurde auch deutlich, dass der inhaltliche Ertrag eher dürftig war, denn letztlich hatte sich die Gruppe keine neuen Erkenntnisse über den Vorgang angeeignet. Gleichwohl kann diese Feststellung nicht allein negativ bewertet werden.

Den Schülern wird auf dieser Grundlage deutlich, dass es einen erheblichen qualitativen Unterschied zwischen Inhalt und Gestaltung gab, gleichzeitig aber die Präsentationsleistung hoch geschätzt wird.

B Aus dem schon erwähnten Projekt ‚Jüdisches Leben in Fulda'. Eine der Gruppen hatte als Präsentationsgrundlage einen Stadtplan mit Orten jüdischen Lebens entwickelt, die als Modelle in den Plan eingebaut waren.[163]

> **Planung des Projekts**
>
> Während der Planungsphase arbeitet eure Gruppe sehr zielorientiert. Alle wichtigen Fragen werden gemeinsam geklärt. Das Projektziel ist realistisch, auch wenn die Kosten recht hoch sind. Der vorgelegte Arbeitsplan berührt zum Teil sehr unwesentliche Sachverhalte (Haltestellen der Buslinie, an denen ihr aussteigen wollt!!) Für die Durchführung des Projekttages werden alle Vorbereitungen gut getroffen.
>
> **Die Erarbeitung**
>
> Das angestrebte Projektziel verfolgt ihr sehr konsequent. Die anstehenden Arbeiten werden sinnvoll aufgeteilt; allerdings erkennt die Gruppe nicht rechtzeitig, dass die Verkabelungsarbeit für die Beleuchtung der Häuschen früher von der Gesamtgruppe hätte unterstützt werden müssen. Die Zeitplanung erweist sich als realistisch. Nicht gut ist, dass ihr die erarbeiteten Texte nicht ausreichend in der Gesamtgruppe diskutiert. Dadurch hätten auftretende Fehler beseitigt werden können.

Die Präsentation

Insgesamt ist eure Präsentation sehr beeindruckend. Die Gruppe löst sich zum Teil von der aufgeschriebenen Textvorlage und ist so in der Lage, die Zuhörer direkt anzusprechen. Insgesamt macht ihr einen sehr gut vorbereiteten Eindruck. Das präsentierte Projektergebnis (Modell) ist mit allen seinen technischen Besonderheiten ausgezeichnet. Die selbst konstruierten Häuschen sind gut erarbeitet, auch wenn die Sache offensichtlich sehr viel Zeit kostet. Der Arbeitsprozess wurde gut dargestellt.

Bewertung

Eine gute Vorbereitung hat zu einem sehr guten Ergebnis geführt! Lediglich bei der Textarbeit sind Verbesserungen möglich!

Sehr gut (1-)

Beide Beispiele für Gutachten zeigen – neben der schon erwähnten Einbeziehung aller Projektphasen in die Beurteilung –, das Einlassen auf die Ideen der Schüler. In beiden Fällen ist das Produkt der Projektarbeit anspruchsvoll und zeitaufwändig. Entscheidend ist offenbar, dass solche sehr guten Präsentationsideen, die den Themenstellungen zudem adäquat sind, nicht mit dem Argument ausgeredet werden, dass Kosten und Aufwand einer Realisation entgegenstehen. Die Intention der Schülerinnen und Schüler lässt auf eine erhebliche Motivation schließen, die bei einem anderen durch die Lehrkraft vorgeschlagenen Produkt genauso schnell wieder verschwinden könnte, wie sie entstanden ist.

3.15 Portfolios

Während Projektarbeit den Prozess historischen Lernens in allen Kompetenzbereichen für *Gruppen* über einen kürzeren oder längeren Zeitraum abbildet, leisten dies Portfolios für *Lernerbiografien.*

Portfolios sind geeignet, anhand von nur wenigen Dokumenten und Berichten beschreib- und analysierbar zu machen, über welche Kompetenzen historischen Denkens Schülerinnen und Schüler verfügen, welche Arbeits- und Lernstile sie auszeichnen und wie reflektiert sie mit ihren Stärken und Defiziten umgehen.

Portfolios können im Vergleich zu anderen Instrumenten der Lernerfolgs-, Leistungs- und Kompetenzüberprüfung deshalb einen tieferen Einblick in Potenziale historischen Lernens geben, weil

1. sie aus Sicht der Lernenden kein dem Unterrichtsprozess äußerliches, nachträgliches Evaluationsverfahren sind wie beispielsweise Fragebögen nach Abschluss einer Unterrichtseinheit;
2. sie den Schülerinnen und Schülern keine vorformulierten Aussagen über Grade der Verarbeitung historischer Ereignisse und Prozesse sowie die Tiefe der historischen Einsichten an die Hand geben, welche sie lediglich anzukreuzen haben – wie bei den meisten Selbsteinschätzungsbögen;
3. Lernende angehalten werden, Dokumente ihres Lernens und Berichte über ihren Arbeits- und Lernprozess inhaltlich wie sprachlich selbstständig zu Papier zu bringen – natürlich mit Hilfen –, was einen Zuwachs an Authentizität und Reflexivität beinhaltet;
4. Lernende das Beschreiben und Reflektieren von Ergebnissen und Prozessen historischen Lernens als integralen Bestandteil von Geschichtsunterricht erleben und nicht als aufgesetzte Zusatzbelastung (der Lehrer will etwas von mir hören).

Ohne damit generell die anderen Instrumente diskreditieren zu wollen, besteht der Charme der Portfolioarbeit darin, individuell nachvollziehbare und dialogisch überprüfte Auskünfte über die Erfolge und Defizite historischen Lernens zu erhalten.

Zweitens bietet die Arbeit mit Portfolios die Möglichkeit, Formen der Leistungserbringung, der Leistungsfeststellung und der Leistungsbeurteilung in die Unterrichtspraxis einzuführen, die einerseits komplexere und vielfältigere Lernleistungen abbilden können als z. B. Tests und Klausuren, andererseits den Forderungen nach Differenzierung und Individualisierung des Lernens nachkommen. Dabei ist freilich zu prüfen, ob alle Teile eines Portfolios auch Gegenstand der Benotung sein können/sollen.

Drittens bedarf Portfolioarbeit einer sorgfältigen Hinführung und Vorbereitung durch die Lehrkraft, einer kontinuierlichen Begleitung sowie einer sinnvollen und transparenten Eingrenzung der Ansprüche an die Lernenden, soll sie nicht als zusätzliche Belastung oder gar Überforderung aller Beteiligten wahrgenommen werden – und damit ein punktuelles Experiment bleiben.

Was ist ein Portfolio?

„Ein Portfolio ist eine zielgerichtete Sammlung von Arbeiten, welche die individuellen Bemühungen, Fortschritte und Leistungen der/des Lernenden auf einem oder mehreren Gebieten zeigt. Die Sammlung muss die Beteiligung der/des Lernenden an der Auswahl der Inhalte, der Kriterien für die Auswahl, der Festlegung der Beurteilungskriterien sowie Hinweise auf die Selbstreflexion der/des Lernenden einschließen."[164] Diese mittlerweile wohl allgemein anerkannte Definition grenzt ein Portfolio deutlich von normalerweise im Geschichtsunterricht geführten *Geschichtsmappen* ab: Ein Portfolio enthält keine Tafelbilder, Merksätze oder Hausaufgaben etc. – es sei denn, sie würden Gegenstand einer inhaltlichen Auseinandersetzung oder einer Reflexion. Ein Portfolio sollte aber auch nicht durch Überfrachtung mit abhakbaren Kompetenzrastern oder Selbsteinschätzungsbögen – alles wohlgemeint im Sinne der Förderung selbstständigen und eigenverantwortlichen Lernens – dazu beitragen, einen ‚Lernjob' zu erledigen. Sein Kernanliegen ist die Mitbestimmung der Lernenden in Fragen der Ziele, der Auswahl von Inhalten und Aufgaben, der Transparenz der Leistungserwartungen und der Kommunikation über die Beurteilung von Leistungen. Der zentrale Gedanke: Die Schülerinnen und Schüler werden aus der passiven Rolle, ihre Leistung in einer konkreten Prüfungssituation abzurufen, in die aktive Rolle versetzt, ihre Kompetenzen über Lernprodukte, die über einen längeren Zeitraum verteilt entstehen, dokumentieren zu können. Aus Sicht der Lehrkraft: Sie erhält mittels authentischer Dokumente und Berichte einen Einblick in den Lernprozess (Lernwege zur Auseinandersetzung mit einem Thema) und die Lernergebnisse (fachliches Wissen und methodisches Können) sowie die Motivation/Bereitschaft der Lernenden, sich auf die Lösung von Fragen und Problemen einzulassen. Damit erfüllt Portfolioarbeit in ‚eigensinniger' Weise geradezu das Paradigma kompetenzorientierten Lehrens und Lernens: Lernende weisen ihre Kompetenzen in unterschiedlichen Problemlösungssituationen nach!

Obwohl die Definition eines Portfolios grundsätzlich durchaus eindeutig ist, gibt es dennoch unterschiedliche *Portfolioformen*, die auseinendergehalten werden sollten: Bewerbungsportfolio, Leistungsportfolio, Methodenportfolio, Arbeitsportfolio, Beurteilungsportfolio, Show-Case-Portfolio etc.[165] Wenn im Folgenden von Portfolios gesprochen wird, ist damit zunächst ein *Arbeitsportfolio* gemeint: Die Schülerinnen und Schüler sammeln innerhalb eines Schulhalbjahres oder z. B. während einer projektorientierten Unterrichtsphase alle Materialien, Produkte, Reflexionen, Kommentare etc., die sie als wichtig für ihr Portfolio erachten. Ein solches Portfolio ist Grundlage für die *Evaluation* eines Lernprozesses. Anschließend bzw. die Sammelphase begleitend erfolgt eine genauere Auswahl desjenigen, was sie schließlich in einem *Beurteilungsportfolio* abgeben wollen, um zum Abschluss der Projektphase oder des Halbjahres eine Leistungsbewertung zu bekommen.

Portfolioarbeit ist eine schlüssige Antwort auf *Binnendifferenzierung,* dadurch, dass sie individuelle Leistungen nicht nur zulässt, sondern sogar dazu ermuntert.

Genauso, wie Projektarbeit nur gelingen kann, wenn zuvor im Geschichtsunterricht bestimmte methodische Fähigkeiten ausgebildet worden sind (sog. Etüden), kann Portfolioarbeit nur dann zu motiviertem und reflektiertem Arbeiten führen, wenn Schülerinnen und Schüler *zuvor* oder den Portfoliounterricht *begleitend* wenige, aber zentrale Grundelemente historischen Denkens angeleitet erprobt haben. Lernende sollten geübt haben – wenn auch nur ein erstes Mal:

- eigene Fragen an die Geschichte zu formulieren;
- sich zu überlegen, auf welchem Weg (Recherche) sie zu beantworten sind (Wahrnehmungskompetenz);
- vorliegende Informationen (Quellen, Sachbücher, Zeitzeugenaussagen, Medien wie z. B. Comics oder Spielfilme) auf ihre Aussagekraft hin zu beurteilen (Analysekompetenz);
- einen Erklärungszusammenhang für die zeitgenössische Interpretation herzustellen, indem multikausale Zusammenhänge hergestellt, verknüpft und letztlich aufgelöst werden: Es war damals so, weil ...; (Urteilskompetenz);
- einen eigenen narrativen Kontext herzustellen, der zeigt, dass sie in der Lage sind, ihre Geschichten zu erzählen, die zeitgenössisches Perspektiven mit ihrem lebensweltlichen Urteil verknüpfen, also ausweisen, inwieweit sich ihr Geschichtsbewusstsein entwickelt hat (Orientierungskompetenz).

Ein Beispiel für ein Portfolio im Anfangsunterricht:[166]

Die Portfolioarbeit war für den Anfangsunterricht Geschichte in einer 7. gymnasialen Klasse für ein Schuljahr konzipiert und umfasste vier größere Unterrichtseinheiten. Nach einer allgemeinen Einführung in eine neue Idee (Portfolio) erhielten die Lernenden eine erste Orientierung.

Wir werden im kommenden Halbjahr/Schuljahr folgende Themen behandeln:

- Wir entdecken mit Fred Feuerstein die Steinzeit.
- Wir versuchen, das Rätsel des Pyramidenbaus im alten Ägypten zu lösen;
- Wir gehen auf Spurensuche im antiken Griechenland und in Rom.

Das kann spannend werden, und, was hinzukommt: ihr zeigt eure Leistungen auf eine ganz neue Art und Weise: Ihr erstellt ein Portfolio!

Was ist ein Portfolio?

Eine Mappe, in der du bestimmte Arbeiten für das Fach Geschichte sammelst. Das Portfolio soll die Entwicklung deines Sachwissens und deiner methodischen Fertigkeiten aufzeigen. Du darfst auswählen, welche Arbeiten du abgibst, die dann am Ende des Halbjahres/Schuljahres bewertet werden.

Wie wird ein Portfolio angelegt?

Inhaltsverzeichnis – Es enthält eine Übersicht über die von dir gewählten Arbeiten und die Reihenfolge, in der sie im Portfolio auftauchen.

Aufgaben – Aus folgenden Gruppen von Aufgaben kannst du Arbeiten für das Portfolio auswählen:

Gruppe 1: (Zusammenfassen, Erläutern, Ergänzen)

1.1 Eine Stunde protokollieren oder in einer Mind-Map darstellen, die du besonders spannend fandest

1.2 Das Zustandekommen eines größeren Tafelbildes erklären

1.3 Erläutern, wie es am Beispiel schriftlicher Quellen zu unterschiedlichen Meinungen zu einem geschichtlichen Sachverhalt kommen kann

1.4 Das Ergebnis einer Stunde durch häusliche Weiterarbeit (Jugendbuch, Sachbuch, Internet) ergänzen

Gruppe 2: (Geschichtliches Wissen anwenden)

2.1 Ein eigenes Schaubild entwickeln, das nicht im Schulbuch steht

2.2 Ein geschichtliches Ereignis aus einer anderen Sicht erzählen

2.3 Einen Brief an eine historische Persönlichkeit schreiben, die du schätzt oder nicht magst

2.4 Eine Collage zu einem dich interessierenden Thema entwickeln

Gruppe 3: (Damals und heute/Erfunden oder wahr)

3.1 Einen Bericht verfassen und illustrieren über Lebensformen in Ägypten, Griechenland oder in Rom

3.2 Eine Tabelle erstellen über Demokratie/Monarchie

3.3 Sage und historische Wirklichkeit vergleichen

3.4 Populäre Geschichten (Comics) oder Spielfilme (z.B. Gladiatoren in Rom) überprüfen

Du kannst aus den insgesamt 12 Aufgaben 6 auswählen, die du im Portfolio abgeben möchtest. Du solltest aber darauf achten, dass aus jeder Gruppe mindestens eine und aus jeder größeren Unterrichtseinheit ebenfalls eine Aufgabe in das Portfolio gehört. Im Laufe des Schulhalbjahres werden wir nach jeder größeren Unterrichtsreihe gemeinsam überlegen, welche Beiträge sich für das Portfolio anbieten könnten. Solltest du selbst andere Ideen für Portfolio-Beiträge haben, können wir natürlich darüber reden:

- Du hast an einem ‚Aktionstag Steinzeit' teilgenommen und möchtest darüber berichten: kein Problem.
- Du hast mit deinen Eltern eine Ausstellung zu einem der Themen besucht und möchtest deine Eindrücke und Beobachtungen aufschreiben? Gerne!
- Du hast dich schon immer oder gerade jetzt damit beschäftigt, wieso eigentlich die alten Griechen Erfinder der Demokratie waren: wunderbar!
- Du hast noch andere Ideen: Besprich sie mit deinem Lernpartner oder mit mir: Wir finden eine Lösung!

Arbeits- und Lernberichte

Zu jeder der sechs ausgewählten Aufgaben gehört ein Arbeitsbericht, aus dem hervorgehen soll, warum du das Thema ausgewählt hast, wie du vorgegangen bist, welche Materialien du benutzt hast, was dir besondere Freude oder auch Schwierigkeiten gemacht hat.

Außerdem gehören in das Portfolio Lernberichte, die Auskunft geben sollen über das Unterrichtsklima, deine Fortschritte im Lernen, die Stärken und Schwächen der Unterrichtsgestaltung durch den Lehrer. Wie man solche Arbeits- und Lernberichte anfertigt, werden wir in Portfolio-Stunden besprechen

(Adamski (2003c), S. 30)

Diese Vorlage ist als Beispiel zu begreifen, das Grundelemente eines am historischen Lernen orientierten Geschichtsunterrichts enthält. Einerseits geht es um grundlegende, nicht nur fachspezifische, Kompetenzen, die einzuüben und nachzuweisen sind (Gruppe 1). Zweitens um die Anwendung historischen Wissens an komplexeren Aufgabenstellungen und schließlich um fachspezifische Kompetenzen (Analyse- und Urteilskompetenz) auf angemessenem Niveau, die aufzeigen können, inwieweit Ansätze von Temporal-, Wirklichkeits-, politischem und moralischem Bewusstsein angebahnt werden konnten. Quer durch die Aufgabengruppen sind zentrale didaktische Kategorien, wie z. B. Kontroversität, Perspektivenübernahme und multiperspektivische Betrachtungsweisen angelegt.

Dieses Infoblatt ist als *advance organizer* angelegt, der den Schülerinnen und Schülern einen Überblick über die Vorhaben im Geschichtsunterricht liefert. Die Lernenden erhalten eine *verbindliche Vorgabe* – im Übrigen auch die Lehrkraft – für das, was in den kommenden Wochen und Monaten geschieht.

Zweitens kann ihnen vermittelt werden, welche und wie viele Leistungen sie zu erbringen haben, um das Pensum und die Anforderungen im Geschichtsunterricht für diesen Zeitraum erfolgreich leisten zu können. *Sechs Aufgaben* für ein Nebenfach stellen keinen erhöhten Leistungsdruck dar, besonders dann nicht, wenn ansonsten herkömmliche Hausaufgaben wegfallen – sie sind in das Portfoliokonzept integriert, d. h. es wird nicht unterschieden, welchen Anteil häusliche oder unterrichtliche Arbeit an der Herstellung des Portfolios haben. Andere schriftliche Leistungsnachweise (Tests) können durch das Portfolio ersetzt oder in ihrer Anzahl reduziert werden.

Darüber hinaus ist dringend zu empfehlen, die Seitenzahl für das Portfolio zu beschränken oder mindestens einzugrenzen, z. B. max. 20-25 Seiten. Das hilft einerseits eine Überforderung zu vermeiden, und andererseits einen unsinnigen Konkurrenzdruck auszuschalten: je mehr, desto besser.

Wenn Lernende zum ersten Mal mit einem Portfolio arbeiten, ist besonders die Anfertigung von Arbeits- und Lernberichten eine neue Anforderung, es sei denn, mündliche oder schriftliche Evaluationen gehörten bereits zu ihrem Unterrichtsalltag. Hier sind Hilfestellungen notwendig (→ 3.8).

Dass solche Anforderungen bewältigt werden können, zeigt ein Arbeitsbericht aus einem Portfolio ‚Absolutismus und Französische Revolution' (9. Klasse Realschule).[167]

Auszug aus dem Arbeitsbericht ‚Frauen in der Revolution'

> **Warum habe ich diese Aufgabe gewählt?**
>
> - Ich habe diese Aufgabe gewählt, weil ich die Rechte der Frauen für sehr wichtig empfinde. Es ist schließlich nicht allzu lange her, dass, wie ich finde, die Rechte für Frauen unwürdig waren. Die Unterdrückung und ‚Rangordnungen' in dieser Welt sind nämlich noch lange nicht geklärt. Es gibt so viele Ungerechtigkeiten auf dieser Welt und in unserem Land, daher finde ich persönlich, dass einem diese Aufgabe so etwas auch zeigen kann. Es ist nämlich nicht selbstverständlich, dass Frauen schon immer dieselben Rechte hatten.
> - (...)
>
> **Was hat mir Freude/Schwierigkeiten an dieser Aufgabe bereitet?**
>
> - Mir hat Freude gemacht zu zeigen, dass Frauen für die Gleichberechtigung gekämpft haben und sie dann letztendlich auch bekommen haben. Schwierigkeiten hatte ich nur anfangs, da ich nicht wirklich wusste, wie ich am besten anfangen und sie lösen kann.

Die Schülerin erkennt die Historizität der Frauenemanzipation, auch wenn sie nicht spezifischer auf den konkreten Kontext eingeht. Außerdem lässt sich die hohe Motivation erkennen, mit der die Aufgabe bewältigt worden ist.

Beispiel für ein Portfolio in der Sekundarstufe II

Ein Portfolio in der Gymnasialen Oberstufe ist nicht vom Grundsätzlichen her anders konzipiert, wohl aber bezogen auf die Kenntnis und die Anwendung von Operationen historischen Denkens – im Sinne eines kompetenzorientierten Geschichtsunterrichts und wissenschaftspropädeutischen Arbeitens. Der folgende Vorschlag bezieht sich auf einen Unterricht, der sich mit der Thematik ‚Kalter Krieg' und ‚Deutsche Frage' bis zur Eingliederung beider deutscher Staaten in die antagonistischen Bündnissysteme Mitte der 1950er Jahre befasste. Die Lernenden erhielten – nachdem Sie mit Grundprinzipien der Portfolioarbeit vertraut gemacht wurden – zunächst zwei orientierende Materialien.

Basisinformationen zum Portfolio Nachkriegsgeschichte

Wir werden uns in den kommenden Wochen mit der Zeit 1945 bis 1955 beschäftigen, in der wesentliche Entscheidungen zur Teilung Deutschlands, zur Entstehung des Kalten Krieges, zur Einbeziehung beider deutscher Staaten in NATO und Warschauer Pakt und zur Souveränität von BRD und DDR fielen.

Einige inhaltliche Schwerpunkte: Potsdamer Abkommen, Entnazifizierung, Parteiengründungen, Sozialisierung, Währungsreform, Kalter Krieg, Gründung zweier deutscher Staaten, Wiederbewaffnungsdebatte, Stalin-Note etc.

In Ihrem Portfolio sollen Sie sich zu Expertinnen und Experten für den ein oder anderen thematischen Aspekt machen, indem Sie im Unterricht/im Geschichtsbuch Behandeltes exemplarisch vertiefen – und dabei Ihre Kompetenzen historischen Denkens nachweisen. Sie müssen sich nicht auf die genannten Stichworte beschränken – sie sind lediglich Beispiele.

Bedingung für eine erfolgreiche Portfolioarbeit ist, dass Sie zu jeder Kompetenz (Wahrnehmungs-, Analyse-, Urteils- und Orientierungskompetenz) einen Beitrag für das Portfolio erstellen. Das Portfolio ersetzt eine Klausur; zusätzliche Hausaufgaben gibt es in diesem Zeitraum nicht.

Ansonsten haben Sie Wahlmöglichkeiten:

a) die thematischen Schwerpunkte dürfen Sie frei wählen, allerdings dürfen sich die vier Aufgaben nicht nur auf einen Schwerpunkt beschränken.

b) Sie können Materialien und Methoden frei wählen: Textquellen, Bildquellen, Filme, Darstellungen etc.

c) Sie haben die Möglichkeit, die Präsentationsform frei zu wählen – überlegen Sie sich aber gut, welche für Ihr Anliegen eher geeignet ist oder nicht.

d) Wenn Sie eigene Ideen haben, die Sie bislang in dem Informationstext nicht wiederfinden – wir können gerne darüber reden, ob und wie sie in das Portfolio passen.

Zu jeder Portfolioaufgabe gehört ein Arbeitsbericht, aus dem hervorgehen soll, warum Sie diese Aufgabe ausgewählt haben, wie Sie vorgegangen sind, welche Probleme ggf. aufgetaucht sind und wie Sie Ihre Arbeit einschätzen.

Zum Abschluss sollten Sie in einem zusammenfassenden Lernbericht Ihre eigene Arbeit, die Sinnhaftigkeit des Portfolios, aber auch den Unterricht beurteilen, der die Portfolioarbeit begleitet hat.

Hilfestellungen für die Aufgabenorientierung

Damit Sie konkretere Vorstellungen davon haben, was für die einzelnen Kompetenzen erwartet wird, hier einige Anregungen bzw. Erinnerungen:

Wahrnehmungskompetenz:

- Recherchieren Sie zu einem begrenzten thematischen Schwerpunkt; erstellen Sie eine Minibibliografie (4 aktuelle Monografien, 2 Netzseiten) und kommentieren/rezensieren Sie das Gefundene; oder:
- Entwickeln Sie begründete Hypothesen, warum bestimmte Fragen aus Politik, Gesellschaft, Wirtschaft oder Alltag zeitgenössisch umstritten waren; oder ...

Analysekompetenz:

- Untersuchen Sie Aussagen/Plakate/Fotos/Filmausschnitte/Reden ... zu einer Thematik und stellen Sie Gemeinsamkeiten bzw. Unterschiede heraus; oder
- Stellen Sie unterschiedliche Sichtweisen auf eine Thematik und deren Begründung dar; oder ...

Urteilskompetenz:

- Erläutern Sie, wie damalige Entscheidungen zustande kamen und wer sich warum durchgesetzt hat; oder
- Erörtern Sie, welche Weichenstellungen es für zentrale Entwicklungen der Nachkriegszeit gab; oder ...

Orientierungskompetenz:

- Nehmen Sie begründet zu einer zentralen Kontroverse der Forschung Stellung; oder
- Diskutieren Sie, inwieweit sich eine Entscheidung/Kontroverse bis in die Gegenwart auswirkt; oder ...

(P. Adamski)

Es hat sich gezeigt, dass Schülerinnen und Schüler der Oberstufe durchaus erleichtert, aber zugleich verunsichert darauf reagieren, wenn sie nicht ständig in das immer gleiche Korsett einer klausurähnlichen Leistungserbringung gezwungen werden – wozu ihnen allerdings auch Mut gemacht werden muss. Indem sie erkennen, dass sie ihre eigenen Geschichten in durchaus unterschiedlichen kreativen Formen erzählen können (narrative Kompetenz) (→ 3.3 Diagnostische Gespräche), entwickeln einige von ihnen z.T. bisweilen ungeahnte produktive Phantasie.

Wie können Portfolioleistungen beurteilt werden?

Die Leistungen, die Schülerinnen und Schüler in dem Portfolio dokumentieren, unterscheiden sich erheblich von denjenigen, wie sie im Regelfall im konventionellen Geschichteunterricht erbracht werden:

1. Kein Portfolio innerhalb einer Klasse oder eines Kurses ist identisch mit einem zweiten, sondern spiegelt die individuellen Schwerpunktsetzungen der Lernenden: Es handelt sich um individualisierte und differenzierte Ergebnisse des Lernens.
2. Die Leistungen werden nicht punktuell erbracht wie bei Tests und Klausuren, sondern können sich über einen längeren Zeitraum entwickeln: Eine erste Fassung eines Produkts kann inhaltlich verbessert, erweitert sowie gestalterisch kreativer oder seriöser überarbeitet werden. Es entfällt zudem der Stress bei punktuellen Prüfungen und die Abhängigkeit der Leistung von der jeweiligen Tagesform.
3. In einem Portfolio sind der Prozess und das Produkt historischen Lernens für einen längeren Zeitraum abgebildet und die Portfolioaufgaben repräsentieren zentrale Unterrichtsziele und Kompetenzen.
4. Die Lernenden haben die Möglichkeit, ihre Stärken einzubringen, woraus resultiert, dass sie im Regelfall sehr viel motivierter sind Leistungen zu erbringen, auf die sie stolz sind: Die Leistungen fallen im Durchschnitt deutlich besser aus als bei herkömmlichen Leistungsüberprüfungen.
5. Die gegenseitige Beratung bei Portfoliogesprächen und die Feedbacks der Lernpartner und der Lehrkraft finden nicht unter dem Druck der Benotung erster Ideen und Vorentwürfe statt: Dadurch erhöht sich die Motivation zur Weiterarbeit, kann Kritik eher produktiv verarbeitet werden und verstärkt den Blick auf individuell realistische Lernprodukte.
6. Portfoliogespräche sowie gezielte Übungen und Evaluationen von Portfolioaufgaben im Unterricht machen die Beurteilungskriterien transparenter: Fremd- und Selbstbeurteilung erhöhen die Fähigkeit der Lernenden, sich besser einzuschätzen und selbstbewusster ihre Aufgaben zu bewältigen.
7. Durch die Reflexion ihrer eigenen Arbeit mit entsprechenden Feedbacks der Lehrkraft kann es auf Dauer gelingen, dass sich erfolgreiche Lernstrategien festigen und Defizite mindestens teilweise aufgehoben werden können.

Daraus ergibt sich die zentrale Frage, ob ein Portfolio in der Institution Schule – so, wie sie ist – überhaupt mit den vorhandenen Instrumenten der Benotung in Passung zu bringen ist. Damit ist die heikelste und in der Literatur umstrittenste Frage der Portfolioarbeit angesprochen. Ist eine Benotung ‚ein Verrat an der Portfolioidee', trivialisiert oder konventionalisiert sie Grundprinzipien oder sind Möglichkeiten denkbar, Kernideen auch in der täglichen Unterrichts- und Benotungspraxis umzusetzen, ohne größere Abstriche machen zu müssen. Für die Schülerinnen und Schüler stellt sich die Frage so gar nicht: Da sie im Regelfall mit Fleiß und Kreativität Leistungen erbracht haben, die deutlich über dem Normalaufwand für den Geschichtsunterricht liegen, wollen sie das, was sie geleistet haben, auch durch Noten gewürdigt wissen.

Eine sich anschließende Frage: Können und sollten neben den Lernprodukten auch Lern- und Arbeitsberichte beurteilt werden? Letztere sollten grundsätzlich einer Benotung entzogen werden, weil im Prozess des Lernens Fehler, Umwege und Durststrecken entscheidende Anstöße für die Verbesserung von Strategien sein können, was bei der Erbringung von Leistungen genau umgekehrt ist, weil sie hier als Defizite beurteilt werden. Lernprozesse in der Institution unter Benotungszwang zu stellen hätte darüber hinaus den fatalen Effekt, dass Schülerinnen und Schüler nicht unbefangen selbstreflexiv argumentierten, sondern sich taktisch verhielten und geschönte, glattgebügelte Musterbeiträge ablieferten.

Die Beurteilung von Leistungen in einem Portfolio weist noch eine weitere Besonderheit gegenüber der von Tests und Klausuren auf. Dort ist für die Benotung nicht die Leistungsentwicklung Einzelner entscheidend, sondern das Gesamtniveau der Klasse (→ 1.1 soziale Bezugsnorm): Die Leistung eines guten Schülers kann in einer sehr leistungsstarken Klasse erheblich schlechter benotet werden als in einer eher schwächeren Klasse. Mit Portfolioarbeit besteht die große Chance, der individuellen Bezugsnorm – also den Lernfortschritten der Einzelnen – größere Bedeutung zukommen zu lassen. Dies geschieht vor allem in den Feedbacks zu den Arbeitsberichten und dem abschließenden Lernbericht. Dass letztlich die Sachnorm die entscheidende Rolle bei der Benotung spielt, kann nicht ausgeklammert bleiben. Bedeutsamer ist freilich, dass diese auf sehr viel mehr und verschiedenen Wegen – eben individualisiert und differenziert – erreicht werden kann als bei herkömmlichen Leistungsüberprüfungen.[168]

Auch Klausuren werden nicht ohne einen mehr oder weniger ausführlichen Kommentar der Lehrkräfte an die Schülerinnen und Schüler zurückgegeben, aus dem sie entnehmen können, wie eine Note/eine Punktzahl begründet ist (→ 3.11 Klausuren). Dies sollte eigentlich auch für Tests gelten, sofern sie nicht aus reinen Ankreuzübungen bestehen. Insofern ist es keine Besonderheit, dass dies auch für Portfolios gilt, und relativiert das oft gehörte Argument, Portfoliobewertungen seien für

Lehrkräfte viel zu zeitaufwändig. Es gibt verschiedene Möglichkeiten des Umgangs mit Bewertungen und Beurteilungen von Portfolioarbeiten.

Formen von Feedbacks

Beurteilungskommentare zu den einzelnen Lernprodukten sollten den Lernenden präzise verdeutlichen, welche Qualitätskriterien in welchem Ausmaß erfüllt worden sind. Dies kann relativ knapp geschehen, was bei 25 oder mehr Portfolios mit jeweils mehreren Lernprodukten auch kaum anders möglich ist. Die Erfahrung zeigt darüber hinaus, dass die Schülerinnen und Schüler zwar einen wertschätzenden Kommentar wünschen, aber zugleich einen solchen, der ‚nicht um den heißen Brei herumredet' und dann zu einer Benotung gelangt, die sie nicht nachvollziehen können.

Beim folgenden Beispiel geht es um eine Wandzeitung aus dem Anfangsunterricht zum Thema ‚Schrift im Alten Ägypten', mit der ein im Unterricht besprochener Aspekt ergänzt wurde (Die Wandzeitung wurde fotografiert und dann in das Portfolio eingeheftet).[169]

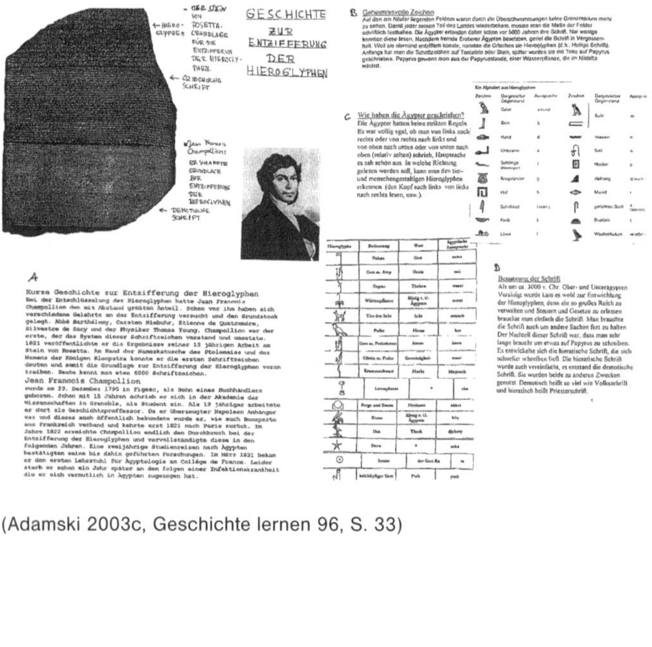

(Adamski 2003c, Geschichte lernen 96, S. 33)

Der Kommentar

Wie du in der Einleitung zu deiner Wandzeitung schreibst, hat dich die Schrift der Ägypter besonders interessiert und es ist dir gut gelungen, das, was wir im Unterricht behandelt haben, sinnvoll zu ergänzen. Es überzeugt mich auch, dass du dich entschieden hast, nur auf die Schrift einzugehen, nicht auch noch über die Herstellung von Papyrus oder den Beruf des Schreibers zu berichten.

Wenn man deine Wandzeitung betrachtet und liest, erhält man einen guten Eindruck von der Entwicklung und Bedeutung der Schrift. Die Wandzeitung ist gut strukturiert und übersichtlich angelegt. Allerdings umfasst die Überschrift nur einen Teil des Inhalts und die Texte B und D hättest du zusammenfassen können, weil sie zum Teil dasselbe darstellen.

Was dir noch nicht gelungen ist: Bei keinem der Texte und Bilder ist vermerkt, woher sie stammen. Aus den Texten wird z. B. nicht klar, ob du sie selbst geschrieben hast, teilweise aus Vorlagen umgeschrieben oder ganz aus Büchern oder dem Internet übernommen hast. Darauf musst du unbedingt beim nächsten Mal achten. Außerdem hast du bei der Beschriftung des Steins von Rosetta die griechische und demotische Schrift verwechselt – aber das war sicherlich nur ein Versehen.

Da wir zum ersten Male mit einem Portfolio arbeiten, will ich meine kritischen Einwände nicht allzu schwer gewichten und benote die Leistung insgesamt mit ‚befriedigend'.

Eine abschließende Beurteilung des gesamten Portfolios kann durchaus in Form eines standardisierten Beurteilungsbogens erfolgen. Aus dem Bogen sollte für die Lernenden ersichtlich werden, welche Einzelbewertungen die jeweiligen Lernprodukte erhielten, damit sie die verbale Begründung der Gesamtnote für das Portfolio transparent nachvollziehen können. Da zu den Vereinbarungen über die Gütekriterien für das Portfolio außerdem die Forderung nach einer seriösen und/oder kreativen Gestaltung gehört, bedarf diese ebenfalls einer Würdigung auf dem Beurteilungsbogen, der allerdings m. E. nicht in Notenform erfolgen sollte, sondern durch Symbole: +/- oder Smileys. Ich rate von der Ziffernbenotung von Gestaltungselementen deshalb ab, weil ihnen ansonsten eine zu große Bedeutung für die Beurteilung zukäme – und Lernende u.U. in fataler Form motivieren würde: Ein großartig gestaltetes Portfolio kann inhaltliche Defizite erheblich kompensieren. Welche sinnvolle Funktion könnten die gestalterischen Aspekte für die Benotung haben? Zunächst einmal als Mindeststandards für die Abgabe bzw. Annahme eines Portfolios, was bedeuten kann, dass bei Nichtbeachtung einiger Vereinbarungen das Portfolio überarbeitet werden muss oder die Note verschlechtert wird. Umgekehrt könnte eine sehr gute Gestaltung helfen, die Note zu verbessern, allerdings nicht in der Form, dass Inhalt und Gestaltung 50:50 gewichtet werden. Aus meiner Erfahrung ist es angebracht, wenn nicht sogar notwendig, zu Beginn der Portfolioarbeit mit den Lernenden zu klären, in welchem Verhältnis Inhalt und Gestaltung in die Gesamtnote eingehen sollten – damit später keine Missverständnisse entstehen.

Beispiel für einen Beurteilungsbogen[170]

Portfolio Geschichte: Der Absolutismus und die Französische Revolution

Beurteilungsbogen für:

1. Inhalt sehr gut, gut, befriedigend, ausreichend, nicht gelungen

Aufgabe 1

Aufgabe 2

Aufgabe 3

Aufgabe 4

Aufgabe 5

Aufgabe 6

2. Gestaltung ++, +, +/-, -, –

Titelblatt

Inhaltsverzeichnis

Übersichtlichkeit

Vollständigkeit

Lesbarkeit

Zusammenfassende Beurteilung

Liebe Larissa,

insgesamt hat mir das Lesen deines Portfolios große Freude bereitet. Es war schön zu sehen, dass du verschiedene Informationsquellen benutzt hast und dir eine Dokumentation angeschaut hast. Man hat gemerkt, dass du dich sehr mit dem Thema befasst hast und viel Zeit investiert hast. Deine Arbeitsberichte haben mir besonders gut gefallen!

Ein kleiner Tipp zur Gestaltung: Du kannst bei Word auch Seitenzahlen einfügen – das sieht schöner aus.

Deine Stärken liegen besonders beim Erzählen von Geschichten aus einer historischen Perspektive (narrative Kompetenz). Auch die eigene Meinung begründest du schon gut (Orientierungskompetenz). Bei der Quellenarbeit solltest du darauf achten, intensiver mit der Quelle zu arbeiten und bei der Beantwortung der Fragen eigene Worte zu wählen (Analysekompetenz).

Vielen Dank für das schöne Portfolio!

Note insgesamt: 2+

Inhalt: 2,1 (80 %)

Gestaltung: 1,4 (20 %)

Die Schülerin erhält durch diesen Beurteilungsbogen eine sehr differenzierte Rückmeldung zu allen Teilen des Portfolios. Die abschließende Verbalisierung diagnostiziert entlang der Kompetenzen, die in der Unterrichtseinheit erweitert werden sollten, die Stärken und Verbesserungsmöglichkeiten in einer für die Lernende transparenten Form.

Eine andere, allerdings sehr aufwändige Form der Rückmeldung ist ein *Portfoliobrief*, den die Lehrkraft in persönlicher, wertschätzender Form an die Schülerinnen und Schüler richten sollte. In ihm gilt es allerdings auch auf Aspekte aufmerksam zu machen, die der Präzisierung und Verbesserung bedürfen, um zukünftig Lernstrategien verbessern zu können. Letzteres sei in zwei kurzen Passagen aus Rückmeldungen auf Lernreflexionen zu Portfolios in der Sek. II dokumentiert:

Gemessen an Ihrer differenzierten Reflexion der Internet-Recherche, sind die Ausführungen zur Quelleninterpretation sehr allgemein. Wenn Sie schreiben: ‚Durch Tipps und das Erlernen von Methoden fiel es einem leichter' dann wäre es interessant zu wissen, welche Schwierigkeiten es zu Beginn waren und welche Methoden und Tipps geholfen haben, weiterzukommen. Das ist wichtig für mich, wenn ich Unterricht plane und erfahre, was offenbar an Tipps wertvoll ist. Aber ich bin nicht so wichtig: Versuchen Sie beim nächsten Mal selbst zu formulieren, was Ihnen konkret geholfen hat.

Um Ihnen ein Beispiel zu geben, was ich meine: Zum letzten Teil (Quellenkritik) schreiben Sie sehr allgemein, dass Ihnen dieses oder jenes mittlerweile klarer geworden ist. Wichtig wäre es zu versuchen, konkreter zu überlegen und mit eigenen Worten zu umschreiben, was Sie unter Perspektivität verstehen oder was Sie mit dem Begriff Objektivität verbinden. Wenn das mal deutlich auf dem Papier steht, lässt sich das sehr viel besser abklären.[171]

Es hat mir vor allem gefallen, wie differenziert und genau du die einzelnen Portfolio-Teile bearbeitet hast, sodass man gut erkennen kann, wo du deine eigenen Fortschritte siehst.

Fast schon amüsant war das Kapitel über die Internet-Recherche zu lesen, weil es dir wie mir ergangen ist, als ich begann damit zu arbeiten. (...)

Sehr interessant finde ich auch deine Anmerkungen zur Quellenkritik. Es geht ja im Unterricht nicht darum, euch zu HistorikerInnen auszubilden, wohl aber darum, die wichtigsten Werkzeuge zu kennen, die auch Historiker benutzen, um sich ihr Bild von Geschichte zu machen.

Zuletzt bleibt noch zu ergänzen, dass das Produkt deiner speziellen Recherche sicherlich eine differenzierte Grundlage darstellt, um sich intensiver mit Caesar zu beschäftigen.

Die summative Evaluation der Portfolioarbeit kann über einen Fragebogen erfolgen. Das Beispiel stammt aus dem schon genannten Portfolio zu ‚Absolutismus und Französische Revolution'.

Das fand ich gut an der Portfolioarbeit: Man konnte frei entscheiden, welche Aufgaben man bearbeiten möchte und man hatte keine Zeitbeschränkung, nur einen Abgabetermin, so dass man pro Tag so viel machen konnte, wie man will. Außerdem habe ich herausgefunden, was ich gut kann und wo noch Probleme sind.	**Das fand ich gut an der Portfolioarbeit:** Man konnte bestimmte Aufgaben intensiv bearbeiten und hatte sehr viel Zeit dafür. Ich weiß jetzt auch, was mir leicht fällt und wo ich noch üben muss. Mir gefällt auch, dass man sich viel selbst erarbeitet und dass man sich die Sachen besser merken kann.
Das könnte verbessert werden: Manche Aufgaben könnten besser erklärt werden.	**Das könnte verbessert werden:** Die Fragen sollten nicht so kompliziert gestellt werden.
Das habe ich bei der Portfolioarbeit dazugelernt: Ich habe sehr viel gelernt. Also man muss auf jeden Fall früher mit den Sachen anfangen und es nicht vor sich hinschieben. Ich habe auch viel über die Französische Revolution und den Absolutismus gelernt. Es war interessant zu sehen, wie viel Macht ein einzelner Mensch hatte. Der König hatte ja alles in der Hand, bis das Volk genug hatte. Mich hat es beeindruckt, dass das Volk sich zusammengetan hat und für wichtige Dinge wie Meinungsfreiheit, Brüderlichkeit und so weiter gekämpft hat.	**Das habe ich bei der Portfolioarbeit dazugelernt:** Ich habe gelernt, was ein Portfolio ist und wie man damit arbeitet. Ich habe gelernt, mich in andere Menschen hineinzuversetzen und das auch aufzuschreiben. Es war zum Beispiel sehr spannend, einen Tagebucheintrag aus der Sicht eines Königs zur damaligen Zeit zu schreiben. Es gab viele Informationen zur Französischen Revolution.
Bevorzuge ich eine klassische Arbeit oder das Portfolio? Warum? Ich bevorzuge das Portfolio, weil man dort frei wählen kann, welche Aufgaben man bearbeitet. Man hat viel mehr Zeit und kann kreativ sein.	**Bevorzuge ich eine Klassenarbeit oder das Portfolio? Warum?** Ich weiß nicht. Eine klassische Arbeit ist nicht so aufwendig, aber ich merke mir nie, was ich gelernt habe. Beim Portfolio schon, obwohl es sehr anstrengend ist, alles zu bearbeiten.

(Bolotin (2014), S. 40 f.)

Die Lernenden wie auch die Lehrkraft haben ihre erste Erfahrung mit Portfolioarbeit gemacht. Aus Schülersicht wird deutlich, dass der nicht unbeträchtliche Aufwand sich in Lernergebnissen niedergeschlagen hat, die historisches Denken spiegeln, was den beiden Lernern auch deutlich geworden ist – und ihnen Spaß gemacht hat. Dies ist für die Lehrkraft eine Rückmeldung, die sie ermutigen wird, es nicht bei dem ersten Versuch zu belassen. Zugleich erfährt sie, worauf beim nächsten Mal dringend geachtet werden muss (Aufgabenstellung).

Die Arbeit mit Portfolios, so hieß es zu Beginn des Kapitels, kann an nur wenigen Schülerprodukten und den sie begleitenden Arbeits- und Lernberichten historisches Denken und Lernen diagnostizierbar machen. Der Aufwand ist nicht gering, weshalb es an Regelschulen wohl kaum praktikabel sein dürfte, ständig mit einem fachbezogenen Portfolio zu arbeiten – der Ertrag ist allerdings sehr groß.

4. Ausblick

Es ist nicht zu erwarten, dass Theorie, Empirie und Pragmatik Diagnoseinstrumentarien entwickeln oder vor Ort einsetzen können, die herkömmlichen Gütekriterien der Pädagogischen Diagnostik standhalten, fachdidaktisch konsensual ausgehandelten Kriterien genügen, erst recht nicht ausdifferenzierten Niveaustufen zugeordnet werden können. Das mag enttäuschend klingen, ist aber den Problemen geschuldet, die – wie ich hoffe – deutlich geworden sind.

Empirische Studien und normative Beiträge der Fachdidaktik sind zweifellos wertvoll – wenn sie so angelegt sind, dass die Kolleg(innen) daraus Schlussfolgerungen für ihre unterrichtspraktische Diagnostik ziehen können. Eine zentrale Aufgabe der Fachdidaktik, der sie besser genügen könnte, wenn sie sich auf intensivere Gespräche und Forschungsdesigns mit den Akteuren vor Ort einließe.

Auf der anderen Seite konnte ein breites Spektrum von Methoden/Verfahren vorgestellt werden, das ermöglicht, besser und intensiver Lernausgangslagen, Lernprozesse und deren Ergebnis sowie Leistungen zu diagnostizieren – auf der Basis weitgehend unstrittiger fachlicher Zielperspektiven historischen Lernens: Lernenden soll ermöglicht werden, Kompetenzen historischen Denkens zu entwickeln, um ein reflektiertes und selbstreflexives Geschichtsbewusstsein auszubilden, das sie befähigt, an der sie allenthalben umgebenden Geschichtskultur aktiv teilhaben zu können.

Welche diagnostischen Verfahren welchen Gewinn bringen (können), ist abhängig von den in den Prozess involvierten Beteiligten:

- Schülerinnen und Schüler reagieren auf diagnostische Anforderungen sehr unterschiedlich: Manchen helfen schriftliche Befragungen eher als Gespräche – und umgekehrt.
- Andere nehmen weder das eine noch das andere wirklich ernst; manche wiederum öden ständige Befragungen an, während ihre Mitschüler(innen) diese als angenehme Abwechslung im Geschichtsunterricht betrachten; schließlich gibt es genug Lernende, die Diagnose als Hilfe für historisches Lernen begreifen.

Lehrkräften geht es nicht unbedingt anders:

- Einerseits schaffen häufige Evaluationen Sicherheiten (?), andererseits stören sie das Unterrichtsgeschehen – man kommt angesichts des Lehrplandrucks nicht weiter.
- Kolleginnen und Kollegen haben auch ihre Stärken und Schwächen: Die einen können gut Gespräche führen, andere fühlen sich

stärker bei schriftlichen Erhebungen, weil sie vermeintlich sicherer/objektiver sind.

Es wurde darauf verwiesen, dass alle diagnostischen Verfahren auf ihren Funktions- und Wirkungszusammenhang zu überprüfen sind und – dass sie nicht inflationär eingesetzt werden sollen. Der Geschichtsunterricht wird nicht besser, die Operationen historischen Denkens nicht gelungener, wenn sie ständig überprüft würden. Irgendwann steht die Schülerfrage im Raum, wann denn endlich wieder ‚Geschichtsunterricht' stattfindet.

Eine präzisere und differenziertere Diagnose wäre dann möglich, wenn binnendifferenzierte Instrumente genutzt würden.

Aufgabenformate und Materialgrundlagen sind offenkundig entscheidende Faktoren für eine aussagekräftige Diagnose sowohl der Lernvoraussetzungen, der formativen und summativen Evaluationen des Lernprozesses, als auch der Leistungen der Schülerinnen und Schüler.

Innere Differenzierung ließe in beiden Fällen einen tieferen Einblick in Denkprozesse Historischen Lernens zu.

Dazu abschließend zwei Beispiele:[172]

Materialdifferenzierung

(Marienfeld, W. (1991): Die Geschichte des Deutschlandproblems im Spiegel der politischen Karikatur, Hannover, S. 81)

„Großmutter, was machst du für verlockende Angebote?"
„... Damit ich dich besser fressen kann."

(Ebd., S. 87)

In beiden Karikaturen wird die ‚Stalin-Note' von 1952 kritisch kommentiert. Betrachtet man zunächst die inhaltliche Aussage, arbeitet der erste Zeichner heraus, dass ein Eingehen auf sie dazu führen würde, die postulierte deutsche Einheit scheitern zu lassen (Analysekompetenz). Wobei der Autor zugesteht, dass es einen Widerspruch (oder mindestens einen Konflikt) zwischen Regierung und Bevölkerung gegeben habe. Die zweite Karikatur sieht in ihr den Versuch Stalins, sich ganz Deutschland einzuverleiben.

Unter gattungsspezifischen Aspekten (Interpretation von Karikaturen als Bildquellen) sind die Unterschiede gravierender: Der erste Verfasser setzt erhebliche historische/metaphorische Vorkenntnisse voraus: Loreley- Felsen und -lied, der deutsche Michel, Stalin, Adenauer als Bundeskanzler. Ohne deren Decodierung bleibt die Aussage/ Interpretation des Autors völlig unverständlich.

Die zweite Karikatur ist nicht nur inhaltlich schlichter, sondern knüpft auch an anschlussfähigem Vorwissen der Lernenden an: Das Märchen Rotkäppchen dürfte Schüler(innen) bekannt sein.

In Diagnosesituationen dürfte die erste Variante vermutlich von nur wenigen Lernenden in der Sekundarstufe II entschlüsselt werden können – was weder über die Analyse- noch die Interpretationskompetenz der anderen größere Erkenntnisse brächte. Kombiniert mit der zweiten könnte das ganz anders aussehen.

Aufgabendifferenzierung
Ich bleibe beim Medium Karikatur.

(Horst Haizinger 1977)

Gesetzt den Fall, dass diese Karikatur zum Abschluss der Unterrichtseinheit ‚Terrorismus in der BRD der 1970er Jahre' in der Sekundarstufe II zum Einsatz käme, um den Lernprozess zu evaluieren, wäre diagnostisch betrachtet eine Niveaustufung angebracht, um die Kompetenzentwicklung in Breite und Tiefe ausloten zu können. U. a. mit folgenden Fragestellungen:

*** Interpretieren Sie die Karikatur nach den bekannten methodischen Schritten.

** Wir haben bestimmte methodische Schritte geübt, um Karikaturen zu interpretieren. Einige Hilfestellungen: Achten Sie auf Symbole; auf das Zentrum und den Rand.

* Interpretieren Sie die Karikatur, indem Sie beachten: Wer steht im Zentrum des Bildes, was will er tun; wer oder was befindet sich an seinem rechten Unterschenkel; für wen steht das Symbol; wer steht am linken Rand der Karikatur, was macht er, welche Bedeutung kann sein Tun haben?

Die Schülerinnen können den jeweiligen Schwierigkeitsgrad wählen. Gelingt Einigen die schwierigste Variante (***), zeigt dies ihnen und der Lehrkraft, wie ausgeprägt ihre fachmethodische Kompetenz ist. Ansonsten wird deutlich, dass noch einige Hilfen (**) oder erhebliche Anstrengungen (*) erforderlich sind, um die Kompetenz weiter zu entwickeln.

Beide Formen der Differenzierung (material- und aufgabenbasiert) können eine präzisere Diagnostik ermöglichen, weil sie nicht mehr den/die durchschnittliche(n) Lerner betrachten, sondern die Heterogenität von Lerngruppen zur Kenntnis nehmen. Eigentlich eine Selbstverständlichkeit – aber das ist ein anderes Kapitel bzw. Buch.

Anmerkungen

1 Ingenkamp, Karlheinz (1971): Die Fragwürdigkeit der Zensurengebung, Weinheim.

2 Brügelmann, Hans et al. (Hrsg.) (2006): Sind Noten nützlich und nötig? Ziffernzensuren und ihre Alternativen im empirischen Vergleich. Frankfurt/M.: Arbeitskreis Grundschule – Grundschulverband: Der Grundschulverband e. V., S. V.

3 Europäische Gemeinschaften – Kommission (1994): Die Bekämpfung des Schulversagens. Eine Herausforderung an ein vereintes Europa. Luxemburg. Zit. n.: Saldern, Matthias von (2011): Schulleistung 2.0. Von der Note zum Kompetenzraster. Norderstedt, S. 82.

4 Neumann, Marco et al. (2009): Vergleichbarkeit von Abiturleistungen – Leistungs- und Bewertungsunterschiede zwischen Hamburger und Baden-Württemberger Abiturienten und die Rolle zentraler Abiturprüfungen. In: Zeitschrift für Erziehungswissenschaften, 12, S. 691-714, hier S. 711.

5 Maier, Uwe (2012): Lehr-Lernprozesse in der Schule: Studium. Bad Heilbrunn, S. 152.

6 Vor allem: Schönemann, Bernd/Thünemann, Holger/Zülsdorf-Kersting, Meik (2010): Was können Abiturienten? Zugleich ein Beitrag zur Debatte über Kompetenzen und Standards im Fach Geschichte. Berlin.

7 Verband der Geschichtslehrer Deutschlands (Hrsg.) (2006): Bildungsstandards Geschichte. Rahmenmodell Gymnasium 5.-10. Jahrgang. Schwalbach/Ts.

8 Vgl.: Körber, Andreas (2012): Graduierung von Kompetenzen. In: Barricelli, Michele/Lücke, Martin (Hrsg.): Handbuch Praxis des Geschichtsunterrichts, B.1. Schwalbach/Ts., S. 236-254; Borries, Bodo von (2008): Historisch Denken lernen – Welterschließung statt Epochenüberblick. Geschichte als Unterrichtsfach und Bildungsaufgabe. Opladen & Farmington Hills.

9 Middendorf, William (2012): Schulische Leistungsbeurteilung auf dem Prüfstand. Einführende Betrachtungen zu aktuellen Aufgaben und Herausforderungen. In: Fischer, Christian (Hrsg.): Diagnose und Förderung statt Notengebung? Problemfelder schulischer Leistungsbeurteilung. Münster u. a. S. 9-20, hier S. 16.

10 Ingenkamp, Karlheinz/Lissmann, Urban (2008): Lehrbuch der Pädagogischen Diagnostik, 6. Aufl. Weinheim und Basel, S. 13.

11 Jürgens, Eiko (2012): Diagnosefunktion: Fehlanzeige. In: Fischer (Hrsg.), S. 23-44, hier S. 32.

12 Kultusministerkonferenz (2004): Standards für die Lehrerbildung. Zit. n.: Hesse, Ingrid/Latzko, Brigitte (2009): Diagnostik für Lehrkräfte. Opladen & Farmington Hills, S. 19 f.

13 Vgl. Adamski, Peter/Bernhardt, Markus (2012): Diagnostizieren – Evaluieren – Leistungen beurteilen. In: Barricelli, Michele/Lücke, Martin (Hrsg.): Handbuch Praxis des Geschichtsunterrichts, Bd. 2, S. 401-435, hier S. 407.

14 Ingenkamp/Lissmann (2008) (wie Anm. 10), S. 57.

15 Ebd., S. 54.

16 Ebd., S. 57.

17 Sacher, Werner/Winter, Felix (Hrsg.) (2011): Diagnose und Beurteilung von Schülerleistungen. Baltmannsweiler, S. 43.

18 Ingenkamp/Lissmann (2008) (wie Anm. 10), S. 57.

19 Jürgens (2012) (wie Anm. 11) S. 35.

20 Winter, Felix (2012): Klassenarbeit passé? In: Fischer (Hrsg.), S. 57-72, hier S. 62.

21 Hesse/Latzko (2009) (wie Anm. 12), S. 99 f.

22 Jürgens (2012) (wie Anm. 11) S. 26.

23 Maier (2012) (wie Anm. 5), S. 170.

24 Weinert, Franz E./Schrader, Friedrich-Wilhelm (1986): Diagnose des Lehrers als Diagnostiker. In: Petillon u. a. (Hrsg.), Schülergerechte Diagnose. Weinheim, Basel, S. 18 f.

25 Paradies, Liane/Linser, Hans Jürgen/Greving, Johannes (2011): Diagnostizieren, Fordern und Fördern. Berlin; 4. überarb. Aufl.

26 Zaborowski, Kathrin Ulrike/Meier, Michael/Breidenstein, Georg (2011): Leistungsbewertung im Unterricht. Ethnographische Studien zur Bewertungspraxis in Gymnasium und Sekundarschule. Wiesbaden.

27 Bildungskommission NRW (1995): Zukunft der Bildung – Schule der Zukunft. Neuried, zit. nach Saldern (2011) (wie Anm. 3), S. 109.

28 Kämper-van den Boogart, M. (2008): Ganz auf Kompetenzen orientiert? In: Betrifft Lehrerausbildung und Schule, 2, S. 6-9, hier S. 6.

29 Bildungskommission NRW (1995), zit. nach von Saldern (2011) (wie Anm. 3), S. 118.

30 Borries, Bodo von (1974): Lernziele und Testaufgaben für den Geschichtsunterricht, 2., erg. Aufl. Stuttgart; Borries, Bodo von (1997): Leistungsmessung und Leistungsbeurteilung. In: Bergmann, Klaus u. a. (Hrsg.): Handbuch der Geschichtsdidaktik. 5. Aufl., Seelze-Velber, S. 467-480; Borries, Bodo von (1997): Tests. In: ebd., S. 481-485.

31 Borries, Bodo von (2007): Empirie: Ergebnisse messen (Lerndiagnose im Fach Geschichte). In: Körber, Andreas/Schreiber, Waltraud/Schöner, Alexander (Hrsg): Kompetenzen historischen Denkens. Ein Strukturmodell als Beitrag zur Kompetenz-Orientierung in der Geschichtsdidaktik. Neuried, S. 653-673; von Borries, Bodo (2008): Historisches Denken lernen – Welterschließung statt Epochenüberblick. Geschichte als Unterrichtsfach und Bildungsaufgabe. Opladen & Farmington Hills, bes. Kap. 2 und 6.

32 Rohlfes, Joachim (2002): Lernerfolgskontrolle. In: GWU, 53, S. 184-196.

33 Wunderer, Hartmann (2011): Tests und Klausuren. In: Mayer, Ulrich/ Pandel, Hans-Jürgen/Schneider, Gerhard (Hrsg.): Handbuch Methoden im Geschichtsunterricht, 3. Aufl. Schwalbach/Ts., S. 675-685.

34 Sauer, Michael (2011): Verarbeitung, Dokumentation und Präsentation von Lernergebnissen. In: Mayer/Pandel/Schneider (wie Anm. 33), S. 634-648.

35 Adamski, Peter (2003a): Leistungen dokumentieren und bewerten. In: Geschichte lernen, 96, S. 10-17; Adamski, Peter (2003b): Portfolio im Geschichtsunterricht. Leistungen dokumentieren – Lernen reflektieren. In: GWU, 54, S. 32-50; Adamski, Peter (2003c): Portfolio für den Anfangsunterricht Geschichte. In: Geschichte lernen, 96, S. 29-33.

36 Z. B. Grosch, Waldemar (2003): Evaluation, Lernkontrolle und Leistungsbewertung. In: Günther-Arndt, Hilke (Hrsg.): Geschichtsdidaktik. Praxishandbuch für die Sekundarstufe I und II. Berlin, S. 206-218.

37 Z. B. Beilner, Helmut (2003): Empirische Forschung in der Geschichtsdidaktik. In: GWU, 54, S. 282-302; Langer-Plän (2003): Problem Quellenarbeit. Werkstattbericht aus einem empirischen Projekt. In: GWU, 54, S. 319-336; Klose, Dagmar (2004): Klios Kinder und Geschichtslernen. Eine entwicklungspsychologisch orientierte konstruktivistische Didaktik der Geschichte. Hamburg, besonders Kap. III.

38 Zum Diskussionsstand: Körber, Andreas (2012) (wie Anm. 8), S. 236-254.

39 Adamski/Bernhardt, Markus (2012) (wie Anm. 13), S. 401-435.

40 Gautschi, Peter (2012): Geschichte lehren. Lernwege und Lernsituationen für Jugendliche, Buchs/Bern (erste Auflage 1999).

41 Vergleichende Zusammenfassungen bei: Gautschi, Peter (2009): Guter Geschichtsunterricht. Grundlagen, Erkenntnisse, Hinweise. Schwalbach/ Ts., S. 48-66; Barricelli, Michele/Gautschi, Peter/Körber, Andreas (2012): Historische Kompetenzen und Kompetenzmodelle. In: Barricelli/Lücke (Hrsg.): Handbuch Praxis des Geschichtsunterrichts, Bd. 1. S. 207-235.

42 Körber, Andreas/Schreiber, Waltraud/Schöner, Alexander (2007) (Hrsg.): Kompetenzen historischen Denkens. Ein Strukturmodell als Beitrag zur Kompetenzorientierung in der Geschichtsdidaktik. Neuried.

43 Borries (wie Anm. 31), S. 43.

44 Vgl. dazu: Körber, Andreas (2007): Graduierung: Die Unterscheidung von Niveaus der Kompetenzen historischen Denkens. In: Körber/Schreiber/ Schöner (Hrsg.) (wie Anm. 42), S. 415-472.

45 Borries (2008) (wie Anm. 31) S. 218: vgl. als erneuter Anlauf auf vergleichbarem Niveau: Schreiber, Waltraud (2013): Geschichtstheoretische und geschichtsdidaktische Grundlagen. In: Schreiber, Waltraud/Schöner, Alexander/Sochatzky, Florian: Analyse von Schulbüchern als Grundlage empirischer Geschichtsdidaktik. Stuttgart. S. 9-37, hier S. 32f.

46 Körber (2012) (wie Anm. 8), S. 249f.

47 Borries (2007) (wie Anm. 31), S. 657.

48 H. 116 (2007): Diagnostizieren im Geschichtsunterricht; H. 139 (2011): Kompetenzorientiert unterrichten, beide betreut von Franziska Conrad.

49 Conrad, Franziska (2011): Perspektivenübernahme, Sachurteil und Werturteil. Drei zentrale Kompetenzen im Umgang mit Geschichte. In: Geschichte lernen, 139, 2011, S. 2-11, hier S. 3.

50 Conrad (2011) (wie Anm. 49), S. 21.

51 Ebd. S. 4; ausführlicher zur angelsächsischen Forschung: Borries (2008) (Anm. 31), S. 47-80.

52 Conrad (2011) (wie Anm. 49), S. 4.

53 Ebd., S. 9.

54 Gautschi (2009) (wie Anm. 41), S. 50.

55 Bernhardt, Markus (2011): Die visuelle Wahrnehmung des Historischen. Zur theoretischen und empirischen Begründung einer Wahrnehmungskompetenz. In: Barricelli, Michele/Becker, Axel/Heuer, Christian (Hrsg.): Jede Gegenwart hat ihre Gründe. Geschichtsbewusstsein, historische Lebenswelt und Zukunftserwartung im frühen 21. Jahrhundert. Schwalbach/Ts., S. 160; vgl. auch Bernhardt, Markus (2007a): Vom ersten auf den zweiten Blick. Eine empirische Untersuchung zur Bildwahrnehmung von Lernenden. In: GWU, 58, S. 417-432; Bernhardt, Markus (2007b):, Die Subjektseite der visuellen Begegnung. Vom Nutzen qualitativer empirischer Untersuchungen für die Entwicklung fachspezifischer Kompetenzen. In: Zeitschrift für Geschichtsdidaktik, S. 108-124.

56 Bernhardt, Markus (2011) (wie Anm. 55), S. 160.

57 Lange, Kristina (2011): Historisches Bildverstehen oder Wie lernen Schüler mit Bildquellen? Ein Beitrag zur geschichtsdidaktischen Lehr-Lern-Forschung. Berlin, S. 270.

58 Füchter, Andreas (2010): Diagnostik und Förderung im gesellschaftswissenschaftlichen Unterricht. Didaktische Konzeption und unterrichtspraktische Ansätze für die Unterrichtsfächer Politik, Wirtschaft, Geschichte und Geographie. Immenhausen bei Kassel, S. 35.

59 Mayer, Ulrich/Pandel, Hans-Jürgen (1976): Kategorien der Geschichtsdidaktik und Praxis der Unterrichtsanalyse, Stuttgart; Mayer, Ulrich (2005): Qualitätsmerkmale historischer Bildung. Geschichtsdidaktische Kategorien als Kriterien zur Bestimmung und Sicherung der fachdidaktischen Qualität des historischen Lernens. In: Hansmann, Winfried/Hoyer, Timo (Hrsg.): Zeitgeschichte und historische Bildung. Festschrift für Dietfrid Krause-Vilmar. Kassel, S. 223-243.

60 Mayer/Pandel (1976) (wie Anm. 59), S. 80.

61 Mayer (2005) (wie Anm. 59), S. 229 f.

62 Barricelli, Michele/Sauer, Michael (2006): „Was ist guter Geschichtsunterricht?“ Fachdidaktische Kategorien zur Beobachtung und Analyse von Geschichtsunterricht. In: GWU, 57, S. 4-26; Sauer, Michael (2007): Ge-

schichtsunterricht beobachten. Kategorien für die Diagnose historischen Lehrens und Lernens. In: Geschichte lernen, 116, S. 12-14.

63 Zülsdorf-Kersting, Meik (2010): Kategorien historischen Denkens und Praxis der Unterrichtsanalyse. In: Zeitschrift für Geschichtsdidaktik, 9, S. 36- 56, hier S. 43.

64 Gautschi (wie Anm. 41), S. 99.

65 Ebd., S. 101.

66 Ebd., S. 217.

67 Institut für Qualitätsentwicklung (Hrsg.) (2011): Leitfaden. Maßgebliche Orientierungstexte zum Kerncurriculum Sekundarstufe I. Geschichte. Wiesbaden, S. 43.

68 Zülsdorf-Kersting (2010) (wie Anm. 63)

69 Ebd., S. 44.

70 Ebd., S. 49.

71 Bernhardt (2011) (wie Anm. 56), S. 161.

72 Vgl. Adamski, Peter (2013): Gruppen- und Partnerarbeit im Geschichtsunterricht. Historisches Lernen kooperativ, 2. Aufl. Schwalbach/Ts., S. 147 ff.

73 Adamski/Bernhardt (2012) (wie Anm. 13), S. 409.

74 Vgl. im Besonderen: Gautschi, Peter u. a. (2007) (Hrsg.): Geschichtsunterricht heute. Eine empirische Analyse ausgewählter Aspekte. Bern.

75 Sacher, Werner (2011): Durchführung der Leistungsüberprüfung und Leistungsbeurteilung. In: Sacher/Winter (Hrsg.) (wie Anm. 17), S. 27-48, hier S. 31.

76 Otten, Tina (2011): Teilnehmende Beobachtung: der „ethnologische Blick" auf den Unterricht. In: Zustrassen, Bettina (Hrsg.): Was passiert im Klassenzimmer? Methoden zur Evaluation, Diagnostik und Erforschung des sozialwissenschaftlichen Unterrichts. Schwalbach/Ts., S. 9-21, hier S. 15.

77 Völkel, Bärbel (2007): „Steinzeitmänner gingen auf die Jagd, die Frauen wuschen Wäsche." Kategorien und Prinzipien historischen Denkens in Schüleräußerungen erkennen. In: Geschichte lernen, 116, S. 46-52, hier S. 50.

78 Ebd., S. 51.

79 Z. B. Paradies/Linser/Greving (2011) (wie Anm. 25); Paradies, Liane u. a. (2009): 99 Tipps. Schüler gerecht bewerten. Berlin.

80 Witt, Karsten (2003): Feedback für die Lehrkraft. Schüler beurteilen Geschichtsunterricht. In: Geschichte lernen, 96, S. 63-65, hier S. 64.

81 Gautschi 2012, S. 179 (wie Anm. 40).

82 Henke-Bockschatz, Gerhard. (2007): Viel benutzt, aber auch verstanden? Arbeit mit dem Schulgeschichtsbuch. In: Geschichte lernen, 116, S. 40-45.

83 Ebd., S. 41.

84 Adamski/Bernhardt (2012) (wie Anm. 13), S. 416.

85 Becker, Frank G/Stunz, Reiner (2010): Kompetenztraining Geschichte. Selbstdiagnose-, Förder- und Testbögen als Kopiervorlagen. Von der Urgeschichte bis zur Gegenwart. Berlin.

86 Kliemann, Sabine (2008): Nachdenken über das eigene Lernen. In: Kliemann, Sabine (Hrsg.): Diagnostizieren und Fördern in der Sekundarstufe I. Schülerkompetenzen erkennen, unterstützen und ausbauen. Berlin, S. 74-84, hier S. 79.

87 Stunz, Holger R. (2007): Transparenz und Selbstsicherheit. Selbstdiagnosebögen im Anfangsunterricht. In: Geschichte lernen, 116, S. 14-20, hier S. 14.

88 Görisch, Axel/Görisch, Ursula (2007): Vom Lehrplan zum Kompetenzprofil. In: Praxis Schule 5-10, 3, S. 24-29.

89 Keller, Stefan (2011): Beurteilungsraster und Kompetenzmodelle. In: Sacher/Winter (Hrsg.) (wie Anm. 17), S. 143-160, hier S. 148.

90 Ich übernehme hier weitgehend Passagen aus: Bernhardt, Markus (2011) (wie Anm. 56), S. 158 f.

91 Die folgende Zusammenfassung folgt: Klose, Dagmar (2004): Klios Kinder und Geschichtslernen heute. Eine entwicklungspsychologisch orientierte konstruktivistische Didaktik der Geschichte. Hamburg, S. 81-88; ähnliche Beispiele bei: Beilner, Helmut (2003): Empirische Forschung in der Geschichtsdidaktik. In: GWU, 54, S. S. 282-302; Langer-Plän, Martina (2003): Problem Quellenarbeit. In: GWU, 54, S. 319-336.

92 Ebd., S. 86.

93 Memminger, Josef (2007a): „Schüler schreiben Geschichte". Formen kreativen Schreibens im historischen Unterricht. In: Geschichte lernen, 116, S. 21-27; systematischer und mit erheblich mehr Beispielen: Memminger, Josef (2007b): Schüler schreiben Geschichte. Schwalbach/Ts.

94 Klose, Dagmar (1994): Die Entwicklung von Sinnbildungsniveaus historischen Lernens bei elf- bis zwölfjährigen Kindern. In: von Borries/Pandel (Hrsg.), S. 47-97, hier. S. 84-87.

95 Lange, Thomas (2003): Fingierte Zeitzeugen. Historische Simulation als kreativer Leistungsnachweis. In: Geschichte lernen, 96, S. 56-62.

96 Ebd., S. 60.

97 Pandel, Hans-Jürgen (2010): Historisches Erzählen. Narrativität im Geschichtsunterricht. Schwalbach/Ts. Die Monografie enthält für alle Aspekte Beispiele, viele davon ausführlicher, andere knapper kommentiert. Nicht alle stammen aus schulischen Zusammenhängen. Pandel hat zudem eine sehr verengte Sicht darauf, was als historische Erzählung gilt. Solche liegen in sehr unterschiedlichen medialen Repräsentationen vor. Vgl. dazu: Schreiber, Waltraud (2013): Geschichtstheoretische und geschichtsdidaktische Grundlagen. In: Schreiber, Waltraud/Schöner, Alexander/Sochatzky, Florian: Analyse von Schulbüchern als Grundlage empirischer Geschichtsdidaktik. Stuttgart, S. 16 f. Weitere Beispiele für Schülererzählungen in: Barricelli, Michele (2005): Schüler erzählen Geschichte. Narrative Kom-

petenz im Geschichtsunterricht. Schwalbach/Ts. Diese Beispiele sind sehr akribisch ausgewertet, taugen aber nur vereinzelt für den Unterrichtsalltag, weil sie als Diagnosemethoden sowohl erheblichen Zeitaufwand für Schülerinnen und Schüler und dementsprechend in der Auswertung für die Lehrkräfte bedeuten.

98 Pandel (2010) (wie Anm. 97), S. 177 f.

99 Askani, Bernhard/Wagener Elmar (Hrsg.) (1995): Anno 2. Band 2: Vom Mittelalter bis zum Ende des Absolutismus. Braunschweig, S. 161.

100 Vgl.: Kleine-Klenk, Karin (2008): Pauken oder Lernen? Abwechslungsreich Wiederholen und Festigen im Geschichtsunterricht. Schwalbach/Ts., S. 73.

101 Anders: Barricelli, Michele u. a. (2008): Historisches Wissen ist narratives Wissen. Aufgabenformate für den Geschichtsunterricht in den Sekundarstufen I und II, hrsg. vom Landesinstitut für Schule und Medien Berlin-Brandenburg (LISUM). Berlin-Brandenburg, S. 10.

102 Zwei Beispiele: Zeitreise 1 (2011), Stuttgart, Leipzig, thematisiert Zeitstrahl (S. 14 f.), Quellen, Darstellungen und die Arbeit von Historikern (S. 18) und geht auf die Arbeit von Archäologen ein (S. 28-31); Das waren Zeiten 1 (Neue Ausgabe Hessen) (2012), Bamberg, spricht ebenfalls Quellen und Darstellungen an (S. 10), geht auf den Zeitstrahl ein (S. 14) und führt in die Arbeit von Archäologen ein (S. 33).

103 Kühberger, Christoph/Windischbauer, Elfriede (2012): Individualisierung und Differenzierung im Geschichtsunterricht. Offenes Lernen in Theorie und Praxis. Schwalbach/Ts., S. 60.

104 Kühberger, Christoph (2009): Kompetenzorientiertes historisches und politisches Lernen. Methodische und didaktische Annäherungen für Geschichte, Sozialkunde und Politische Bildung. Innsbruck u. a., S. 47.

105 Gautschi (2012), (wie Anm. 40), S. 187.

106 Adamski/Bernhardt (2012), (wie Anm. 13), S. 414.

107 Bach-Blattner, Tanja/Bohl, Thorsten (2011): Leistungsüberprüfung und Leistungsbeurteilung im Kontext der neuen Lernkultur. In: Sacher/Winter (Hrsg.) (wie Anm. 17), S. 177-194, hier S. 188.

108 Adamski, Peter (2003c) (wie Anm. 35), S. 29.

109 Ebd., S. 32.

110 Siehe: Adamski/Bernhardt (2012) (wie Anm. 13), S. 418 f.

111 Adamski/Bernhardt (2012) (wie Anm. 13), S. 419 f.

112 http://www.lehrerfreund.de/schule/1s/muendliche-noten-beurteilung ...

113 Ebd.

114 Vgl. Kirk, Sabine (2004): Beurteilung mündlicher Leistungen. Pädagogische, psychologische, didaktische und schulrechtliche Aspekte der mündlichen Leistungsbeurteilung. Bad Heilbrunn, S. 27 f.

115 Vgl. dazu grundsätzlich: Adamski, Peter (2013), (wie Anm. 73), S. 43 ff.

116 Schulz, Dorothea (2001): Leistungsbeurteilung im projektorientierten Unterricht. In: Grunder, Hans-Ulrich/Bohl, Thorsten (Hrsg.): Neue Formen der Leistungsbeurteilung in den Sekundarstufen I und II. Hohengehren, S. 24.

117 Zaborowski/Meier/Breidenstein (2011) (wie Anm. 26), S. 365.

118 Ingenkamp/Lissmann (2008) (wie Anm. 10), S. 142.

119 Beide Beispiele aus: Große Höötmann, Hans-Christian (2001): Objektivierbare Leistungskontrollen im Geschichtsunterricht? In: Solzbacher, Claudia/Freitag, Christine (Hrsg.), Anpassen, verändern, abschaffen? Schulische Leistungsbewertung in der Diskussion. Bad Heilbrunn/Obb., S. 179-191, hier S. 182 f.

120 Borries (1974) (wie Anm. 30), S. 122.

121 Ebd., S. 154.

122 Sacher/Winter (Hrsg.) (2011) (wie Anm. 17), S. 33.

123 Borries (1974) (wie Anm. 30), S. 208.

124 Ebd., S. 129.

125 Vgl. zu einem Curriculumvorschlag für schriftliche Arbeiten in der Sek. I.: Adamski, Peter (2008): Schriftliche Arbeiten in der Sekundarstufe I. In: GWU, 59, S 36-47.

126 Einheitliche Prüfungsanforderungen in der Abiturprüfung. Geschichte. Beschluss der Kultusministerkonferenz vom 01.12.1989 i. d. F. vom 10.02.2005, www.kmk.org/fileadmin/veroeffentlichungen_beschluesse/1989/1989_12_01-EPA-Geschichte.pd (Stand 31.3.2011)

127 Ingenkamp/Lissmann (2008) (wie Anm. 10), S. 154 f.

128 EPA (2005) (wie Anm. 126), S. 4.

129 Ebd.

130 Schönemann/Thünemann/Zülsdorf-Kersting (2010) (wie Anm. 6), S. 18, sehen dies kritischer.

131 Wilmes, Hermann (Hrsg.) (2004): Schriftliche Arbeiten im Geschichtsunterricht, Band 2, bearbeitet von Norbert Möhn, Thomas Rohm und Hermann Wilmes, 2., unv. Aufl. Köln, S. 20.

132 Pandel, Hans-Jürgen (2005): Geschichtsunterricht nach PISA. Kompetenzen, Bildungsstandards und Kerncurricula. Schwalbach/Ts.. S. 59.

133 Schönemann/Thünemann/Zülsdorf-Kersting (2010) (wie Anm. 6), S. 124.

134 Barricelli, Michele (2008): Historisches Wissen ist narratives Wissen. In: Barricelli, Michele u. a. (wie Anm. 101), S. 1-12, hier S. 10.

135 Müller, Bernhard (1986): Klassenarbeiten und Klausuren im Geschichtsunterricht. Anmerkungen zur Aufgabenstellung und Vorschläge für die Unterrichtspraxis. In: Wilms, Eberhard (Hrsg): Geschichte. Denk- und Arbeitsfach. Heinz Dieter Schmid zum 65. Geburtstag. Frankfurt/M., S. 113-131, hier S. 116.

136 Angelehnt an: Krautheim, Ulrike/Krautheim, Hans-Jobst (2011): ‚Von der Parteien Gunst und Hass verzerrt, schwankt ihr Charakterbild in der Geschichte.‘ Die Agrarreformen der Gracchen in der Sekundarstufe II. In: Geschichte lernen, 139, S. 32-39.

137 Vgl. auch: Schönemann/Thünemann/Zülsdorf-Kersting (2010) (wie Anm. 6), S. 126.

138 Angelehnt an: Barricelli, Michele u. a. (2008) (wie Anm. 101), S. 77. Der ursprüngliche Vorschlag ist als Gruppenarbeit angelegt und enthält noch eine Präsentations- und Reflexionsphase.

139 Ebd., S. 78.

140 Ebd., S. 119.

141 Weber, Klaus-Dieter (2006): Die Facharbeit im Geschichtsunterricht als Ort wissenschaftspropädeutischen, selbstständigen und historischen Lernens. In: Bernhardt, Markus/Henke-Bockschatz, Gerhard/Sauer, Michael (Hrsg.): Bilder – Wahrnehmungen – Konstruktionen. Reflexionen über Geschichte und historisches Lernen. Festschrift für Ulrich Mayer zum 65. Geburtstag. Schwalbach/Ts., S. 256-272, hier S. 262.

142 Landesinstitut für Schule und Weiterbildung (Hrsg.) (2001): Empfehlungen und Hinweise zur Facharbeit in der gymnasialen Oberstufe. Soest, S. 5.

143 Brütting, Rolf (2002): Die Facharbeit in Geschichte. Erste Erfahrungen und Hinweise. In: Geschichte, Politik und ihre Didaktik. Zeitschrift für historisch-politische Bildung, 30, 3/4, S. 181-183, hier S. 182.

144 Witt, Karsten (2003): Die Facharbeit in der Kursstufe. In: Geschichte lernen, 96, S. 45-49, hier S. 46.

145 Ebd., S. 47.

146 Weber (2006) (wie Anm. 141), S. 267.

147 Adamski (2003a) (wie Anm. 35), S. 14.

148 Oberstufen- und Abiturverordnung (OAVO) Hessen vom 20. Juli 2009, i. d. F. v. 4.4.2013, § 37, (4).

149 Adamski, Peter (2006a): Präsentationen im Geschichtsunterricht. In: GWU, 57, S. 665-674, hier S. 665.

150 Gruschka, Andreas (2008): Präsentieren als neue Unterrichtsform. Die pädagogische Eigenlogik einer Methode. Opladen & Farmington Hills, S. 35.

151 Adamski/Bernhardt (2012) (wie Anm. 13), S. 430.

152 Adamski/Bernhardt (2012) (wie Anm. 13), S. 426 f; Adamski, Peter (2013) (wie Anm. 73), S. 46 f.

153 Bach-Blattner, Tanja/Bohl, Thorsten (2011): Leistungsüberprüfung und Leistungsbeurteilung im Kontext der Neuen Lernkultur. In: Sacher/Winter (Hrsg.) (wie Anm. 17), S. 177-194, hier S. 190.

154 Zülsdorf-Kersting, M. (2012): Historische Projektarbeit. In: Barricelli/Lücke (Hrsg.), Handbuch Praxis des Geschichtsunterrichts, Bd. 2, S. 64-75, hier S. 64 f.

155 Vgl. zur Unterscheidung: Adamski, Peter (2006b): Historisches Lernen in Projekten. In: Geschichte lernen, 110, S. 2-9, hier S. 3f.

156 Ebd., S. 2.

157 Geist, Sabine (2009): Leistungsbegleitung und -bewertung im Projektunterricht. „Überlegt, welchen Weg ihr nehmt!" In: Pädagogik, 6, S. 14-17, hier S. 14.

158 Ebd., S. 15.

159 Menzel, M. (1998): Schmuggeltour – ein Spiel mit Figuren und Zubehör und die schriftliche Darstellung der Spurensuche. In: GEP, 4, S. 200-203.

160 Meier, Klaus.-Ulrich (2003): Jüdisches Leben in Fulda. Leistungsbewertung im projektorientierten Unterricht. In: Geschichte lernen, 96, S. 18-23, hier S. 23.

161 Bach-Blattner/Bohl (2011) (wie Anm. 153), S. 186.

162 Meier, Klaus-Ulrich (2006): Der Weg zu einem eigenen Projektthema. Bausteine eines Curriculums für Projekttraining. In: Geschichte lernen, 110, S. 14-20, hier S. 18.

163 Meier (2003) (wie Anm. 160), S. 23.

164 Häcker, Thomas (2007): Portfolio: ein Entwicklungsinstrument für selbstbestimmtes Lernen. Eine explorative Studie zur Arbeit mit Portfolios in der Sekundarstufe I, 2. überarb. Aufl. Baltmannsweiler, S. 127. Übersetzung aus dem Amerikanischen von Thomas Häcker.

165 Vgl. dazu u. a.: Ingenkamp/Lißmann (2008) (wie Anm.10), S. 191; Häcker, Thomas (2011): Portfolioarbeit – ein Konzept zur Wiedergewinnung der Leistungsbeurteilung für die pädagogische Aufgabe der Schule. In: Sacher/Winter (Hrsg.) (wie Anm. 17), S. 217-230, hier S. 220.

166 Vgl. dazu ausführlicher: Adamski (2003c) (wie Anm. 35), S. 29-33.

167 Bolotin, Kristina (2014): Kompetenzorientierter Geschichtsunterricht mit Hilfe des Portfolios anhand des Beispiels ‚Absolutismus und Französische Revolution' – Chancen und Grenzen. Pädagogische Facharbeit (unveröff.), Friedrichsdorf, S. 38.

168 Vgl. Ahlring, Ingrid (2010): Ressourcenorientierte Leistungsbeurteilung in einer Reformschule. Die Helene-Lange-Schule Wiesbaden. In: Beutel, Silvia-Iris/Beutel, Wolfgang (Hrsg.): Beteiligt oder bewertet? Leistungsbeurteilung und Demokratiepädagogik. Schwalbach/Ts., S. 205-212, hier S. 209.

169 Adamski (2003c) (wie Anm. 35), S. 33.

170 Bolotin, Kristina (2014) (wie Anm. 167), S. 39.

171 Adamski (2003b) (wie Anm. 35), S. 48.

172 Adamski, Peter (2009): Auf vielen Wegen ins Land der Pharaonen. In: Geschichte lernen, 131, S. 2-13.

Literatur

Adamski, Peter (2003a): Leistungen dokumentieren und bewerten. In: Geschichte lernen, 96, S. 10-17.

Adamski, Peter (2003b): Portfolio im Geschichtsunterricht. Leistungen dokumentieren – Lernen reflektieren. In: GWU, 54, S. 32-50.

Adamski, Peter (2003c): Portfolio für den Anfangsunterricht Geschichte. In: Geschichte lernen, 96, S. 29-33.

Adamski, Peter (2006a): Präsentationen im Geschichtsunterricht. In: GWU, 57, S. 665-674.

Adamski, Peter (2006b): Historisches Lernen in Projekten. In: Geschichte lernen, 110, S. 2-9.

Adamski, Peter (2008): Schriftliche Arbeiten in der Sekundarstufe I. In: GWU, 59, S 36-47.

Adamski, Peter (2009): Auf vielen Wegen ins Land der Pharaonen. In: Geschichte lernen, 131, S. 2-13.

Adamski, Peter (2013): Gruppen- und Partnerarbeit im Geschichtsunterricht. Historisches Lernen kooperativ, 2. Aufl., Schwalbach/Ts.

Adamski, Peter/Bernhardt, Markus (2012): Diagnostizieren – Evaluieren – Leistungen beurteilen. In: Barricelli/Lücke (Hrsg.): Handbuch Praxis des Geschichtsunterrichts, Bd. 2, S. 401-435.

Ahlring, Ingrid (2010): Ressourcenorientierte Leistungsbeurteilung in einer Reformschule. Die Helene-Lange-Schule Wiesbaden. In: Beutel, Silvia-Iris/Beutel, Wolfgang (Hrsg.): Beteiligt oder bewertet? Leistungsbeurteilung und Demokratiepädagogik. Schwalbach/Ts., S. 205-212.

Bach-Blattner Tanja/Bohl, Thorsten (2011), Leistungsüberprüfung und Leistungsbeurteilung im Kontext der neuen Lernkultur. In: Sacher/Winter (Hrsg.), S. 177-194.

Barricelli, Michele (2005): Schüler erzählen Geschichte. Narrative Kompetenz im Geschichtsunterricht, Schwalbach/Ts.

Barricelli, Michele/Sauer, Michael (2006): „Was ist guter Geschichtsunterricht?“ Fachdidaktische Kategorien zur Beobachtung und Analyse von Geschichtsunterricht. In: GWU, 57, S. 4-26.

Barricelli, Michele u. a. (2008): Historisches Wissen ist narratives Wissen. Aufgabenformate für den Geschichtsunterricht in den Sekundarstufen I und II, hrsg. vom Landesinstitut für Schule und Medien Berlin-Brandenburg (LISUM), Berlin-Brandenburg.

Barricelli, Michele/Lücke, Martin (Hrsg.) (2012): Handbuch Praxis des Geschichtsunterrichts, 2 Bde. Schwalbach/Ts.

Barricelli, Michele/Gautschi, Peter/Körber, Andreas (2012): Historische Kompetenzen und Kompetenzmodelle. In: Barricelli/Lücke (Hrsg.): Handbuch Praxis des Geschichtsunterrichts, Bd.1, S. 207-235.

Becker, Frank G./Stunz, Reiner (2010): Kompetenztraining Geschichte. Selbstdiagnose-, Förder- und Testbögen als Kopiervorlagen. Von der Urgeschichte bis zur Gegenwart, Berlin.

Beilner, Helmut (2003): Empirische Forschung in der Geschichtsdidaktik. In: GWU 54, S. 282-302.

Bernhardt, Markus (2007a): Vom ersten auf den zweiten Blick. Eine empirische Untersuchung zur Bildwahrnehmung von Lernenden. In: GWU, 58, S. 417-432.

Bernhardt, Markus (2007b): Die Subjektseite der visuellen Begegnung. Vom Nutzen qualitativer empirischer Untersuchungen für die Entwicklung fachspezifischer Kompetenzen. In: Zeitschrift für Geschichtsdidaktik, S. 108-124.

Bernhardt, Markus (2011): Die visuelle Wahrnehmung des Historischen. Zur theoretischen und empirischen Begründung einer Wahrnehmungskompetenz. In: Barricelli, Michele/Becker, Axel/Heuer, Christian (Hrsg.): Jede Gegenwart hat ihre Gründe. Geschichtsbewusstsein, historische Lebenswelt und Zukunftserwartung im frühen 21. Jahrhundert, Schwalbach/Ts. 153-163.

Bildungskommission NRW (1995): Zukunft der Bildung – Schule der Zukunft, Neuried.

Bohl, Thorsten (2009): Prüfen und Bewerten im Offenen Unterricht, 4. Aufl., Weinheim/Basel.

Bohl, Thorsten/Kucharz, Diemut (2010): Offener Unterricht heute. Konzeptionelle und didaktische Weiterentwicklung, Weinheim/Basel.

Bolotin, Kristina (2014): Kompetenzorientierter Geschichtsunterricht mit Hilfe des Portfolios anhand des Beispiels ‚Absolutismus und Französische Revolution' – Chancen und Grenzen. Pädagogische Facharbeit zur Zweiten Staatsprüfung für das Lehramt an Haupt- und Realschulen, Friedberg (unveröffentlicht)

Borries, Bodo von (1974): Lernziele und Testaufgaben für den Geschichtsunterricht, 2., erg. Aufl., Stuttgart.

Borries, Bodo von (1997a): Leistungsmessung und Leistungsbeurteilung. In: Bergmann, Klaus u. a. (Hrsg.): Handbuch der Geschichtsdidaktik, 5. Aufl., Seelze-Velber, S. 467-480.

Borries, Bodo von/Pandel, Hans-Jürgen/Rüsen, Jörn (Hrsg.) (1991): Geschichtsbewußtsein empirisch, Pfaffenweiler.

Borries, Bodo von/Pandel, Hans-Jürgen (Hrsg.) (1994): Zur Genese historischer Denkformen, Pfaffenweiler.

Borries, Bodo von (1997b): Tests. In: Bergmann, Klaus u. a. (Hrsg.): Handbuch der Geschichtsdidaktik, 5. Aufl., Seelze-Velber, S. 481-485.

Borries, Bodo von (2007): Empirie: Ergebnisse messen (Lerndiagnose im Fach Geschichte). In: Körber/Schreiber/Schöner (Hrsg.), S. 653-673.

Borries, Bodo von (2008): Historisch Denken lernen – Welterschließung statt Epochenüberblick. Geschichte als Unterrichtsfach und Bildungsaufgabe, Opladen & Farmington Hills.

Brügelmann, Hans et al. (Hrsg.) (2006): Sind Noten nützlich und nötig? Ziffernzensuren und ihre Alternativen im empirischen Vergleich. Frankfurt/M.: Arbeitskreis Grundschule – Grundschulverband: Der Grundschulverband e. V.

Brütting, Rolf (2002): Die Facharbeit in Geschichte. Erste Erfahrungen und Hinweise. In: Geschichte, Politik und ihre Didaktik. Zeitschrift für historisch-politische Bildung, 30, S. 181-183.

Chise, Ruxandra/Leschnikowski-Bordan, Dorthe/Schneider, Jost/Wickner, Mareike-Cathrine (2013): Leistung messen und bewerten. Das Praxisbuch. Profi-Tipps und Materialien aus der Lehrerfortbildung, Donauwörth.

Conrad, Franziska (2011): Perspektivenübernahme, Sachurteil und Werturteil. Drei zentrale Kompetenzen im Umgang mit Geschichte. In: Geschichte lernen, 139, 2011, S. 2-11.

El Darwich, Renate (1991): Zur Genese von Kategorien des Geschichtsbewußtseins bei Kindern im Alter von 5-14 Jahren. In: von Borries/Pandel/Rüsen (Hrsg.), S. 24-52.

Europäische Gemeinschaften – Kommission (1994): Die Bekämpfung des Schulversagens. Eine Herausforderung an ein vereintes Europa. Luxemburg.

Fischer,Christian (Hrsg.) (2012): Diagnose und Förderung statt Notengebung? Problemfelder schulischer Leistungsbeurteilung. Münster u. a.

Füchter, Andreas (2010): Diagnostik und Förderung im gesellschaftswissenschaftlichen Unterricht. Didaktische Konzeption und unterrichtspraktische Ansätze für die Unterrichtsfächer Politik, Wirtschaft, Geschichte und Geographie, Immenhausen bei Kassel.

Gautschi, Peter (2012): Geschichte lehren. Lernwege und Lernsituationen für Jugendliche, 5. Auflg., Buchs/Bern. (Erste Auflage 1999)

Gautschi, Peter u. a. (2007) (Hrsg.): Geschichtsunterricht heute. Eine empirische Analyse ausgewählter Aspekte, Bern.

Gautschi, Peter (2009): Guter Geschichtsunterricht. Grundlagen, Erkenntnisse, Hinweise, Schwalbach/Ts

Geist, Sabine (2009): Leistungsbegleitung und -bewertung im Projektunterricht. „Überlegt, welchen Weg ihr nehmt!“. In: Pädagogik, 6, S. 14-17.

Geschichte lernen (2007), 116: Diagnostizieren im Geschichtsunterricht.

Geschichte lernen (2011), 139: Kompetenzorientiert unterrichten.

Görisch, Axel/Görisch, Ursula (2007): Vom Lehrplan zum Kompetenzprofil. In: Praxis Schule 5-10, 3, S. 24-29.

Grosch, Waldemar (2003): Evaluation, Lernkontrolle und Leistungsbewertung. In: Günther-Arndt, Hilke (Hrsg.): Geschichtsdidaktik. Praxishandbuch für die Sekundarstufe I und II, Berlin, S. 206-218.

Gruschka, Andreas (2008): Präsentieren als neue Unterrichtsform. Die pädagogische Eigenlogik einer Methode, Opladen & Farmington Hills.

Große Höötmann, Hans-Christian (2001): Objektivierbare Leistungskontrollen im Geschichtsunterricht? In: Solzbacher, Claudia/Freitag, Christine (Hrsg.), Anpassen, verändern, abschaffen? Schulische Leistungsbewertung in der Diskussion, Bad Heilbrunn/Obb., S. 179-191.

Grunder, Hans-Ulrich/Bohl, Thorsten (Hrsg) (2001): Neue Formen der Leistungsbeurteilung in den Sekundarstufen I und II, Hohengehren.

Häcker, Thomas (2007): Portfolio: ein Entwicklungsinstrument für selbstbestimmtes Lernen. Eine explorative Studie zur Arbeit mit Portfolios in der Sekundarstufe I, 2. überarb. Aufl., Baltmannsweiler.

Häcker, Thomas (2011): Portfolioarbeit – ein Konzept zur Wiedergewinnung der Leistungsbeurteilung für die pädagogische Aufgabe der Schule. In: Sacher/Winter (Hrsg.), S. 217-230.

Henke-Bockschatz, Gerhard. (2007): , Viel benutzt, aber auch verstanden? Arbeit mit dem Schulgeschichtsbuch, in Geschichte lernen, 116, S. 40-45.

Hesse, Ingrid/Latzko, Brigitte (2009): Diagnostik für Lehrkräfte. Opladen & Farmington Hills.

Ingenkamp, Karlheinz (1971): Die Fragwürdigkeit der Zensurengebung, Weinheim.

Ingenkamp, Karlheinz/Lissmann, Urban (2008): Lehrbuch der Pädagogischen Diagnostik, 6. Aufl., Weinheim und Basel.

Institut für Qualitätsentwicklung (Hrsg.) (2011): Leitfaden. Maßgebliche Orientierungstexte zum Kerncurriculum Sekundarstufe I. Geschichte, Wiesbaden.

Jürgens, Eiko (2012): Diagnosefunktion: Fehlanzeige. In: Fischer (Hrsg.), S. 23-44.

Jürgens, Eiko/Sacher, Werner (2008): Leistungserziehung und Pädagogische Diagnostik in der Schule. Grundlagen und Anregungen für die Praxis, Stuttgart.

Kämper-van den Boogart, M. (2008): Ganz auf Kompetenzen orientiert? In: Betrifft Lehrerausbildung und Schule, 2, S. 6-9.

Keller, Stefan (2011): Beurteilungsraster und Kompetenzmodelle. In: Sacher/Winter (Hrsg.), S. 143-160.

Kirk, Sabine (2004): Beurteilung mündlicher Leistungen. Pädagogische, psychologische, didaktische und schulrechtliche Aspekte der mündlichen Leistungsbeurteilung. Bad Heilbrunn.

Klein, Helmut (2009): Transparente Leistungsbewertung und Zensurengebung in der Sekundarstufe I. Umfassend – praxisorientiert – fair. Baltmannsweiler.

Kliemann, Sabine (2008): Nachdenken über das eigene Lernen. In: Kliemann, Sabine (Hrsg.): Diagnostizieren und Fördern in der Sekundarstufe I. Schülerkompetenzen erkennen, unterstützen und ausbauen, Berlin, S. 74-84.

Klose, Dagmar (1994): Die Entwicklung von Sinnbildungsniveaus historischen Lernens bei elf- bis zwölfjährigen Kindern. In: von Borries/Pandel (Hrsg.), S. 47-97.

Klose, Dagmar (2004): Klios Kinder und Geschichtslernen. Eine entwicklungspsychologisch orientierte konstruktivistische Didaktik der Geschichte, Hamburg.

Kneile-Klenk, Karin (2008): Pauken oder Lernen? Abwechslungsreich Wiederholen und Festigen im Geschichtsunterricht, Schwalbach/Ts.

Körber, Andreas (2007): Graduierung: Die Unterscheidung von Niveaus der Kompetenzen historischen Denkens. In: Körber/Schreiber/Schöner (Hrsg.), S. 415-472.

Körber, Andreas (2012): Graduierung von Kompetenzen. In: Barricelli/Lücke (Hrsg.): Handbuch Praxis des Geschichtsunterrichts, Bd.1, Schwalbach/Ts., S. 236-254.

Körber, Andreas/Schreiber, Waltraud/Schöner, Alexander (2007) (Hrsg.): Kompetenzen historischen Denkens. Ein Strukturmodell als Beitrag zur Kompetenzorientierung in der Geschichtsdidaktik, Neuried.

Kühberger, Christoph (2009): Kompetenzorientiertes historisches und politisches Lernen. Methodische und didaktische Annäherungen für Geschichte, Sozialkunde und Politische Bildung, Innsbruck u. a.

Kühberger, Christoph/Windischbauer, Elfriede (2012): Individualisierung und Differenzierung im Geschichtsunterricht. Offenes Lernen in Theorie und Praxis, Schwalbach/Ts.

Kultusministerkonferenz (2004): Standards für die Lehrerbildung.

Landesinstitut für Schule und Weiterbildung (Hrsg.) (2001): Empfehlungen und Hinweise zur Facharbeit in der gymnasialen Oberstufe, Soest.

Lange, Kristina (2011): Historisches Bildverstehen oder Wie lernen Schüler mit Bildquellen? Ein Beitrag zur geschichtsdidaktischen Lehr-Lern-Forschung, Berlin.

Lange, Thomas (2003): Fingierte Zeitzeugen. Historische Simulation als kreativer Leistungsnachweis. In: Geschichte lernen, 96, S. 56-62.

Langer-Plän, Martina (2003): Problem Quellenarbeit. Werkstattbericht aus einem empirischen Projekt. In: GWU 54, S. 319-336.

Maier, Uwe (2012): Lehr-Lernprozesse in der Schule: Studium, Bad Heilbrunn.

Mayer, Ulrich/Pandel, Hans-Jürgen (1976): Kategorien der Geschichtsdidaktik und Praxis der Unterrichtsanalyse, Stuttgart.

Mayer, Ulrich (2005): Qualitätsmerkmale historischer Bildung. Geschichtsdidaktische Kategorien als Kriterien zur Bestimmung und Sicherung der fachdidaktischen Qualität des historischen Lernens. In: Hansmann, Winfried/ Hoyer, Timo (Hrsg.): Zeitgeschichte und historische Bildung. Festschrift für Dietfrid Krause-Vilmar, Kassel, S. 223-243.

Mayer, Ulrich/Pandel, Hans-Jürgen/Schneider, Gerhard (Hrsg.) (2011): Handbuch Methoden im Geschichtsunterricht, 3. Aufl., Schwalbach/Ts.

Meier, Klaus-Ulrich (2003): Jüdisches Leben in Fulda. Leistungsbewertung im projektorientierten Unterricht. In: Geschichte lernen, 96, S. 18-23.

Meier, Klaus-Ulrich (2006): Der Weg zu einem eigenen Projektthema. Bausteine eines Curriculums für Projekttraining. In: Geschichte lernen, 110, S. 14-20.

Memminger, Josef (2007a): „Schüler schreiben Geschichte". Formen kreativen Schreibens im historischen Unterricht. In: Geschichte lernen, 116, S. 21-27.

Memminger, Josef (2007b): Schüler schreiben Geschichte, Schwalbach/Ts.

Menzel, M. (1998): Schmuggeltour – ein Spiel mit Figuren und Zubehör und die schriftliche Darstellung der Spurensuche. In: GEP, 4, S. 200-203.

Middendorf, William (2012): Schulische Leistungsbeurteilung auf dem Prüfstand. Einführende Betrachtungen zu aktuellen Aufgaben und Herausforderungen. In: Fischer (Hrsg.), S. 9-20.

Müller, Bernhard (1986): Klassenarbeiten und Klausuren im Geschichtsunterricht. Anmerkungen zur Aufgabenstellung und Vorschläge für die Unterrichtspraxis. In: Wilms, Eberhard (Hrsg): Geschichte. Denk- und Arbeitsfach. Heinz Dieter Schmid zum 65. Geburtstag, S. 113-131.

Neumann, Marco u. a. (2009): Vergleichbarkeit von Abiturleistungen – Leistungs- und Bewertungsunterschiede zwischen Hamburger und Baden-Württemberger Abiturienten und die Rolle zentraler Abiturprüfungen. Zeitschrift für Erziehungswissenschaften, 12, S. 691-714.

Otten, Tina (2011): Teilnehmende Beobachtung: der „ethnologische Blick" auf den Unterricht. In: Zustrassen, Bettina (Hrsg.): Was passiert im Klassenzimmer? Methoden zur Evaluation, Diagnostik und Erforschung des sozialwissenschaftlichen Unterrichts, Schwalbach/Ts., S. 9-21.

Pandel, Hans-Jürgen (1994): Zur Genese narrativer Kompetenz. In: von Borries/Pandel (Hrsg.), S. 99-121.

Pandel, Hans-Jürgen (2005): Geschichtsunterricht nach PISA. Kompetenzen, Bildungsstandards und Kerncurricula, Schwalbach/Ts.

Pandel, Hans-Jürgen (2010): Historisches Erzählen. Narrativität im Geschichtsunterricht, Schwalbach/Ts.

Paradies, Liane u. a. (2009): 99 Tipps. Schüler gerecht bewerten, Berlin.

Paradies, Liane/Linser, Hans Jürgen/Greving, Johannes (2011): Diagnostizieren, Fordern und Fördern, Berlin; 4. überarb. Aufl.

Petzold, Klaus/Woest, Volker (Hrsg.) (2003): Leistung und Leistungsbewertung, Jena.

Rohlfes, Joachim (2002): Lernerfolgskontrolle. In: GWU, 53, S. 184-196.

Rüsen, Jörn u.a. (1991): Untersuchungen zum Geschichtsbewußtsein von Abiturienten im Ruhrgebiet. In: von Borries/Pandel/Rüsen (Hrsg.), S. 221-344.

Sacher, Werner/Winter, Felix (Hrsg.) (2011): Diagnose und Beurteilung von Schülerleistungen, Baltmannsweiler.

Saldern, Matthias von (2011): Schulleistung 2.0. Von der Note zum Kompetenzraster, Norderstedt.

Sauer, Michael (2007): Geschichtsunterricht beobachten. Kategorien für die Diagnose historischen Lehrens und Lernens. In: Geschichte lernen, 116, S. 12-14.

Sauer, Michael (2011): Verarbeitung, Dokumentation und Präsentation von Lernergebnissen. In: Mayer, Ulrich/Pandel, Hans-Jürgen/Schneider, Gerhard (Hrsg.): Handbuch Methoden im Geschichtsunterricht, 3. Aufl., Schwalbach/Ts., S. 634-648.

Schönemann, Bernd/Thünemann, Holger/Zülsdorf-Kersting, Meik (2010): Was können Abiturienten? Zugleich ein Beitrag zur Debatte über Kompetenzen und Standards im Fach Geschichte, Berlin.

Scholz, Ingvelde (Hrsg.) (2008): Der Spagat zwischen Fördern und Fordern. Unterrichten in heterogenen Klassen, Göttingen.

Schreiber, Waltraud (2013): Geschichtstheoretische und geschichtsdidaktische Grundlagen. In: Schreiber, Waltraud/Schöner, Alexander/Sochatzky, Florian: Analyse von Schulbüchern als Grundlage empirischer Geschichtsdidaktik, Stuttgart, S. 9-37.

Schulz, Dorothea (2001): Leistungsbeurteilung im projektorientierten Unterricht. In: Grunder/Bohl (Hrsg), S. 201-219.

Stunz, Holger R. (2007): Transparenz und Selbstsicherheit. Selbstdiagnosebögen im Anfangsunterricht. In: Geschichte lernen, 116, S. 14-20.

Verband der Geschichtslehrer Deutschlands (Hrsg.) (2006): Bildungsstandards Geschichte. Rahmenmodell Gymnasium 5.-10. Jahrgang, Schwalbach/Ts.

Völkel, Bärbel (2007): „Steinzeitmänner gingen auf die Jagd, die Frauen wuschen Wäsche." Kategorien und Prinzipien historischen Denkens in Schüleräußerungen erkennen. In: Geschichte lernen, 116, S. 46-52.

Weber, Klaus-Dieter (2006): Die Facharbeit im Geschichtsunterricht als Ort wissenschaftspropädeutischen, selbstständigen und historischen Lernens. In: Bernhardt, Markus/Henke-Bockschatz, Gerhard/Sauer, Michael (Hrsg.), Bilder – Wahrnehmungen – Konstruktionen. Reflexionen über Geschichte und historisches Lernen. Festschrift für Ulrich Mayer zum 65. Geburtstag, Schwalbach/Ts., S. 256-272.

Weinert, Franz E./Schrader, Friedrich-Wilhelm (1986): Diagnose des Lehrers als Diagnostiker. In: Petillon u. a. (Hrsg.), Schülergerechte Diagnose, Weinheim, Basel, S. 18 f.

Werner, Kerstin (2011a): Reformvorschläge der Gracchen für die römische Republik. Perspektivenübernahme und Sachurteilskompetenz in Klasse 6. In: Geschichte lernen, 139, S. 24-31.

Werner, Kerstin (2011b): Raum für Geschichtsbegeisterung. Portfolioarbeit zur Ur- und Frühgeschichte. In: Geschichte lernen, 142/143, S. 86-92.

Wilmes, Hermann (Hrsg.) (2004): Schriftliche Arbeiten im Geschichtsunterricht, Band 2, bearbeitet von Norbert Möhn, Thomas Rohm und Hermann Wilmes, 2., unv. Aufl., Köln.

Winter, Felix (2004): Leistungsbewertung. Eine neue Lernkultur braucht einen anderen Umgang mit den Schülerleistungen, Baltmannsweiler.

Winter, Felix (2012): Klassenarbeit passé? In: Fischer (Hrsg.), S. 57-72.

Witt, Karsten (2003a): Feedback für die Lehrkraft. Schüler beurteilen Geschichtsunterricht. In: Geschichte lernen, 96, S. 63-65.

Witt, Karsten (2003b): Die Facharbeit in der Kursstufe. In: Geschichte lernen, H. 96, S. 45 – 49.

Wunderer, Hartmann (2011): Tests und Klausuren. In: Mayer/Pandel/Schneider (Hrsg.): Handbuch Methoden im Geschichtsunterricht, Schwalbach/Ts., S. 675-685.

Zaborowski, Kathrin Ulrike/Meier, Michael/Breidenstein, Georg (2011): Leistungsbewertung im Unterricht. Ethnographische Studien zur Bewertungspraxis in Gymnasium und Sekundarschule, Wiesbaden.

Zülsdorf-Kersting, Meik (2010): Kategorien historischen Denkens und Praxis der Unterrichtsanalyse. In: Zeitschrift für Geschichtsdidaktik, 9, S. 36- 56.

Zülsdorf-Kersting, Meik (2012): Historische Projektarbeit. In: Barricelli/Lücke (Hrsg.), Handbuch Praxis des Geschichtsunterrichts, Bd. 2, S. 64-75.